MARGARETE STOKOWSKI

DIE LETZTEN TAGE DES PATRIARCHATS

ROWOHLT

1. Auflage Oktober 2018
Copyright © 2018 by Rowohlt Verlag GmbH,
Reinbek bei Hamburg
Copyright © 2018 by Margarete Stokowski
Umschlaggestaltung Anzinger und Rasp, München
Satz aus der Mercury, InDesign,
bei Pinkuin Satz und Datentechnik, Berlin
Druck und Bindung CPI books GmbH, Leck, Germany
ISBN 978 3 498 06363 4

INHALT

«Die Antifeministen halten die allmählich sich entbindenden, der Dekadence heilend entgegenwirkenden Intelligenzkräfte der Frau für eine Art geistiger Brunnenvergiftung, und sie schlügen die Rädelsführerinnen am liebsten – wenigstens mundtot. Hülfe ihnen nichts. Die Welt ist ein Riesenphonograph. Ideen, die einmal hineingesprochen, bleiben unauslöschlich darin haften. Sie klingen wieder, klingen wieder.»

HEDWIG DOHM: *DIE ANTIFEMINISTEN*, 1902

Dieses Buch versammelt ausgewählte und überarbeitete Kolumnen und Essays aus den Jahren 2011 bis 2018. Gute Zeiten, um nicht nur den Zerfall des Patriarchats zu beobachten, sondern auch sein letztes Aufbäumen; die vielen Backlash-Bewegungen und die immer und immer wieder vorgebrachten Forderungen, dass es doch jetzt endlich mal genug sei mit dem Feminismus.

Es ist nicht genug. Feminist*innen mussten sich zu jedem Zeitpunkt der Geschichte anhören, dass eigentlich längst alles okay wäre – wenn sie sich nur nicht so anstellen würden! Doch ein großer Teil unserer heutigen Freiheit ist den Kämpfen derer zu verdanken, die darauf bestanden haben, dass noch nicht alles gut ist, und die sich nicht einschüchtern ließen von Leuten, die ihnen erzählten, sie seien zu verbittert, zu naiv oder komplett verrückt.

Wer vom Patriarchat spricht, handelt sich schnell den Vorwurf ein, Frauen nur zu Opfern zu machen. Es kann passieren, dass man als Feminist*in frauenfeindlich genannt wird, weil man angeblich die vielen Fortschritte nicht sieht, die Frauen erreicht haben. Frauen können heute viele mächtige Posten bekleiden, die lange nur Männern vorbehalten waren. Sie können reich und berühmt werden, sie gewinnen Preise, fliegen ins All und fahren Monstertrucks.

Manchmal hört man auch, Frauen seien heute nicht nur bereits gleichberechtigt, sondern hätten es in Wirklichkeit besser als Männer: Frauen leben länger und bekommen eigene Quoten und Parkplätze und Frauenschwimmtage im Hallenbad; viele

Länder haben ein Frauen-, aber kein Männerministerium; und dort, wo es eine Wehrpflicht gibt, gilt sie bis auf wenige Ausnahmen nur für Männer. Das stimmt alles. Aber die Tatsache, dass es um die Lebenssituationen und Machtoptionen von Frauen heute besser steht als zu Zeiten, als die bloße Forderung nach gleichen Rechten mit dem Tod bestraft wurde, heißt nicht, dass alles gut ist.

Frauen haben immer noch weniger Geld als Männer, sie arbeiten seltener in Führungspositionen, sie erledigen die meiste Familienarbeit, und nicht wenige erleben sexualisierte Gewalt. Im Deutschen Bundestag sind im Jahr 2018 nicht mal ein Drittel der Abgeordneten Frauen. Frauen müssen in vielen Ländern für grundlegende Rechte kämpfen, und selbst dort, wo sie das nicht müssen, hören sie in den verrücktesten Situationen dämliche Kommentare über ihren Körper. Immer noch reden Leute davon, Frauen seien während ihrer Menstruation nicht ganz zurechnungsfähig, oder sie könnten zwar beruflich viel erreichen, aber letztlich doch nur als Mutter glücklich werden. Als Mutter, die stillt und lange zu Hause bleibt und die beliebige Ansammlung von Schlafmangel durch die Glückshormone ausgleicht, die in ihr entstehen, während sie Möhrenbrei vom Küchenboden wischt.

Nun gibt es immer auch Leute, die denken, Feminist*innen würden den ganzen Unfug einfach umdrehen wollen und Männer so diskriminieren, wie es bisher mit Frauen passierte: Wer das Patriarchat abschaffen will, so die Idee, kann doch nichts anderes wollen, als ein Matriarchat zu errichten, nach denselben Regeln, nur mit umgekehrtem Vorzeichen. Das ist falsch. Viel zu viel Arbeit! Nein, Scherz. Es ist tatsächlich Quatsch, weil Feminismus nicht die Umkehrung von Unterdrückungsverhältnissen will, sondern ihre Abschaffung. «Patriarchat» hieß zudem noch nie, dass es allen Frauen schlecht geht und allen Männern gut. Es bedeutet auch nicht, dass alle Frauen die Klappe halten müssen – und auch nicht, dass alle Männer etwas zu melden haben.

Der Begriff des Patriarchats lässt sich mit «Herrschaft der Väter» übersetzen (πατήρ/patér ist altgriechisch für «Vater»,
αρχη/arché heißt «Macht, Herrschaft» oder «Anfang»). Die
Übersetzung hilft erst mal nicht viel, denn Patriarchat bedeutet
nicht, dass alle Väter – oder nur Väter – besonders mächtig sind.
Aber es lohnt zu gucken, wer der «pater» früher war: Im antiken
Griechenland und Rom gab es Hausherren, in deren Machtbereich alle standen, die zu einem Haushalt gehörten. Das konnten
Frauen, Kinder oder auch andere Männer sein: Söhne, Bediens-
tete, Sklaven.

Männer können im Patriarchat – auch heute noch – ganz oben
und ganz unten stehen. Sie werden häufiger gewalttätig als
Frauen, aber auch häufiger Opfer von Gewalt. Sie leben kürzer,
sind öfter obdachlos und begehen öfter Suizid.

Und doch verbinden wir Macht eher mit Männern als mit Frau-
en. Es gibt Frauen mit sehr viel Macht, aber es gibt auch Ungleichheiten, die nicht einfach durch Zufälle entstanden sind
und fortdauern – allerdings auch nicht durch eine geheime böse
Kraft, die Frauen auf ewig unten halten will. Sondern durch all-
tägliches Handeln von Menschen aller Geschlechter und durch
die Ideen, die uns in den Sinn kommen, wenn wir uns fragen,
wer den Lauf der Welt bestimmt. Die Historikerin Mary Beard
schreibt, dass unsere allgemeine Vorstellung einer mächtigen
Persönlichkeit immer noch männlich ist:

> «Wenn wir die Augen schließen und versuchen, uns das Bild
> eines Präsidenten oder (...) eines Professors vorzustellen [bei-
> de Wörter, ‹president› und ‹professor›, sind im Englischen ge-
> schlechtsneutral], sehen die meisten von uns keine Frau. Und
> das ist sogar dann der Fall, wenn man selbst Professorin ist: Das
> kulturelle Stereotyp ist so stark, dass es mir bei jenen Phanta-
> sien mit geschlossenen Augen immer noch schwerfällt, mir mich
> oder jemanden wie mich in dieser Rolle vorzustellen.»[1]

Wir sind immer noch viel zu sehr mit der Idee vertraut, dass die Macht normalerweise in den Händen von Männern liegt und dass Männer definieren, was vernünftig ist, welche Arbeit wertgeschätzt und wer angebetet wird.

Es ist nicht leicht, diese Stereotype loszuwerden. Im Gegenteil: Viele, die anfangen, sich mit Gleichberechtigung zu beschäftigen, denken zu Beginn, sie wüssten schon, wo die Ungleichheiten liegen – um bald festzustellen, dass sie sich an viel größere Mengen von Scheiße gewöhnt hatten, als sie zuvor ahnten.

Das Gute ist: Man ist heute nicht mehr alleine. Allerspätestens seit #metoo ist klar, wie viel Gewalt Frauen im Alltag noch immer erleben. Viele Menschen haben durch #metoo ein neues Bewusstsein dafür bekommen, was man sich nicht bieten lassen muss, wie laut man gemeinsam mit anderen werden kann oder auch welche Ungerechtigkeiten ihnen bisher entgangen sind.

Auf der anderen Seite gibt es diejenigen, die behaupten, der Feminismus sei nun endgültig übergeschnappt. Es gibt diese Menschen, aber es gab sie auch schon vor über 100 Jahren, als Frauen für das Wahlrecht kämpften. Und schon damals schrieb die Frauenrechtlerin Hedwig Dohm: «Man kommt sich auf dem Gebiete der Frauenfrage immer wie ein Wiederkäuer vor.»[2]

Feminist*innen kämpfen heute für andere Dinge als damals, aber immer noch für viele grundlegende Freiheiten. Je weiter wir als Gesellschaft kommen, desto größer ist die Herausforderung, bestehende Schieflagen nicht nur auf individuelle Schwächen und Pech zu schieben, sondern strukturelle Probleme zu erkennen: Probleme, die sich wiederholen, weil manche Menschen mehr Macht und Privilegien haben als andere.

Schön allerdings, dass sich dennoch auch in kurzen Zeiträumen Dinge ändern können. Schon in den sieben Jahren, aus denen die Texte in diesem Buch stammen, hat sich einiges verbessert. In Deutschland wurden Lücken im Sexualstrafrecht geschlossen, die Ehe für alle ist eingeführt, die Pille danach rezeptfrei erhältlich. Bald werden «weiblich» und «männlich» nicht mehr die einzigen Geschlechter sein, die im Geburtenregister stehen können. Opfern von sexualisierter Gewalt wird eher zugehört als noch vor wenigen Jahren, es gibt riesige feministische Demos, und langsam setzt sich auch in Deutschland die Idee durch, dass eine Gesellschaft mehr als eine bekannte Feministin aushalten kann, ja dass ihr das sogar außerordentlich guttut. Gleichzeitig sind in anderen Bereichen und anderen Ländern viele erkämpfte Rechte in Gefahr, nicht zuletzt durch den Erfolg von Rechtspopulist*innen und Rechtsextremen, die immer auch ein verschärftes Interesse daran haben, Geschlechterrollen und sexuelle Freiheit zu beschränken, auch wenn sie vermeintlich für «starke Frauen» kämpfen oder Frauen und Kinder «schützen» wollen.

Die hier vorliegenden Texte habe ich für die Buchausgabe überarbeitet und kommentiert. Aus über 200 Kolumnen (ein Drittel bei der *taz*, der Rest bei *Spiegel Online*) und vielen Essays habe ich eine Auswahl von 75 Texten getroffen, die diverse Themen – nicht nur, aber vor allem feministische – abdecken.

Teilweise fühlte sich das an, wie die eigenen Tagebücher von früher zu lesen, was immer interessant, manchmal lustig und manchmal beschämend ist. Von den schlechten Texten habe ich ehrlichkeitshalber einen kurzen ausgewählt, damit man sehen kann, wo es mal angefangen hat (der erste im ersten Kapitel).

An den ausgewählten Texten selbst sind viele Kleinigkeiten geändert: Ich habe Erklärungen eingefügt, wo vielleicht nicht jede*r die Debatte noch im Kopf hat oder wo sich Dinge inzwischen geändert haben. Für bessere Lesbarkeit ist die Art zu gendern vereinheitlicht und in den zitierten Leser*innen-Kommentaren die Rechtschreibung angepasst.

Drei der häufigsten Fragen, die mir auf Lesungen gestellt werden, sind diese: Wie kommt man zum Kolumnenschreiben? Wer legt die Themen fest und (wie viel) wird in den Texten zensiert? Wie ist es mit den Hasskommentaren oder Onlinekommentaren im Allgemeinen?

Hier die Antworten: Eine Kolumne bekommt man üblicherweise, indem man gefragt wird. Das war bei mir auch so, mehr oder weniger. Meine allerersten Texte schrieb ich aus sehr pragmatischen Gründen. Mein damaliger Freund hatte sich von mir getrennt, ich war erst traurig und dann bockig und wollte mich mit etwas ablenken, von dem ich ahnte, dass es gutgehen könnte. Ich fing bei einer Unizeitung an und stellte fest, dass man mit Pressekarten kostenlos ins Theater gehen kann, wenn man hinterher das Stück bespricht. Machte ich dann gern und viel. Im Sommer 2009 fing ich an, als freie Autorin für die *taz* und andere Zeitungen zu schreiben. (Grüße nach Wien! Produktivste Trennung ever.)

In meiner Erinnerung war es so, dass die *taz* mich irgendwann fragte, ob ich eine eigene Kolumne schreiben will. Stimmt aber nicht ganz. Jetzt, wo ich in meinen Mails nachgelesen habe, muss ich sagen: Ich habe mich offenbar nicht ganz subtil angeboten. Es waren traurige Umstände, denn ein Kollege war gestorben. Klaus-Peter Klingelschmitt, Kürzel kpk, war *taz*-Korrespondent in Frankfurt und schrieb die Kolumne «Älter werden», bis er im November 2011 einem Herzinfarkt erlag.

Zwei Wochen später hörte ich, dass der Kolumnenplatz noch unbesetzt sei, und schrieb dem damaligen Ressortleiter Daniel Schulz: «Hallo Daniel, ist das so, braucht ihr noch ne kpk-Nachfolge-Kolumne? Wenn ihr euch nicht entscheiden könnt, nehmt einfach mich. Liebe Grüße, Margarete» – Das Gerücht, dass es keinen Nachfolger gab, stimmte nicht ganz, es gab einen: Deniz Yücel, der aber erst in ein paar Wochen anfangen sollte. Ich durfte die Zeit bis dahin überbrücken mit einer Kolumne, die den Titel «Dazwischen» trug.

Entweder weil es in den Augen der Redaktion gut lief oder in der Hoffnung, dass das noch nicht alles gewesen sein konnte, bekam ich im Frühling 2012 eine Kolumne, die alle zwei Wochen erschien: «Luft und Liebe». Den Namen hatte ich mir ausgedacht, weil er schön hippiemäßig klang. Hätte mich jemals jemand gefragt, warum eigentlich dieser Titel, hätte ich geantwortet, dass das meine Idealvorstellung von Geschlechterverhältnissen sei. Luft im Sinne von: einander Freiheiten lassen. Und Liebe da, wo sie sich ergibt. (Hat bloß nie jemand gefragt.)

Die «Luft und Liebe»-Kolumne schrieb ich bis Herbst 2015, dazwischen außerdem noch von 2013 bis 2015 die *L-Mag*-Kolumne «Von Lesben lernen». Im Herbst 2015 wechselte ich mit der Kolumne von der *taz* zu *Spiegel Online*, weil ich von der Redaktion – diesmal ganz sicher – gefragt wurde. Ich liebe die *taz*, aber man kann von den Honoraren als freie Autorin kaum leben, und auch die Aussicht darauf, dass die Kolumnen vor Erscheinen mal redigiert würden, war attraktiv.

Die *SPON*-Kolumne wurde «Oben und unten» getauft und erscheint wöchentlich. Während «Luft und Liebe» oft mehr Sex-Tagebuch als politischer Kommentar war, war die Idee der *SPON*-Kolumne nun jede Woche eine einigermaßen seriöse Meinung zum Weltgeschehen zu vertreten. Ich schwankte zwischen «klar, gerne» und «um Himmels willen, wöchentlich», und nahm mir vor, die Sache erst mal einen Monat lang zu testen, der dann zu einem Jahr wurde und bis jetzt nicht aufgehört hat, weil es Spaß macht.

Zugegeben, nicht nur Spaß. Eine wöchentliche Kolumne fürs Internet zu schreiben ist ein lustiger, trauriger, privilegierter und manchmal abgefuckter Job. Lustig ist es, weil man (da, wo ich schreibe) fast alles machen darf, was man will. Traurig ist es, wenn man sieht, dass manchen Leuten dazu nicht mehr einfällt als Beleidigungen, Gewalt- und Morddrohungen. Privilegiert ist es – aus relativ offensichtlichen Gründen: Man bekommt Geld dafür, die eigene Meinung aufzuschreiben, die dann von sehr vielen Leuten gelesen wird. Abgefuckt ist das manchmal, weil das Internet jeden Tag geöffnet hat und es keinen Urlaub gibt, außer man schreibt vor (schaffe ich nie), und weil man auch dann dran ist, wenn einem so gar nicht danach ist. (Ich dachte am Anfang, die Kolleg*innen würden bestimmt auch mal Texte ausfallen lassen, wenn sie zu kaputt sind, aber das passiert quasi nie, und ich staune noch immer.)

Die Antwort auf die Frage, wer die Themen meiner Texte auswählt und ob darin zensiert wird, ist sehr einfach: ich und nein. Die Themen muss ich absprechen, damit klar ist, dass niemand anders in der Redaktion gerade am gleichen Thema sitzt, aber niemand gibt sie vor. Und Zensur findet in Deutschland nicht statt. Was die Leute damit manchmal meinen, ist redaktionelle Bearbeitung. Die gibt es, aber das heißt nur, dass Fehler oder schlechte Formulierungen geändert werden, und nicht, dass ich bestimmte Meinungen nicht vertreten dürfte.

So selbstverständlich mir das scheint, so häufig muss ich das immer wieder auf Nachfrage erklären. Viele Leute haben wenig Ahnung davon, wie Journalist*innen arbeiten. Das mag für andere Berufe auch zutreffen. Viele wissen nicht, was eine Kürschnerin macht oder ein Industriekletterer, aber bei Medien ist es gefährlich, weil Demokratie und freie Medien einander brauchen. In der *Zeit* hieß es 2017, 39 Prozent der Deutschen würden denken, Eigentümer von Medien bestimmten, was Journalist*innen in ihrem Medium schreiben dürfen.[3] Eine große Zahl dafür, dass in Deutschland Pressefreiheit ein hohes Gut ist.

Bleibt noch die Frage nach den Onlinekommentaren. Zunächst: Ich bin froh, dass es sie gibt. Es kommen nur manchmal schräge oder scheußliche Dinge dabei raus.

Ich bekomme Rückmeldungen, Anmerkungen und Fragen zu meinen Texten in den Kommentarbereichen darunter auf Twitter und Facebook, per Mail und in Briefen, bei Veranstaltungen und manchmal auf der Straße. Die Leute schicken handgeschriebene Briefe, Bücher, Gedichte (!), Gebete (!!) und selten Penisfotos. Aber auch: Wein, Champagner, Whisky, ein Telefon, einen Ring und einen Vibrator.

Ich versuche, denen zu antworten, die an einem Dialog interessiert scheinen und deren Anliegen ich verstehe – was nicht immer der Fall ist. Es gibt Leser, die ihre Mutmaßungen zu psychiatrischen Diagnosen aufschreiben oder sie schicken Beleidigungen oder Drohungen, teilweise von ihren beruflichen Mailadressen, als Ingenieur, Anwalt oder Hochschuldozent.

Die meisten Nachrichten zu meinen Texten, die direkt an mich gerichtet sind, sind positive Rückmeldungen, allerdings ist die Mehrheit der Leute, die mich nach Kommentaren fragen, eher an den krassesten Hassbeispielen interessiert als an Zustimmung und Dankbarkeit. Versteh ich schon. Es hat natürlich für andere nicht so einen hohen Unterhaltungswert, wenn Leute mir schreiben: «Bin dir dankbar für deine Stimme.» Oder: «Bitte machen Sie weiter.» Deswegen sind in diesem Buch unter den ausgewählten Leser*innen-Kommentaren kaum solche, obwohl es das Bild verzerrt, sie wegzulassen, aber ich fände es noch viel merkwürdiger, große Mengen Lob abzudrucken.

Als ich mal in einer Kolumne schrieb, dass ich die Kommentare unter meinen Texten oft nicht lese, gab es einige Leser*innen, die das nicht glaubten und fanden, ich würde nur so cool tun, aber mir in Wirklichkeit alles reinziehen. Nein. Man gewöhnt sich sehr schnell an diese Kommentare (oder man hört auf mit dem Job). Ich kenne Kolleg*innen, die nie einen einzigen Onlinekommentar lesen, weil sie glauben, das macht die Seele kaputt. Ich glaube das nicht, aber wie die meisten anderen Autor*innen habe ich neben den Kolumnen noch andere Arbeit. Am Anfang, bei der *taz*, habe ich die Kommentare fast immer gelesen, jetzt nur noch ab und zu.

Man gewöhnt sich daran, dass man missverstanden und falsch eingeschätzt wird. Einmal schrieb ein Leser zu einer Kolumne, die ich sehr gerne geschrieben hatte: «Irgendwie kann ich Sie mir nicht vorstellen, wie Sie lachen oder fröhlich sind.» Ein anderer schrieb: «Eine frustrierte negative Person. Sie tut mir leid. In welch abscheulicher Umgebung haust sie?» Das finde ich eher lustig. Verstörend finde ich Kommentare wie den unter einer Kolumne zu Depressionen, als jemand schrieb, ich hätte nicht erwähnt, dass Menschen oft lange auf Therapieplätze warten müssen: «Bei Frau Stokowski fällt immer wieder auf, dass sie die Realität der Normalverdiener und unteren Schichten nur vom Hörensagen kennt.»

Apropos Fehleinschätzung: Einmal habe ich nach einer Preisverleihung einen älteren Herrn getroffen, der sich als ehemaliger Chefredakteur eines großen Magazins vorstellte. Er fragte mich, warum ich bei der Veranstaltung auf der Bühne nichts gesagt hätte. Ich hatte einen dritten Platz im Bereich Kultur bekommen (es ging um die «Journalisten des Jahres»), und niemand mit einem dritten Platz hatte eine Dankesrede gehalten, nur die Erstplatzierten. Ich wäre nie darauf gekommen, mich da in den Vordergrund zu stellen, sagte ich. «Aber Sie schaffen es doch sonst immer, sich vorzudrängeln!», sagte er. Ich würde ihn ja mit meinen Beiträgen «fast täglich heimsuchen», erklärte er, aber er wundere sich, denn er habe sich mich viel größer vorgestellt, doch er komme damit klar, denn «seine Liebste» sei ja auch «so eine kleine Frau». Womit wohl viel mehr über ihn gesagt war, als ihm lieb war.

Man gewöhnt sich – als Autorin – daran, von Kommentator*innen als «Frollein», «böses Mädchen» oder «Gretchen, Sie unanständiges Mädchen» angeschrieben zu werden. Ich bin jetzt 32 und schätze, der Übergang von «jung, naiv und frech» zu «alt und verbittert» wird fließend verlaufen. Bin gespannt.

Man gewöhnt sich auch an üble Bemerkungen zum Aussehen, zur Herkunft und zur vermeintlichen Sexualbiographie. Als ich anfing, feministische Texte zu schreiben, hätte ich nicht gedacht, dass alles so klischeehaft und mitunter unverhohlen sexualisiert läuft, aber es ist leider so. Ich neige zu Melancholie und Mittagsschlaf, aber seit ich mich öffentlich als Feministin äußere, nennen Leute mich «hysterisch» oder schreiben, ich würde «rumschreien», was ich wirklich sehr selten tue. Und sie stellen nicht wenige Mutmaßungen darüber an, mit wem und wie oft ich Sex habe oder ob überhaupt. Die Klischeehaftigkeit der Kommentare ist aber vermutlich auch ein Grund, warum mich das meiste davon nicht berührt: Ich fühle mich einfach nicht besonders gut getroffen mit vielen der Einschätzungen. Natürlich versuche ich aus Kritik zu lernen, aber vieles ist nicht zum Lernen gedacht, sondern zum Einschüchtern, und das klappt nicht. Es ist eher so, dass es mich bestärkt und radikalisiert.

Man gewöhnt sich auch an die Widersprüche. In der Welt einzelner Kommentator*innen ist es möglich, dass ich potthässlich und ungevögelt bin, mich aber zugleich hochgeschlafen habe und eine Schlampe bin; dass ich nie lache und mich gleichzeitig permanent über Leute lustig mache, die keine veganen, promovierten Lesben sind.

Zynischerweise kommen die meisten Gewaltandrohungen nach Texten über Gewalt (dicht gefolgt von Migrationsthemen). Ich habe mich von diesen Nachrichten bisher nie ernsthaft bedroht gefühlt, aber es ist ein Phänomen für sich, wie sehr Leute ausrasten können, wenn man sexualisierte Gewalt thematisiert. Die allermeisten dieser Nachrichten kommen von Männern, soweit man das angesichts der Anonymität im Internet sagen kann, aber es gibt auch Frauen, die Nachrichten mit Beleidigungen oder Drohungen schreiben. Gewalt- und Mordandrohungen zeige ich an, alles andere nicht, und versuche die mitunter riesigen Mengen an Nachrichten als eine Art Materialsammlung zu betrachten. Vielleicht nicht so anders als der Schriftsteller Max Frisch, der 1967 sagte:

«Trotz einer natürlichen Dosis von Selbsthass bin ich vorerst erstaunt, wenn ich mich von jemand (ohne dass ich ihm ein Bein gestellt hätte) gehasst finde. Habe ich mit Sympathie gerechnet? Auch nicht. Was erstaunt, ist die unerwartete Intensität einer einseitigen Beziehung. Der Reflex ist nicht Gegen-Hass, aber Wachheit, vielleicht Verwirrung, jedenfalls nichts Lähmendes, sondern etwas Aufrüttelndes. Ich habe das Gefühl, er fördere mich.»[4]

Wie viel Hass auch immer bei mir ankommt, es ist immer noch ein Spaziergang im Vergleich zu dem, was andere Kolleg*innen für ihre Arbeit durchmachen müssen, zum Beispiel Deniz Yücel, der von Februar 2017 bis Februar 2018 im türkischen Gefängnis saß, weil er als Journalist gearbeitet hat.

Obwohl über oder unter jeder Kolumne nur ein Name steht, gibt es immer noch weitere Menschen, ohne die diese Texte nicht zustande kämen.

Mein erster Dank gilt meiner verstorbenen Philosophielehrerin Ursula Kurth für die Idee, überhaupt mal eine Zeitung zu lesen.

Großer Dank gilt auch meiner Mutter, meiner Schwester, meiner Oma und meinem Opa für Unterstützung von Anfang an.

Ich danke Daniel Schulz, Doris Akrap, Deniz Yücel und Ulrich Gutmair für die Motivation und Begleitung bei meinen ersten Kolumnenschritten in der *taz*. Danke auch an Stephanie Kuhnen für die Idee der *L-Mag*-Kolumne. Danke an Frauke Böger, Enrico Ippolito und Barbara Hans von *Spiegel Online* für das Vertrauen und den Rückhalt und ans Kulturressort und die Dokumentation fürs Bearbeiten und Faktenchecken. Und ganz besonderen Dank an Stefan Kuzmany für die viele Geduld und ewige Telefonate zu unmöglichen Uhrzeiten.

Danke auch allen Leser*innen, die mir Zuspruch oder konstruktive Kritik schicken oder mir ihre Geschichten anvertrauen.

Beim Rowohlt Verlag danke ich meiner Lektorin Johanna Langmaack sowie Nora Gottschalk und Lisa Marie Paesike für die Presse- und Veranstaltungsarbeit. Danke an meine Anwältin Christina Clemm für die Unterstützung in Rechtsfragen. Meiner Agentin Barbara Wenner danke ich von Herzen für viel mehr, als ich hier aufzählen kann.

Und dann noch: tiefe, tiefe Dankbarkeit an Theresia Enzensberger, Michael Brake, Emilia Smechowski, Lucy Fricke, Julia Schramm, Karsten Kredel, David Hugendick, meine Landkommune und Jens Friebe.

KAPITEL EINS

FLIRTEN UND VÖGELN UND LIEBE

DEM WINDHUND SO NAH
DEZEMBER 2011

Mit Sex fing alles an. Dieser Text war meine erste eigene *taz*-Kolumne. Die Texte, die ich zu Beginn schrieb, waren eher – sagen wir mal – experimentell, und es ging verhältnismäßig oft ums Vögeln. Ich finde diesen Text hier richtig schlimm, aber aus dokumentarischen Gründen habe ich mich entschieden, ihn trotzdem ins vorliegende Buch aufzunehmen.

Als ich letzte Woche meinen Job gekündigt habe, bin ich erst mal in ein Loch gefallen, unabsichtlich.[×] Ich war eigentlich sehr erleichtert, aber dann kam das Loch, alles wurde schwarz und anstrengend, es war der Horror, und dann war auch noch Nieselregen.

Außerdem wurde in unserer Landkommune gerade diskutiert, ob es okay ist, dass ich in meinen Texten über die Kommune oder das Dorf schreibe. Zwischendurch sah es so aus, als würden sie komplett gegen die Texte abstimmen. Mir wurde ganz schlecht. Dann brach die N-Taste aus meiner Tastatur, und am nächsten Tag knickte auch das C ab. Ich hatte das Gefühl, dass alle meine Arbeitsgrundlagen zerfallen. Am Arsch. Jahresende, alles Ende, die Zukunft düster.

Dann kam ein Morgen, an dem ich mit meinem Freund im Bett lag, draußen regnete es. Er wollte Sex, ich fand es viel zu früh dafür. Deswegen fragte ich, ob wir nicht nebenbei was spielen

---

[×] Der Job war eine Hilfskraftstelle an der Uni, wo ich ein paar Jahre als studentische Hilfskraft am Institut für Philosophie gearbeitet hatte.

können. «Können wir Stadt-Land-Fluss spielen, während du mich fickst, dann ist mir nicht so langweilig?» Ich fing an, A, er musste «Stopp» sagen. Wer jeweils zuerst alle Wörter zusammenhatte, rief «Schluss». Ich gewann haushoch, er hatte einen Orgasmus.

Abends waren wir dann auf einem Geburtstag in einer einfachen, netten Kneipe. Alle saßen rum, rauchten und tranken, manche tanzten. Weil wir spät kamen, setzten wir uns ganz hinten hin, da, wo man durchmuss, wenn man zum Klo will. Es blieb eine kleine Lücke frei, dahinter war ein schmaler Gang zu den Toiletten.

Als ich zur Bar ging, nahm ich Streichhölzer vom Tresen mit, auf der Schachtel war ein Reh mit roten Stiefeln. Ich bestellte zwei Bier und sah neben mir einen großen weißen Windhund mit langem Fell und superschmaler Schnauze.

Als ich zurückging, folgte mir der Hund. Er blieb neben unserem Tisch stehen und schaute zögerlich auf die Lücke, die zum Klogang führte. Sein Kopf hing herab, sein Blick war so mutlos und träge, als wenn alles beschissene Leid der Welt auf seinen schmalen Hundeschultern lastete. Er traute sich nicht durch zum Gang. Armer Hund, dachte ich, wollte seinen Kopf streicheln, aber er wich mir aus. Ich schob den Tisch zur Seite, er schnüffelte, dann ging er langsam durch. Er schwang dabei mit seinem Schwanz über den Tisch und löschte mit einem Wisch alle vier Teelichter, die da brannten. Dann legte er sich ans Ende vom Klogang und sah aus wie tot.

Auf dem Nachhauseweg holte ich die Streichholzschachtel aus meiner Jackentasche. Ich schaute das weiße Reh mit den roten Stiefeln an und stellte fest: Das war gar kein Reh. Das war der Windhund, der gehört offenbar zur Kneipe, er ist da so was wie das Maskottchen. Und sie malen ihm rote Stiefel an und kleben ihn auf Streichholzschachteln. Oh Gott. Eine tiefe Traurigkeit ergriff mich. Ich fühlte mich dem Windhund so nah. Trotzdem hoffte ich, dass ich am Ende des dunklen Ganges, wenn ich wieder einen Job kriege und der Frühling kommt und so, nicht tot vor einem Kneipenklo liegen werde. Bitte nicht. Aber so hübsche rote Stiefel hätte ich auch gerne.

Es ging direkt los mit der Leser*innen-Post. Oliver M. schrieb eine Mail an die *taz*, weil ihn störte, dass es in dieser Ausgabe gleich zwei Texte von mir gab: «Zwei Texte von Margarete Stokowski in einer *taz* ... bitte schmeißt die Alte doch endlich mal raus oder verkauft sie an ein Teenie-Blatt wie *Neon*. Diese peinlichen, spätpubertären Selbstdarstellungen nerven unendlich.» Das «Fräulein Stokowski» solle doch bitte woanders schreiben. Ich schrieb zurück, dass ich vorhatte zu bleiben, und er antwortete: «Vielen Dank für die Vorwarnung. Da hilft dann wohl nur die Kündigung des Abos.»

Traurig! Dafür schrieb Ulrich W. am selben Tag: «Liebe Margarete Stokowski, Deine Kolumnen sind seit Jahren wieder ein Grund für mich, überhaupt auf *taz.de* zu klicken.»

DIE LIEBE UND DER SECHS
NOVEMBER 2012

Mein Kumpel Lukas kommt aus Hessen und heißt dort nicht Lukas, sondern «der Luggas». Wenn wir schriftlich kommunizieren, ist alles in Ordnung. Ich mag ihn sehr gerne, finde ihn intelligent und lustig. Wenn wir aber tatsächlich verbal miteinander kommunizieren, muss ich mich immer ein bisschen zusammenreißen.

Neulich redeten wir mal wieder über alles Mögliche und machten uns über Rainer Langhans lustig. Der hat in einem Interview mit der *Zeit* gesagt, die «höchste Form von Kommunikation» sei die Liebe, die Piratenpartei hätte aber leider «von Liebe keine Ahnung». Ja, aber die CDU, oder was?

Lukas sagte dann noch etwas, irgendwas mit Sex. Ich hörte ihm aber nicht mehr richtig zu. Ich konnte nicht. «Lukas», unterbrach ich ihn, «apropos Kommunikation. Sag mal bitte, welche Zahl nach fünf und vor sieben kommt.» – «Sechs», sagte er. «Und jetzt sag mal das kurze Wort für Geschlechtsverkehr.» – «Sechs», sagte er wieder. «Findest du das nicht komisch?», fragte ich.

Er wusste nicht, was daran komisch sein sollte. Ich sagte, dass ich finde, man sollte die beiden Wörter nicht gleich aussprechen, sondern die Zahl mit einem weichen, summenden und die Tätigkeit lieber mit einem harten, zischenden S. Und dann machte ich einen ziemlichen Fehler, weil ich sagte: «Ich finde es total unerotisch, wie du ‹Sex› sagst.»

Das traf ihn hart. «Uneroddisch?», fragte er entsetzt. Wir übten dann eine ganze Weile den Unterschied zwischen hartem und weichem S und Lukas sagte: «Sssssssssssex. Gut so?» Aber es klang immer noch komisch. Er sagte, eine Logopädin habe schon mal versucht, ihm das beizubringen, nur leider hätte es nichts gebracht. (Wobei seine Logopädin für ihn eine «Lockopädin» war.)

Also nicht mit «Sex», aber mit anderen Wörtern. Dass aber nun mal alle aus seiner Gegend das so sagen würden und dass es ja wohl ganz normal sei und höchstens eine kleine regionale Besonderheit, dass also ja wohl alles in Ordnung sei. Ich sagte, ja, das kann schon sein, dass das normal und gut ist und alles, aber ich finde es halt unsexy, irgendwie. «Tut mir leid», sagte ich, «wirklich.»

Ich versuchte noch zu erklären, dass ich das ja nicht insgesamt auf seine Person beziehen würde und so weiter, aber das half dann auch nicht mehr viel, Lukas war beleidigt. «Dafür sagen wir blöden Berlinerinnen immer drinne und Mülch und Kürche!», sagte ich, und dass ich vielleicht nur eine engstirnige, lokalrassistische Nuss sei und halt nicht so weltgewandt und so.

«Ja», sagte Lukas, «aber wenn jemand mit dir keine Milch mehr in der Kirche trinken will, ist es nicht so schlimm, wie wenn keiner mehr mit dir Se... – ficken will.» – «Wie du ‹ficken› sagst, finde ich total super», sagte ich. «Ich bin Psychologe», sagte er, «ich kann zu den Eltern nicht sagen, die fickuelle Entwicklung Ihres Kindes ist so und so.» – «Aber für die Eltern musst du ja auch nicht sexy sein», sagte ich, «nur seriös. Und seriös bist du, sowieso, immer.»

«Aha», sagte er. «Sssssssseriös?» – «Nee», sagte ich, «seriös.» – «Ach Scheiße noch eins!», sagte Lukas, «ich will eh 'ne richtige Hessin als Frau, die will dann auch Sechs mit mir haben.»

GUCKT MEHR LESBENPORNOS!

JANUAR 2014

Kennen Sie den? Sitzen zwei Homosexuelle im Flugzeug. Sagt die eine zur anderen: «Bestimmt haben sich jetzt alle zwei Schwule vorgestellt.»

Ich hatte mir auch was vorgestellt, als ich neulich ins Kino ging. Nämlich so halbwegs in Ruhe «Blau ist eine warme Farbe» zu gucken. Das ist der mit den zwei jungen Frauen, von denen die eine blaue Haare hat, jedenfalls am Anfang des Films, und die sich lieben und miteinander schlafen, jedenfalls in der Mitte des Films. Es gibt darin mehrere Sexszenen, eine davon ist sechs oder sieben Minuten lang. Too much für meine Mitgucker*innen, links, rechts, hinter und vor mir. Ich saß noch nie, nie, nie in einem Kino, in dem so viel gekichert und getuschelt wurde.

Informierte Menschen werden jetzt sagen: «Jaha, gekichert und getuschelt, klar. Das hat doch auch Julie Maroh über den Film gesagt, also die Autorin des Comics, der als Vorlage diente. Weil sie fand, lesbischer Sex wird in dem Film total platt und aus männlicher Spannersicht gezeigt.» Hat sie gesagt, so ungefähr. War aber leider nicht das Problem in dem Kino, in dem ich saß.

«Ich schwöre, die ist in echt nicht lesbisch.» – «So hässlich, ey.» – «Okay, bisschen eklig isses schon.» – «Krass. Nee. Uäh.» Das sind keine Kommentare von Lesben, die sich falsch repräsentiert fühlen, das sind Sätze von Jugendlichen, die sich ekeln. Die noch im Abspann auf ihr Handy gucken und sagen «Alter, drei Stunden».

Zugegebenermaßen waren wir im Cinemaxx am Potsdamer Platz in Berlin. Das ist ein Kino, in dem man sich normalerweise in sternwartenmäßigen Riesensälen Dinosaurierärsche in 3-D anguckt und dabei Popcorn isst aus Eimern, von denen im Winter 1947 eine fünfköpfige Familie tagelang gelebt hätte.

Ob ich die Sexszenen mochte, fragte mich eine Freundin, die den Film auch gesehen hatte. Ich konnte ihr nicht antworten. Wie denn auch? Ich musste während der Szenen immer wieder rübergucken zu den Jugendlichen. Musste böse gucken und zischen und fauchen. Musste mich fragen, ob das Ganze für die mit Schwulen besser gegangen wäre. Ob die bei «Brokeback Mountain» auch solche Geräusche gemacht hätten.

«Es war mir sehr wichtig, das Thema Homosexualität im Film vergessen zu machen», hat der Regisseur des Films im Interview gesagt. Hätte klappen können. Hätte man statt der Sexszenen einfach Szenen aus dem «Hobbit» oder «Star Trek» eingeblendet. Natürlich kann man «Blau ist eine warme Farbe» auch als Teenie- und Selbstfindungsfilm sehen, als Film über ganz grundlegende Unsicherheit und bekloppte Künstler. Könnte man. Geht aber nicht, wenn man sich volle Lotte drauf konzentriert, sich zu ekeln. Dann wird es schwierig.

Ekel ist immer auch Angst. Vielleicht waren die Jugendlichen, die mit mir im Kino waren, gar nicht homophob, vielleicht hätten sie nur vorher üben sollen. Ganz langsam. Falls ihr das lest, ihr kleinen Nervbacken: Guckt mehr Lesbenpornos. Bitte. Nicht zwei, nicht drei, guckt viele! Checkt die Pluralität! Kommt klar! (Nicht die «Lesbenpornos» auf YouPorn mit den Haar-Extensions und den aufgeklebten langen Fingernägeln. Jo, sagt ihr, aber wieso nicht die? Vertraut mir: nicht die!) Gewöhnt euch an Lesben, weil: Es gibt sie. Wenn ihr euch nicht an sie gewöhnen wollt, guckt den «Hobbit».

Ihr habt Glück, ihr könnt das mit dem Lesbengucken im Internet üben. Tut es. Ihr werdet feststellen, dass das alles nicht so schlimm ist. Lesben, die Sex haben, sind nicht ekliger als andere Leute, die Sex haben. Sie sind nicht schmutziger als andere, im Zweifelsfall sind sie so sauber – sorry – wie geleckt.

BEI ZEUS, WARUM NIE MÄNNER?

MÄRZ 2014

Kein Sex mit Nazis – alter Spruch. In der Ukraine gibt es davon jetzt eine neue Version: Kein Sex mit Russen. Weil sie die Krim nicht an Russland abtreten wollen, haben ukrainische Frauen zum Sexstreik aufgerufen. Dazu haben sie eine Facebook-Seite gestartet: «Lass keinen Russen an dich ran» steht auf dem Plakat, zwei Hände formen darauf eine Vulva. Die Initiative ist dazu gedacht, «den Feind mit allen Mitteln zu bekämpfen». Über 2400 Menschen gefällt das.

Es ist nicht das erste Mal, dass Frauen per Sexboykott politische Ziele verfolgen. In Japan drohten Frauen im Februar auf diese Art den Unterstützern eines Wahlkandidaten, der fand, Frauen seien wegen ihrer Periode zu blöd für Politik. Im Sommer 2012 traten Frauen in Togo in einen Sexstreik aus Protest gegen den Präsidenten. In Neapel sexstreikten Frauen schon gegen Feuerwerke, in Kolumbien gegen einen Straßenbau und gegen Gewalt, in Liberia gegen den Bürgerkrieg, auf den Philippinen gegen den Kampf zweier Dörfer. Und die ukrainischen Femen forderten zum Sexstreik auf, um Frauenausbeutung anzuprangern.

Die Tradition des Sexstreiks reicht aber noch ein ganzes Stück weiter zurück. Ein berühmter Fall ist «Lysistrata», eine Komödie des griechischen Dichters Aristophanes von 411 v. Chr.: Lysistrata fordert andere Frauen auf, mit ihr in einen Sexstreik zu treten, um den Krieg zu beenden. Frauen aus Athen und Sparta geloben, sich Männern zu verweigern, bis endlich Frieden sei: «Bei Zeus, wir schwören!»

Was auffällt: Immer sind es Frauen, die in Sexstreik treten. Bei Zeus, warum nie Männer? Was für eine Form von Macht ist das, die Frauen da anwenden? Sind das die «Waffen einer Frau»? Ist das der «Geschlechterkampf»?

Streiks gibt es in vielen Varianten, meistens in Form der Niederlegung von Arbeit oder als Hungerstreik. Im einen Fall verweigert man Leistungen, die andere nicht erbringen können und ohne die irgendetwas nicht weitergeht. Im anderen Fall verzichtet man auf etwas, ohne dass man auf Dauer stirbt. Ein Sexstreik scheint eher zur ersten Sorte zu gehören. Frauen entziehen Männern Sex, bis diese, wie in «Lysistrata», aufgeben, weil sie unerträglich harte Ständer kriegen: «Pflöcke, o Graus, als wollten sie Schweine dran binden!»

Nun gehört zu einem solchen Streik – ob in einer Komödie oder in der Realität – ein ganzes Arsenal von Rollen, Klischees und Mythen. Die Rollen müssen, damit ein Sexstreik von Frauen Sinn ergibt, ziemlich klar verteilt sein. Es müssen Männer sein, die rausgehen und Politik machen, die Krieg führen und damit von allein gar nicht mehr aufhören können. Und Frauen, die sich darüber ärgern und lieber Harmonie wollen.

Abgesehen davon, dass ein Sexstreik von Frauen nur wirkt, wenn man davon ausgeht, dass Männer nur durch Frauen angemessen sexuell befriedigt werden können: Warum ist Befriedigung für Männer anscheinend wichtiger als für Frauen? Warum können Frauen verzichten, Männer nicht?

Die Antwort liefert die schlimme alte These von der ungebändigten männlichen Sexualität. Wenn Frauen begehren, so der Mythos, dann hält sich das in Grenzen. Sexualität findet bei ihnen im Kopf statt. Wenn sie nicht wollen, wollen sie nicht. Bei Männern: hui, zack, krass, kannste nicht bremsen, die Natur! Samenstau! Wenn Männer wollen, dann müssen sie.

Dieses Klischee der Schwanzsteuerung ist gefährlich. Im Zweifel lässt sich damit viel mehr begründen, als einem lieb sein kann. Zu Vergewaltigung im Krieg wird Lysistrata gefragt: «Und wenn sie uns zur Kammer ziehn mit Gewalt?», sie antwortet: «Dann hältst du dich am Pfosten!» – «Und wenn er schlägt?» – «Dann mach's ihm, aber schlecht! Wo man Gewalt braucht, ist die Lust nicht groß!» Was für Aussichten.

Die Sache wird nicht besser dadurch, dass ein Sexstreik suggeriert, dass die Frauen nach dem Streik grundsätzlich wieder verfügbar sein werden. Kurz war die Ware weg – schwupp, wieder da. Kein schönes Bild. Es kämpft sich am Ende vielleicht gar nicht so gut als Sexobjekt.

SICH SCHÖN IN DIE
FLEISCHTHEKE LEGEN
AUGUST 2015

Lalülala! «Das Kompliment stirbt aus», alarmiert die *Süddeut-sche Zeitung*.[5] Der Feminismus sei zwar «eine feine Sache», habe aber dazu geführt, dass Männer sich nichts mehr trauen: Gar nichts! «Bloß nicht lächeln, bloß nichts sagen, das gilt doch gleich wieder als doofe Anmache.» Männer leben heutzutage, bis auf Rainer Brüderle und Dieter Bohlen, in «ständiger Angst», weiß die *SZ*: «Der Rest der deutschen Männlichkeit presst die Lippen aufeinander und guckt auf den Boden, wenn er Frauen auf der Straße oder im Büroflur begegnet.»

Diese Art von Vorwurf an den Feminismus ist nichts, was man per Eilantrag beim Patentamt anmelden müsste. Die *Süddeut-sche* holt diese Idee jetzt pfiffigerweise im Sommer raus, weil: Im Urlaub, in Italien, da wird man «als Frau» wenigstens noch angeguckt, da – und nur da! – kriegt man noch «eine Portion Aufmerksamkeit», zu Hause nämlich nicht mehr.

Oder nur von anderen Frauen, «vielleicht, weil sie insgeheim hoffen, etwas Nettes zurückgesagt zu bekommen» (die Biester). Wenn ein Mann sich trotzdem traue, einer Frau ein Kompliment für ihre neue Frisur zu machen, dann, so hat die *SZ* eigenhändig recherchiert, bricht die Frau in Tränen aus: «So etwas Nettes hat noch nie jemand zu mir gesagt.»

Nun bin ich tatsächlich selten in München unterwegs und weiß nicht, was für ein eisiger Wind da weht. Wenn das keine Satire sein soll, dann hui. Sorry, liebe «Ich bin ja wirklich für Gleich-berechtigung, aber man muss es doch bitte nicht übertreiben!»-Leute, es tut mir leid, ihr seid voll drauf reingefallen. Aber so richtig. Auf all die Idioten, die euch erzählen, Feministinnen seien haarige Hexen, die sehr konkret an eurem Untergang interessiert sind. Man muss sein Hirn dick in «Post von Wagner» gewickelt haben, um zu denken, Feminismus verbiete irgendwem, freundlich zu sein.

Wo soll man anfangen, bei Menschen, die so was denken? Soll man überhaupt? Was ist das für eine Form von Anerkennung, nach der eine Frau sich da sehnt? Wenn ich jemanden will, der mich anhechelt, kauf ich mir 'nen Hund. Wer sich vom Feminismus beim Flirten verunsichern lässt, war auch vorher schon zu dumm dazu. Oder zu faul. Man kann das natürlich schön finden, sich als Frau nur wie ein Stück Vorderschinken in die Auslage zu legen und zu warten, bis einer kommt. Wer auch immer. Kann man machen.

In der Wartezeit kann man ein bisschen sinnieren: Wenn man glaubt, dass ein Flirt oder auch nur ein nettes Gespräch nicht mehr zustande kommen kann, weil die Männer sich alle nicht mehr trauen anzufangen, welches Bild hat man dann von sich als Frau? Als Mensch? Ist das angenehm? Und was heißt es, wenn man glaubt, diese Form von Anerkennung exklusiv nur von Männern kriegen zu können? Wie frei fühlt sich das an? Und wie traurig ist das?

Es gibt eine einzige feministische Flirtregel, die man sich im Übrigen sehr leicht merken kann und die lautet: Sei kein Arschloch. Fertig. That's it. Unisex übrigens. One size fits all. So praktisch. Der Rest ist ein bisschen gesunder Menschenverstand, Anarchie und Liebe, und das ist genau so schön, wie es klingt.

DEINE MUTTER HÄLT DIE KLAPPE
MÄRZ 2016

Man weiß nicht, was Maria dachte, als sie unten am Kreuz stand, an dem oben ihr Sohn hing. Man weiß nur, dass heute in der Wikipedia steht, der Hauptgrund für die spätere Marienverehrung seien «Marias Demut und Furcht, ihr Glaube sowie ihre vertrauensvolle Zustimmung, mit der sie sich in Gottes Plan fügt». Nun ließe sich behaupten, dass Demut und das Einfügen in Gottes Plan nicht mehr ganz aktuelle Mutterideale sind, aber möglicherweise trügt der Schein. Denn die aktuelle Diskussion um «Regretting Motherhood», also das Bereuen von Mutterschaft, bringt bisweilen Äußerungen hervor, deren einzige Botschaft an Mütter ist: Stellt euch nicht so an. Das klingt lässiger als «Seid demütig», meint aber nicht viel anderes.

«Regretting Motherhood», so heißt das Buch der israelischen Soziologin Orna Donath (ihr wissenschaftlicher Aufsatz zum Thema erschien bereits vor einem Jahr, nun gibt es das deutsche Buch dazu). Donath hat Interviews mit 23 Frauen geführt, die es bereuen, Mutter geworden zu sein. Das ist in Israel, wo die Studie durchgeführt wurde und wo eine Frau im Schnitt drei Kinder bekommt, etwas anderes als in Deutschland, wo es 1,5 Kinder sind. Trotzdem ist Deutschland das Land, in dem die Debatte besonders heftig geführt wird. Israel sei noch nicht so weit, hat Donath auf der Leipziger Buchmesse erklärt: Kein Kind zu haben sei dort für die meisten schlicht keine Option.

Die Reaktionen darauf sind bisweilen auffällig gehässig. Die Studien und Erzählungen werden als Rumgeheule abgetan, vielleicht auch, weil es den Hashtag #regrettingmotherhood gibt, und alles, was einen Hashtag hat, lässt sich geil belächeln.

In der *Zeit* erklärte Susanne Mayer, irgendwelche narzisstischen Muttis würden «zu viel Instagram gucken» und sich durch ihre Kinder beim «Ichsein» gestört fühlen, und: «Wurde nicht vor hundert Jahren das Wahlrecht für Frauen erkämpft, damit sie politisch handeln, statt zu jammern?»

Faz.net gönnte sich innerhalb von drei Wochen ganze drei Texte zum Phänomen «Regretting Motherhood»: eine Besprechung, die die Debatte für einen grotesken Hype hält, eine weitere, die vom «schicken Hashtag #regrettingmotherhood» spricht und davon, dass es doch auch Mutterglück gäbe (als hätte das jemand bestritten), und dann noch «Anmerkungen zur Merkwürdigkeit der Debatte» von Edo Reents, der sich so denkbar blöd dabei anstellt, das Buch von Orna Donath zu verstehen, dass es beim Lesen weh tut. Ob es jetzt Pflicht für Mütter sei, ihre Mutterschaft zu bereuen, fragt er. Nein, Mann.

Rücksichtslos, brutal und herzlos findet Reents die Frauen, die darüber sprechen, dass sie ihre Mutterschaft bereuen: «Es ist nicht erstrebenswert, dass man so etwas in der Öffentlichkeit sagen kann, selbst anonym nicht.» Die betroffenen Frauen könnten laut Reents «statt zum Psychiater auch zu einem Philosophen mit Schwerpunkt Logik gehen», der ihnen erklärt, dass Kinderkriegen nicht rückwärts geht.

Man könne schließlich einem solchen Thema «nur mit dem hohen intellektuellen Anspruch und der literaturhistorischen Informiertheit beikommen», wie Elisabeth Badinter es 1980/81 in ihrem Buch *Die Mutterliebe* getan habe, findet der promovierte Feuilletonist und ist sich doch nicht zu schade für den intellektuellen Gesichtsverlust, zu behaupten, aus den Aussagen der Mütter in Donaths Buch könne «nichts folgen, was allgemein von Interesse wäre», weil alles im «Rahmen persönlichen Erlebens und Meinens» bleibe.

Das ist nicht nur ignorant, sondern schlicht falsch, weil das Führen von Tiefeninterviews selbstverständlich eine sozialwissenschaftliche Methode ist, aus der etwas folgt, wenn man sich die Mühe gibt hinzugucken, statt das alles für «Gejammer» zu halten.

Das Tragische ist, dass solche Reaktionen in Orna Donaths Buch alle schon beschrieben und vorhergesagt werden. Gerade *weil* es ein Tabu ist, hat Donath eine Studie durchgeführt. Und vielleicht muss man tatsächlich betonen: eine *Studie* – keinen Aufruf zum Sexboykott, kein Festival für Kinderhass, kein Manifest gegen Fortpflanzung. Es geht ihr darum, die Reue nicht zu personalisieren, also sie nicht als das Versagen einzelner egoistischer / verrückter / labiler Frauen zu interpretieren, die sich einfach nicht genug anstrengen, sondern stattdessen Reue als Ausgangspunkt einer Diskussion über Mutterschaft und die damit verbundenen Anforderungen zu sehen.

Es ist sicher nicht der einzig mögliche Weg, über negative Aspekte von Elternschaft zu sprechen, wenn man Frauen zu Wort kommen lässt, die sagen, sie würden nicht noch einmal Mutter werden, wenn sie die Zeit zurückdrehen könnten. Aber es ist ein Weg. Reue ist dann keine Einladung zu einer «emotionalen Freakshow», wie Donath schreibt, sondern «eine Art Alarmglocke» für die Gesellschaft, ihre Anforderungen an Frauen und Mütter zu ändern, weil sich in Überforderung und Fluchtphantasien natürlich auch Erwartungen des Umfelds spiegeln. Dabei geht es nicht zuletzt um die Väter, beziehungsweise deren Abwesenheit, und darum, was eigentlich «normal» ist und was «abweichend». Denn Reue hat auch etwas damit zu tun, sich selbst als ungenügend zu empfinden.

In all den Interviews, die Orna Donath jetzt zu ihrer Studie gibt, erklärt sie immer wieder, dass Mütter, die ihre Mutterschaft bereuen, ihre Kinder trotzdem lieben können, dass sie also längst nicht so herzlos und kalt sind, wie viele glauben mögen. Aber um das zu erkennen, müsste man tatsächlich auch in Ruhe zuhören und den Frauen nicht von vornherein all das unterstellen, was sie befürchten – weswegen sie mit gutem Grund ihre echten Namen nicht nennen.

DIESER HUT KANN WEG
FEBRUAR 2017

Zum Valentinstag möchte ich für die Abschaffung von etwas plädieren, das es offiziell gar nicht gibt: das Amt der Bundespräsidentengattin. Was ist das für ein Job? Eigentlich gar keiner. Gibt kein Geld dafür. Es ist ein Ehrenamt, das einer gewissen Tradition folgt und im Großen und Ganzen niemandem weh tut, aber trotzdem im 21. Jahrhundert falsch ist.

Die Inhaberin dieses inoffiziellen Amts wird häufig «First Lady» genannt, weil das glamouröser klingt als Präsidentengattin und vielleicht auch, weil in «Gattin» die Tätigkeit des Begattens anklingt. Da hört man irgendwie schon, dass das eigentlich etwas ist, aus dem die Öffentlichkeit sich besser raushalten sollte. In der Wikipedia steht so nonchalant: «Es hat sich bislang kein fester Begriff für den Ehegatten eines weiblichen Staatsoberhauptes etabliert.» Ja, komisch. Vielleicht, weil der Job, von einem Mann ausgeführt, so selten das bisher passiert, auf viele noch absurder wirkt. In 300 Jahren werden wir darüber lachen. Im Moment aber tun wir noch so, als könne man da etwas ins 21. Jahrhundert rüberretten, was eigentlich von gestern ist.

Das Amt der Bundespräsidentengattin ist ein Überbleibsel aus den glanzvollen Zeiten des Patriarchats, deren Glanz aber daher rührte, dass Frauen ständig am Polieren waren und die Hauptfunktion hatten, ihrem Ehemann einerseits «den Rücken freizuhalten», also seiner Selbstverwirklichung hinterherzuputzen, und andererseits dabei neben ihm gut auszusehen. Diese Kombination wollen die meisten Leute heute nicht mehr. (Immerhin können es sich heute mehr Leute leisten, fürs Putzen und Kinderhüten andere Frauen kommen zu lassen, Zwinkersmiley.)

Die neue Bundespräsidentengattin Elke Büdenbender wollte, als absehbar wurde, dass ihr Mann Präsident wird, zunächst als Richterin weiterarbeiten. Nach einem Treffen mit dem noch amtierenden Bundespräsidenten Gauck und seiner Partnerin Daniela Schadt entschied sie: Nee, doch nicht. Das geht nicht beides unter einen Hut.

Der Hut aber könnte auch weg. Es ist oft von der Würde des Amtes die Rede, wenn es um den Bundespräsidenten geht, doch dabei wird übersehen, dass dieses Amt für die Partnerin eine gewisse Unwürde mit sich bringt. Natürlich gibt es einen Spielraum, innerhalb dessen sie ihre Tätigkeit ausüben kann, aber eher in dem Umfang der Farbwahl einer neuen Einbauküche. Sie erwarten Schirmherrschaften und soziales Engagement für Kinder, Mütter, alte, kranke oder behinderte Menschen. Das ist alles gut und sinnvoll. Andererseits, warum als Ehrenamt? Welches Bild von politischem Einsatz für besagte Gruppen spiegelt sich darin? Natürlich kriegen es auch Tausende andere hin, sich in dem Bereich zu engagieren, ohne First Lady zu sein, aber letztlich geht es um eine großformatige Variante von Care-Arbeit, für deren Einzelbereiche Familie und Gesundheit es auf staatlicher Ebene aus guten Gründen Ministerien gibt.

Außerdem erwartet die Präsidentengattin, ein Anhängsel auf Dienstreisen zu sein, auf denen ihre Meinung weniger gefragt ist als bloßes Danebenstehen. Ein bisschen wie diese winkenden Figuren der britischen Queen, die ja, noch eine Ähnlichkeit, auch nicht gewählt ist.

Es gibt keine sinnvolle Begründung, diese Tradition beizubehalten. Eine Begründung könnte sein: Das Volk mag das. Frank-Walter Steinmeier bedankte sich am Tag seiner Wahl auf Facebook bei seiner Frau, über 25 000 Menschen gefällt das. Wie kann einem das nicht gefallen? Andererseits: «Ich könnte es ohne dich nicht machen und ich hätte es ohne dich nicht gemacht», schrieb Steinmeier. Warum? Konkret geht es uns nichts an, aber wenn das Amt des Bundespräsidenten ein Job ist, den man alleine nicht aushält, dann sollte er von einem Team ausgeführt werden. Für eine Demokratie wäre es sinnvoll, wenn dieses Team gewählt wird – und eher nicht wegen der Kriterien, aufgrund deren Menschen sich verlieben.

Das Hauptargument für den Auftritt als Paar ist das der Repräsentation und Identifikation. Aber wer oder was wird da repräsentiert? Es ist nicht besonders edel, sondern traurig, wenn die Repräsentantin des Staates eine ist, die ihren Job für ihren Mann aufgegeben hat, und sei es nur für fünf Jahre. Sie muss es nicht, natürlich. Sie lässt ihren Job «ruhen», wie es heißt. Das klingt entspannt und wird von vielen auch als richtig angesehen, schließlich war sie als Richterin mit Dingen befasst, die politische Dimensionen haben. Gaucks Partnerin hatte als Journalistin ebenfalls aufgehört. Dass die sich auch immer so eigenständige Berufe suchen!

Natürlich ist es traurig, dass wir keinen Vergleich haben: Würde im Falle einer Bundespräsidentin ihr Mann sich ebenfalls um Kinder und Kranke kümmern? Wenn eines Tages ein Single zum Bundespräsidenten oder zur Bundespräsidentin gewählt wird, was dann? Was, wenn es jemand mit wechselnden Dates wird? Wenn es eine lesbische Frau wird oder jemand in einer komplizierten Patchwork-Situation? Kriegt dann die AfD die Blutdrucksenker vom Staat?

«Das Private ist politisch» hat nie bedeutet, dass man alles Private öffentlich machen soll, sondern dass beides in so unauflösbarer Weise zusammenhängt, dass es schwer ist, eine fortschrittliche Politik zu vertreten, wenn man zugleich alten Kram mitschleppt – wie etwa die Tradition der joblosen «Präsidentengattin». Weil es aber kein offizielles Amt ist, kann keine offizielle Stelle sie abschaffen. Und weil man vor allem keiner Frau vorschreiben kann, ob oder was sie arbeiten soll, liegt die einzige Möglichkeit, diesen alten Hut abzuschaffen, bei der Trägerin. Wenn die jetzige es nicht tut, tut es vielleicht die nächste, oder eben – na ja – der Nächste. Alle fünf Jahre ein Funken Hoffnung.

DAS AROMA
VERFAULENDER ÄPFEL
JULI 2017

Von Friedrich Schiller erzählt man, er habe in seiner Schreibtischschublade faule Äpfel gelagert, weil er den Geruch von Verfall beim Schreiben mochte. Schon bisschen eklig, aber in der Tendenz nachvollziehbar: Jetzt, wo allenthalben Konservative davon sprechen, dass mit der «Ehe für alle» die Grundwerte unserer Gesellschaft zerfallen, fühlt es sich auch gar nicht so schlecht an.[x] Der CSU-Abgeordnete Peter Ramsauer sagte, «die CDU-Führung soll sich davor hüten, auch noch die letzten konservativen Werte zu zerstören», und sein Parteikollege Hans-Peter Friedrich schrieb auf Twitter sogar von der «Auflösung der gesellschaftlichen Ordnung». So schön und inspirierend!
Ein Anfang ist gemacht. Das konservative Konzept der Ehe bröckelt, und jetzt ist die Frage: Kann es ein nichtkonservatives Konzept von Ehe geben, oder haben wir es mit einer Art abblätternder Raufasertapete zu tun, bei der man immer weiter rumfummeln muss und kleine Fetzen abzieht, wobei sich dann irgendwann zugleich ein paar Bröckchen Putz lösen, immer mehr, bis eines schönen Moments die Mauern freiliegen und man sich plötzlich daran erinnert, wie gerne man schon mal einen Vorschlaghammer ausprobieren wollte? Who knows. Klar ist, dass die Öffnung der Ehe für gleichgeschlechtliche Paare nicht die letzte Änderung am Konzept der Ehe bleiben wird.
Und was machen wir morgen? Das Ehegattensplitting abschaffen! Was ist das für ein merkwürdiger Move, Geld dafür spa-

---

[x] Am 30. Juni 2017 hatte im Bundestag eine Mehrheit dafür gestimmt, dass die Ehe in Deutschland auch homosexuellen Paaren offenstehen soll.

ren zu wollen, dass man einem anderen Menschen Treue verspricht? Ehegattensplitting ist letztlich eine sozial weitgehend akzeptierte Nebenform von Prostitution: Ich spare Steuern, indem ich den Staat daran teilhaben lasse, mit wem ich mein Bett teile. Was soll das? Dabei ist das Problem gar nicht das der Prostitution, die unter geregelten Bedingungen stattfinden können sollte. Das Problem ist, wenn so getan wird, als sei die Beziehungsform «Ehe» für die Gesellschaft irgendwie wertvoller als andere Formen. Was für ein Quatsch, wenn man weiß, dass Kinder auch ohne Ehe zustande kommen und sowieso mehr als jede dritte Ehe geschieden wird.

Man muss nicht zwangsläufig die Institution der Ehe abschaffen. Dass Menschen zusammenleben und das feiern, ist wunderschön. Lebenslange Treue, Verbindlichkeit, Fürsorge, wer könnte etwas dagegen haben, wenn zwei Leute das so für sich wollen? Betonung auf «für sich».

Es gab mal Gründe für Monogamie und Ehe, unter anderem das Bedürfnis, Vaterschaften eindeutiger zuordnen zu können, aber dafür gibt es inzwischen ganz gute Tests. Die Interessen, die der Staat heute noch daran hat, dass Menschen füreinander da sind und Kinder kriegen, lassen sich auch befriedigen, ohne dass man Leute mit Geld in eine Beziehungsform lockt, die sie ansonsten vielleicht nie angefangen hätten.

Wer Gleichberechtigung in Ehefragen fordert, sollte sie nicht nur für diejenigen fordern, die heiraten wollen und bisher nicht konnten, sondern auch für die, die nicht wollen, obwohl sie könnten.

Dass der Staat die Ehe finanziell bevorzugt, kommt nicht daher, dass er besonders romantisch wäre, sondern dass man 1958, als das Ehegattensplitting eingeführt wurde, noch ganz andere Vorstellungen davon hatte, wie das Zusammenleben von Leuten aussehen sollte. Eine ähnliche Zusammenlegung der zu versteuernden Einkommen gab es auch schon im Nationalsozialismus ab 1934, praktischerweise konnten sich Frauen dann auf ihre

Rolle als Mutter und Ehefrau besinnen und wurden von beruflichen Plänen ferngehalten.

Auch wenn es unscheinbar daherkommt, ist das Ehegattensplitting nicht einfach nur eine bürokratische Nebenfrage, sondern ein zentrales Machtinstrument, mit dem der Staat das Patriarchat stützt. So klein und filigran viele der Entscheidungen und Erlebnisse sind, in denen Ungerechtigkeiten immer weitergetragen werden, so manifest ist im Ehegattensplitting die Unterstützung des Staats in der Aufteilung: Mann verdient Geld, Frau bleibt abhängig.

Es kann theoretisch auch andersrum sein, klar. Passiert nur selten.

Dem modernen Feminismus wird manchmal vorgeworfen, sich zu viel mit Körperfragen und Kleinkram zu beschäftigen statt mit ökonomischen Zusammenhängen. Ich teile diese Sichtweise nicht, aber voilà, hier ist ein sehr präziser Punkt: Weg mit dem Ehegattensplitting.

Finanzielle Vorteile für bestimmte Lebensformen können bleiben, aber für Leute, die Kinder erziehen oder Angehörige oder andere Menschen pflegen. Die Ehe selbst kann auch bleiben. Eigentlich muss man gerade, um die Ehe angemessen zu würdigen, das Ehegattensplitting abschaffen. Denn nur so kann man sicher sein, dass Leute freiwillig heiraten und nicht aus so banalen Gründen wie eingespartem Geld. Ist doch viel romantischer.

KAPITEL ZWEI FEMINISMUS

NIEMAND MUSS LECKEN MÜSSEN
OKTOBER 2015

Wir haben es ja auch nicht leicht. Wie gern wir einfach wieder unsere Ruhe hätten! Ist das Tinnitus oder was ist das, was wir da jetzt ständig hören? Ach so, nee, das sind Leute. Leute, die sich beschweren. Aha. Niemand mag Menschen, die dazwischenlabern und immer nur rumheulen. Ist so. Und das tun die doch die ganze Zeit. Rumheulen.

Wir müssen uns vielleicht auch erst mal vorstellen, wenn wir immer nur «wir» sagen. Müssen wir? Nö, müssen wir eigentlich nicht. Wir halt. Die Mehrheit. Die Neutralen und Normalen. Reicht doch. Wir, das sind die, die hart bleiben müssen, wenn jetzt die ganzen Flüchtlinge kommen.[×] Damit die gleich mal wissen, wie der Hase hier läuft, der sogenannte, denn so sagt man das hier: Der Hase läuft. Können die gleich mal lernen.

Und es läuft auch bei uns, im Großen und Ganzen, solange uns nicht irgendwelche asozialen kleinen Minderheiten auf den Sack gehen. Ha, Minderheiten ist gut gesagt, wenn die immer gleich ihre riesigen Familien nachholen wollen, nicht wahr? Und wenn die Schwulen jetzt auch Kinder adoptieren wollen und so. Das ist unsere Horrorvorstellung. Schwule Kinder mit Federboa. Aber wir lassen uns nicht lumpen, wir kriegen auch Kinder. Manchmal sogar vier. Ist doch gut. Dann gibt es mehr von uns.

[×] Harald Martenstein hatte geschrieben «Um diese Massen [von Flüchtlingen] erfolgreich integrieren zu können, müssten die Deutschen (...) ein Verhalten zeigen, das sie verlernt haben. Sie müssen selbstbewusst, autoritär und auch hart sein.» (*Tagesspiegel*, 27. September 2015)

Wir müssen uns nämlich wehren, weil der Wahnsinn umgeht. Eine von uns hat ein Buch geschrieben, das heißt: «GenderGaga. Wie eine absurde Ideologie unseren Alltag erobern will». Unseren Alltag! Das Beste, was wir haben, all die formvollendete Stabilität zwischen Aronal und Elmex, erobert von einer Ideologie, einer absurden noch dazu! Ideologien mögen wir nicht. Wir selbst haben keine. Woher auch? Und wozu?

Wir hätten vielleicht eine, wenn wir etwas von diesem Genderkram studiert hätten. Da lernt man das ja. Also, ehrlich gesagt haben wir keine Ahnung, was man da lernt. Dass es tausend Geschlechter gibt, oder so. Das finden wir albern. Uns reichen zwei. Also, eins für jeden. Dass das klar ist. Geschlechter, nicht Gender. Auf Gender haben wir keinen Bock. Unsere Väter und Großväter haben in Stalingrad gekämpft, ganz ohne Gender.

Was haben wir gelacht neulich, als jemand im Blog einer Gender-Studies-Fachschaft einen Text fand, in dem die Fachschaft erklärte, warum jemand aus ihrer Initiative ausgeschlossen wurde.[6] Was standen da für lustige Wörter drin! «Anfang Juli 2015 sah sich die *weiß* und mehrheitlich cis*-positionierte Fachschaft Gender Studies (FSI) dazu gezwungen, eine *weiß* und trans*-positionierte Person (R.) auszuschließen.» Wörter mit Sternchen! Wörter in kursiv! Mit Unterstrich auch! Was haben wir gekichert und den Link rumgereicht. Diese Trottel, nicht wahr? Wie die reden! Beziehungsweise wie die schreiben, weil, höhö, reden kann man so ja gar nicht. Wir jedenfalls nicht. «Ein_e Trans*Inter*GnC (Gender non Conforming) PoC», das hatten wir vorher nie gehört, und dann lachten wir uns halt tot.

Wie die auch immer gleich alle bockig sind! Überall gekränkte Leute. «Mikroaggressionen» heißt das jetzt, wenn man aus Versehen irgendwelche Leute rassistisch oder sexistisch oder sonst wie abwertet, obwohl man das gar nicht wollte. Man wollte doch nur mal fragen, wo sie denn nun *wirklich* herkommen und so. Wenn wir uns hier in jede Minderheit einfühlen, kommen wir zu gar nichts mehr. Minderheiten, wie das schon klingt! Gruseliges

Wort. Wie Minderbemittelte. Wie Machenschaften und Klein-
kriminelle. «Die Splittergruppe der Transsexuellen», schrieb
neulich die *NZZ*.[7] Nee, Splittergruppen sind uns zu krass. Haben wir im Duden nachgeguckt. «Splittergruppe, die: kleine
(besonders politische, weltanschauliche) Gruppe [die sich von
einer größeren abgesplittert hat]» – wollen wir nicht. Hier wird
nicht abgesplittert. Gibt schon genug Verrückte, die uns nerven.
Irgendwelche einbeinigen, alleinerziehenden Lesben, die ihre
Kinder von unseren Steuergeldern glutenfrei ernähren und die
nur darauf warten, in einem Leitartikel zur Ukraine nicht miter-
wähnt zu werden, um dann wütend aufzumarschieren.
Aber eine von uns, die kann sich in die einfühlen. Nennen wir
sie Gaga-Biggi. Das ist die mit dem Gender-Gaga-Buch und den
vier Kindern.[*] Die ist jetzt von der CDU in Sachsen zur Expertin
ernannt worden, für die «Akzeptanz der Vielfalt von Lebens-
weisen». Die *taz* fand das komisch und *queer.de* auch, weil es da
um sexuelle Vielfalt geht und Gaga-Biggi ja das Genderzeug so
bescheuert findet. Ach, unsere Birgit! Wir lieben sie für ihren
Humor. Die ist nämlich selber vielfache Minderheit, katholische
Rumäniendeutsche mit vier Kindern, und dann ätzt sie immer
gegen Minderheiten. Das finden wir schön frech und mutig.
«Wir haben ständig neue, gekränkte Minderheiten», hat sie neulich bei «Hart aber fair» gesagt. «Wir», das waren wir!
Überhaupt sitzt sie gern in Talkshows und da hat sie auch bewiesen, dass sie nämlich sehr wohl Ahnung von sexueller Vielfalt hat. Bei der Maischberger hat sie erklärt, wie Lesben Liebe
machen: Die lecken sich.[**] Das finden wir eklig. Niemand muss
lecken müssen! Wenn wir uns 'ne Kugel Eis kaufen, dann bei-

---

[*] Die Rede ist von der Autorin Birgit Kelle, die sich immer wieder gegen den
vermeintlichen «Gender-Wahn» ausspricht.

[**] In der Talksendung berichtete Kelle entsetzt über einen Fall von Aufklä-
rungsunterricht in der Schule: «In der *Welt* wurde berichtet von den Viertkläss-
lern, die von ihrer Lehrerin unbedingt erzählt bekommen mussten, wie Lesben
sich gegenseitig befriedigen, indem sie sich nämlich lecken!»

ßen wir da erst mal volle Lotte rein, damit keiner denkt, dass wir Lesben sind. Aber Gaga-Biggi weiß Bescheid. Reicht doch! Machen Lesben auch noch was anderes außer lecken? Nö. Eben. Deswegen finden wir das gut, dass sie da jetzt Expertin ist. Die soll sich mal kümmern. Dann haben wir ein Problem weniger. Puh.

Das war mein erster Text auf *Spiegel Online*. Niemand hat ihn verstanden. Oder sagen wir: kaum jemand. Es war vielleicht ein bisschen zu viel Ironie für die Leser*innen, die mich noch nicht kannten. Ich schwor mir, in den Kolumnen nie wieder was mit Ironie zu machen. Hat nicht ganz geklappt, aber zumindest habe ich anhand der Reaktionen gelernt, dass die Texte jeweils für sich alleine stehen können sollten, ohne dass man mehr über die Autorin weiß.

DER ABGRENZUNGS-FETISCH
NOVEMBER 2015

Ich habe einen Test gemacht. Der Test hieß «Sind Sie Feministin?», und ich verrate erst am Ende der Kolumne, was rauskam. Für die Spannung. Es war ein Test in der *Glamour*, das ist ein Fachmagazin für Haarekämmen, Taschenkaufen, Liebemachen.

Die *Glamour* hat eine Ausgabe über «Gender-Bending» gemacht: «Von der Lust, die Welt auf den Kopf zu stellen», und die Welt ist in diesem Fall die gewohnte Geschlechterordnung innerhalb der Mode. Männer, die Spitzen- und Schluppenblusen tragen. Und Frauen, die Parfüm benutzen, das nach Holz und Tabak riecht. So weit, so wild.

Ich war fast ein bisschen begeistert und saß da in meiner Jeans, die einen bekloppten Namen hat, weil sie «Boyfriend-Style» heißt, und der Name nervt mich, weil er suggeriert, dass Frauen nur sogenannte Männerkleidung tragen dürfen, wenn sie ganz sicher heterosexuell und vergeben sind und sich den Kram nur mal kurz von ihrem Freund ausleihen, und jedenfalls saß ich da in dieser Hose und blätterte und las über Transgender-Models und Agender-Abteilungen in Kaufhäusern und dachte: Jo, läuft.

Es gab sogar eine Fragerunde dazu, ob man als Feministin auf jede erdenkliche Art Sex haben darf und welche Unterwäsche man tragen darf – und berechtigterweise kam dabei raus: Machen Sie, was Sie wollen. Das ist schon bemerkenswert weit für dieses Genre von Fachzeitschrift, in dem andere noch dabei sind zu erklären, bei welcher Blowjob-Technik man als Frau die meisten Kalorien verliert.

Aber dann. Der Test. Man sollte also die Frage beantwortet kriegen, wie feministisch man denn nun ist, und es gab drei mögliche Ergebnisse, nämlich «Vollblut»-, «Halbblut»- und «Kaltblut»-Feministin. Das sollte vielleicht zum Wiehern lustig sein oder was. Nun ja. Die Beschreibung der «Vollblut»-Feministin ging so: «Sie haben noch nie einen BH verbrannt oder für Frauenrechte demonstriert – aber nur weil das andere Generationen schon erledigt haben. Alice Schwarzer ist Ihre Heldin, und Gleichberechtigung ist Ihr Lieblingsthema, auch beim Date. Bei der Instagram-Aktion #freeyourpits waren Sie natürlich dabei – und wollten allen Rasierer-Besitzerinnen die Freundschaft kündigen. Man kann aber doch auch ohne Achselhaare ein guter Mensch sein!»* – Die «Halb»- und «Kaltblut»-Feministinnen unterschieden sich dadurch, dass man ihnen auch die Tür aufhalten darf oder Blumen schenken und dass sie egoistisch sind und sich alles selbst erkämpfen, und sich im Zweifel auch ihre Diamanten selbst kaufen.

Nun ist das nur ein kleiner, blöder Test in einer Frauenzeitschrift. (Auf demselben Niveau gibt es in der aktuellen *Cosmopolitan* den Test «Welche Porno-Rolle passt zu Ihnen?». Bei mir kam raus: «50 Shades of Gay».) Aber es steht für etwas, was anstrengend und traurig ist: der Abgrenzungs-Fetisch.

Da beschäftigt sich eine Zeitschrift ein Heft lang mit der Auflösung von Geschlechterrollen und neuen Freiheiten – und natürlich ist das Feminismus, denn es geht um Gleichberechtigung für alle Geschlechter – um dann am Ende doch festzustellen, was Feminismus *eigentlich* wäre, nämlich Alice Schwarzer und BH-Verbrennungen und Achselhaare.

Genau das ist der Abgrenzungs-Fetisch. Es geht so viel Energie dafür drauf, sich von vermeintlich hässlich-haarigen Feministinnen abzugrenzen. Von einem dämlichen Mythos. Die Men-

---

* #freeyourpits war ein Hashtag, unter dem Frauen Fotos von sich selbst mit – teilweise gefärbten – Achselhaaren posteten.

schen verstehen heute, dass ihnen nicht automatisch Dreads wachsen, wenn sie einen Bioladen betreten, aber nicht, dass sich ihr BH nicht in derselben Sekunde selbst entzündet, in der sie sich als Feministin bezeichnen. Es hat diese ominösen massenhaften BH-Verbrennungen nie gegeben. Nur sehr wenige Einzelfälle, über Jahrzehnte verstreut, sind bekannt. Sie passen aber so schön zum Bild der feministischen Furie.

Die *Cosmopolitan* stellt in ihrer aktuellen Ausgabe Frauen vor, die Comedy machen. Carolin Kebekus, Anke Engelke, Amy Schumer, Amy Poehler und andere. «Als sexy Feministinnen machen sie mit Humor auf Defizite aufmerksam», steht da. Ja, «sexy Feministinnen», das ist natürlich wichtig, das genau so zu schreiben. Als müsste man dem ekligen Wort «Feministin» noch das geile «sexy» hinzufügen, um ganz, ganz sicherzustellen, dass es sich immer noch um fickbare Ladys handelt.

«Man kann aber doch auch ohne Achselhaare ein guter Mensch sein!», schreibt die *Glamour*. Es macht mich noch nicht einmal mehr wütend, so was zu lesen, es macht mich nur noch müde. Es soll unterhalten, aber es tötet alles ab. Achselhaare, Alter. Es ist so scheißegal, es funktioniert nicht mal mehr als Witz.

Jeder Mensch über fünfeinhalb, der kurz darüber nachdenkt, ob es der komplette Inhalt einer jahrzehnte-, ach, jahrhundertealten politischen Bewegung sein kann, festzulegen, an welchen Körperteilen Frauen Haare haben sollen, wird zu einer Antwort kommen. Die Pointe ist dieses «kurz drüber nachdenken». Too much. Denn natürlich ist es einfacher und lustiger, sich mit Kleinkack abzulenken und sich damit aufzuhalten, wie Frauen denn als Feministinnen nun *aussehen* sollen, als sich mit Machtfragen zu beschäftigen wie mit unbezahlter Arbeit, sexualisierter Gewalt, gerechter Bezahlung, Prostitution und Selbstbestimmung und all den komplizierten Sachen.

Man muss es ja auch nicht immer gleich Feminismus nennen, kann man sagen. Ja, kann man. Man kann Frauen und der Gleichberechtigung riesige Dienste erweisen, ohne sich Feministin zu nennen. Umgekehrt kann man sich auch frauen- und überhaupt menschenfeindlich verhalten, wenn man sich als feministisch bezeichnet. Es ist kompliziert. Aber sich absichtlich vom Feminismus abzugrenzen, um sicherzustellen, dass man übrigens ganz sicher eine potenzielle Verkehrspartnerin ist, das ist traurig.

Apropos traurig. Ich wollte noch mein Test-Ergebnis verraten. Ich bin leider durchgefallen. Die erste Frage im Test war: «Was fällt Ihnen bei dem Namen Emma ein?» Man konnte wählen zwischen drei Antworten: «Mein Lieblingsmagazin!», «Süßer Babyname», «Frauen, die ihre BHs verbrennen». Ich konnte nichts davon antworten und damit auch nicht weiter zur nächsten möglichen Frage. Mir fällt zum Namen Emma nur eine Zeitschrift ein, die ich vor Jahren mal im Abo hatte, bis sie so unerträglich wurde, dass ich kündigen musste. Ich würde meine Tochter nicht so nennen, aber ich würde sie auch nicht Brigitte oder Superillu nennen. Und der Hund von einer Bekannten, der heißt auch Emma.

«HAMSE JEDIENT IM
GENDERKRIEG?»

JUNI 2016

In letzter Zeit habe ich viel zu oft komische Konstruktionen gelesen wie «Gender-Kampf», «Feministinnen-Krieg» und «Krieg der Geschlechter». *Zeit Online* hat ein extra Schlagwort dafür, ernsthaft, «Geschlechterkampf», *süddeutsche.de* auch. It's a thing! Der Radiosender *Ostseewelle* spielt allmorgendlich die «Schlacht der Geschlechter». Okay, das entbehrt nicht einer gewissen Niedlichkeit, aber ich muss auch sagen: Was zur Hölle? In einem Medium für junge Menschen (jetzt.de) habe ich gelesen, «Feminist sein, das fühlt sich eben nach Frontlinie an» und wie «auf den Barrikaden». Sagt mal: Frontlinie, Barrikaden, Krieg – haben die alle zu viel «Star Wars» geguckt?

Echt, wenn es einen Gender-Kampf oder Geschlechterkrieg gäbe, ich glaube, ich wüsste davon. Ich werde militant genannt, Feminazi, extremistisch und radikal, aber ich lebe nicht im Krieg. Ist es so weit gekommen, dass ich irgendwem erklären muss, was Krieg ist? Krieg ist, wenn ich meine Katze essen muss. Zum Beispiel. Muss ich aber nicht. Es ist Sommer, Leute posten wieder ihre Füße auf Facebook, und die Füße sind an den Beinen noch dran und das Einzige, was im Supermarkt manchmal fehlt, sind bestimmte Sorten von Kaltgetränken, die wir vor fünf Jahren noch nicht mal kannten. Wir haben außer der Katze, die wir nicht essen müssen, noch einen Hund, der uns vor nichts beschützen muss. Meine Beziehung wird nicht daran scheitern, dass jemand an die Front muss, ich habe Großeltern, die mich zum Essen einladen, und meine Oma erzählt dann, wie sie zur Erstkommunion ein gekochtes Ei bekommen hat.

Wir reden so viel über Hetze gerade, über Stimmungsmache und

Populismus und wie Leute gegeneinander aufgestachelt werden, indem zu viel Scheiße geredet wird. Ich will niemandem Hetze vorwerfen, der mal ein unpassendes Wort gebraucht hat, aber wie sollen wir wie gechillte Menschen miteinander reden, wenn wir mit lauter Großvokabeln um uns schmeißen, die eigentlich Ausnahmezuständen vorbehalten sind? Shitstorm hier, Krieg da.

Offen gestanden habe ich keine Ahnung, wer diese Leute sind, die vom Krieg der Geschlechter reden und wie sie drauf sind. Wenn sie in der Straßenbahn einer fragt: «Hamse jedient?», sagen sie dann: «Öh nein, aber ich habe mal eine Viertelstunde lang einer Frau versucht zu erklären, dass die Frauenquote Frauen nur wegen ihres Geschlechts ...»? Bla, der Fragende ist vor drei Stationen ausgestiegen oder gestorben.

Die *Zeit* hat einen Mail-Wechsel veröffentlicht, in dem es darum ging, dass eine Autorin von «Studierenden» schreiben wollte und ein Redakteur das in «Studenten» geändert hat. Der Onlinekiosk *Blendle* kündigte das in seinem Newsletter so an: «Hier erlebst du den Gender-Kampf live.» Jo, geil, Gender-Kampf live, hab sofort geklickt, aber leider tauschen die Beteiligten dann Argumente aus. Argumente! Keine Barrikaden aus Binnen-Is oder Unterstrichen. Okay, es ist ein Kampf. Streit, auch das. Aber kein Gender- oder Geschlechterkampf. Der Redakteur hätte genauso gut eine Frau sein können, was wäre es dann gewesen? «Zickenkrieg»?

Es ist nur eine Metapher, sagt ihr. Nein, es ist unbedachtes Wörterkotzen. Metaphern haben einen Sinn, sie sollen etwas klarer oder schöner sagen. Wer aber von Krieg spricht, macht es weder klarer noch schöner, der sagt nur: Guckt, wie sie sich prügeln. Aber was, wenn sie gar nicht prügeln?

Wer nicht aufpasst, macht durch Sprache alles schlimmer. Hier meine These dazu: Das ist schlecht. Es klingt nach Eskalation, aber da eskaliert nichts. Da reden Leute. Wenn ihr jetzt schon von Krieg sprecht, was macht ihr, wenn tatsächlich mal was passiert, und zwar mehr als Argumente – wenn plötzlich alle Frauen, die weniger verdienen als ihre Kollegen, in Streik treten und auf die Straße gehen? Was ist dann? Apokalypse?

Wir können gerne über Hate Speech, Homo- und Transfeindlichkeit sprechen und über sexualisierte Gewalt und häusliche Gewalt, aber das ist magischerweise nie gemeint, wenn von so was wie «Gender-Kampf» die Rede ist. Beim «Feministinnen-Krieg», den der *Perlentaucher*-Newsletter ankündigte, um was ging es da? Um Debatten von Feministinnen unterschiedlicher Denkströmungen. Wissenschaftlerinnen, die Texte schreiben: Krieg! Und dann bringt ein Mann eine Frau um, und was wird daraus? Ein «Beziehungsdrama». «Es war schon tief in der Nacht, als Anna zum letzten Mal die Liebe widerfuhr», schreibt *stern.de* über den Moment, in dem jemand erwürgt wird.

So viel Feinfühligkeit darf man erwarten, nicht von Krieg zu sprechen, wo kein Krieg ist, und von Mord, wo Mord ist. Wörter sind relevant, wir verbinden in unseren kleinen, schmutzigen Hirnen Dinge mit ihnen, auch unbewusst. Wer «Krieg» sagt, ruft andere Assoziationen hervor, als wenn er sagt: Debatte. Ein ständiges Bemühen. Lauter kleine Versuche, etwas besser, gerechter, würdiger zu machen.

EIN BLUMENSTRAUSS VOLLER EINWÄNDE

MÄRZ 2017

Eine der häufigsten Fragen, die ich in den vergangenen Jahren beantwortet habe, geht so: «Warum nennt ihr es immer noch Feminismus?» Viele der Diskussionen, die Feminist*innen führen, drehen sich um Begriffe. Das ist nicht unbedingt schlecht, denn Sprache ist wichtig. Immer wieder geht es um die Idee, dass es langsam Zeit wäre, den Begriff des Feminismus aufzugeben: ihn entweder abzuschaffen oder zu ersetzen.

Zur Feier des Frauentags sind hier sieben Varianten dieser Idee – und Einwände darauf.

1. «Feminismus kommt von ‹femina› und das heißt ‹Frau›, also ist er nur für Frauen da.»

Das klingt für die meisten Leute erst mal sinnvoll. Es stimmt, dass der Feminismus als Frauenbewegung angefangen hat. Aber das heißt nicht, dass er sich so auch zu Ende bringen lässt. Es geht schon rein logisch nicht: Wenn sich alle Frauen der Welt emanzipieren, von Rollenbildern und Unterdrückung befreien, müssen sich Männer mitverändern. Das tun sie sowieso die ganze Zeit schon. Und sei es nur, indem sie lernen, wo die Waschmaschine angeht. Während es zu Beginn des Feminismus hauptsächlich darum ging, dass Frauen endlich auch all die Rechte haben wollten, die bis dahin Männern vorbehalten waren – wählen und gewählt werden, studieren, Geld verdienen, ein Konto haben und so weiter –, geht es heute oft um Dinge, die sich nicht an Gesetzen festmachen lassen, sondern an alltäglichem Verhalten. Und weil Alltag nun mal oft zwischen Leuten verschiedenen Geschlechts passiert, sind alle mitbetroffen.

2. «Dann sucht doch einen neuen Namen, wenn es nicht mehr nur um Frauen geht!»

Könnte man machen. Es gibt mindestens drei Gründe, die dagegensprechen:

- Faulheit, oder als Fachbegriff: Pragmatismus. Ein Label zu finden ist eine anstrengende Sache. Deswegen gibt es Reinigungen, die «McHemd» heißen. Ein gutes Ersatzlabel für «Feminismus» wäre «Bewegung für gleiche Rechte und Freiheiten unabhängig von Geschlecht, Sexualität und Körper» – wenn das nur nicht so lang wäre. Wir brauchen etwas Kürzeres. Aber wenn am Ende «-ismus» steht, wird sich trotzdem jemand beschweren und sagen, das sei eine Ideologie. (Wie, na ja, Alkoholismus, Journalismus, Zynismus.)
- Kontinuität und Dankbarkeit. Es ist längst nicht alles erreicht, was Feministinnen vorheriger Generationen angefangen haben, und es wäre sowohl dumm als auch unhöflich, so zu tun, als würden wir heute etwas komplett anderes machen.
- Fokussierung. Ein besserer Name macht die Sache nicht einfacher, denn letztlich geht es nicht darum, wie wir es nennen, sondern dass wir es tun. Niemand gibt gerne Macht ab, deswegen wird es sowieso anstrengend, egal unter welchem Namen. Bei anderen Bewegungen machen Leute auch mit, obwohl der Name nicht hundertprozentig passt. Zum Beispiel habe ich noch nie gehört, dass jemand der Anti-Atom-Bewegung vorgeworfen hätte, sie sei gegen Atome und in Wirklichkeit seien wir ja wohl alle aus Atomen und deswegen sei die Anti-Atom-Bewegung gegen Menschen.

3. «Nennt es doch Humanismus statt Feminismus, dann gilt es wirklich für alle.»

Ein sehr guter Einwand, ich höre ihn mir jedes Mal mit Interesse an, ernsthaft. Leider ist es so, dass der Begriff des Humanismus überhaupt nicht klarer ist als der des Feminismus: Man kann dabei an eine historische Epoche denken, an eine Art von

Schule, wo man Altgriechisch lernt – und das wird beides nicht gemeint sein. Oder an eine Haltung, was Menschsein bedeutet. Wenn jemand darüber mehr sagen kann, als «es hat irgendwie mit Menschenwürde und Menschenrechten zu tun», dann wird es interessant, aber eben nur, wenn. Seltene Fälle. Ich fände Anarchismus sinnvoller als Humanismus, aber auch das erklärt sich nicht von allein.

4. «Ist es nicht einfach gesunder Menschenverstand, zu sagen, Leute sollen halt gleichberechtigt sein, egal welches Geschlecht sie haben?»
Ich wünschte, es wäre so.

5. «In Wirklichkeit sind Frauen heute längst mächtiger.»
Gedanken dieser Sorte gibt es schon sehr lange. Oft gilt dabei die Macht der Frau als etwas Indirektes: Mütter erziehen Söhne, Frauen können Männer um den Finger wickeln und so weiter, «Waffen einer Frau», «erotisches Kapital». Dann ist «weibliche Macht» leider nur etwas, was die eigentlich Mächtigen – Männer – ein bisschen manipulieren kann. Bisschen wenig. Oder es ist schlicht Bullshit, der irgendwas schönreden soll. In der deutschen Ausgabe von Betty Friedans *Der Weiblichkeitswahn oder Die Selbstbefreiung der Frau* von 1970 stand in einer Anzeige für Wertpapiere: «Das meiste Geld geht durch die Hände der Frauen. In sieben von zehn bundesdeutschen Haushalten verwaltet die Frau das gesamte Familieneinkommen; der Mann behält höchstens ein Taschengeld für sich.» Das ist insofern eine interessante Weltsicht, als Frauen damals – bis 1977 – noch nicht mal arbeiten gehen durften, wenn ihr Mann fand, dass dies nicht «mit ihren Pflichten in Ehe und Familie vereinbar» sei. Irgendwie lässt sich alles schönfärben, aber irgendwie lässt es sich auch durchschauen.

6. «Ich kenne Feminist*innen, die superdumme Sachen gesagt haben, deswegen nenne ich mich nicht so.»

Ja, passiert. Es ist leider nicht so, dass man selbst irgendwelche magischen Einsichten oder Zauberkräfte entwickelt, sobald man sich als Feministin oder Feminist bezeichnet. Man bleibt ein Mensch, so anstrengend das ist. Emma Watson war vor ein paar Jahren von Beyoncés Brüsten verwirrt und wusste nicht, wie es zusammengehen soll mit der Tatsache, dass Beyoncé sich Feministin nennt. Inzwischen versteht auch sie, dass beides kombinierbar ist.

7. «Eigentlich fand ich die Zeit ganz gut, als Männer Frauen noch die Tür aufgehalten haben.»

Die Annahme, Feminismus mache vieles komplizierter, was früher einfach und vielleicht sogar schön war, ist weit verbreitet. Aber im Fall des Türenaufhaltens stellen sich auffällig viele Leute etwas dämlich an. Menschen dürfen einander immer noch Türen aufhalten, und das geht so: Wenn ich durch eine Tür hindurch gehe und jemand anders ist hinter mir, dann halte ich der anderen Person die Tür auf, egal wer es ist. Wenn wir beide gleichzeitig vor der Tür stehen und die andere Person trägt irgendwas in den Händen oder kann aus sonstigen Gründen schlechter als ich die Tür aufmachen, dann mache ich die Tür auf. Wenn wir beide gleichzeitig vor der Tür stehen und gleich gut die Tür aufmachen könnten, dann macht die Person die Tür auf, die auf der Seite des Türgriffs steht, denn die allermeisten Türen gehen auf einer Seite auf. Vieles im Feminismus ist extrem kompliziert, aber das mit der Tür ist wirklich sehr, sehr einfach.

DER BULLSHIT-FEMINISMUS

MAI 2017

Darf Ivanka Trump sich als Feministin bezeichnen? Natürlich. Wer könnte es ihr verbieten? Ivanka Trump darf sich selbstverständlich eine Feministin nennen, genau wie Nordkorea seine schrottigen Raketen testen darf, es geht halt nur offensichtlich schief.

Was ist da auf dem W20-Gipfel in Berlin passiert? Ivanka Trump, der Martin Schulz des Trump-Clans, die Charismaschleuder, die den Laden am Laufen halten soll, ohne sich zu verplappern, erklärte: «Ich betrachte mich als Feministin, denn ich glaube an die Gleichheit der Geschlechter.» Im Übrigen sei auch ihr Vater «überzeugt, dass Frauen das Potenzial und das Können besitzen, den Job genauso gut wie Männer zu erledigen». Das ist rhetorisch zwar machbar, aber auch äußerst dünnes Eis, denn es schließt sich rein logisch überhaupt nicht aus, zu finden, dass Frauen mal schön genauso arbeiten sollen wie Männer, man sie dabei aber trotzdem gern sabbernd begaffen kann oder ihnen in den Schritt greifen will.

Meiner bescheidenen Meinung nach ist Ivanka Trump genauso sehr Feministin, wie ich schamanische Heilerin bin. Es sind halt beides keine geschützten Titel. In dem Sinne hätte Angela Merkel sich aus der Frage, ob sie Feministin ist, auch nicht so rausmerkeln müssen: Sie wolle sich mit dieser Feder nicht schmücken und sich nicht selbst diesen Titel verleihen, so erklärte sie lustigerweise, während ein paar Stühle weiter die «First Daughter» saß, deren Titel es eigentlich auch nicht gibt.

Aber wie schlimm ist das jetzt, dass Ivanka Trump sagt, sie sei Feministin? Ist es nur Satire oder ist es auch ein bisschen Hoffnung? Eigentlich sollte man das zarte Pflänzchen eines anfänglichen feministischen Bekenntnisses nicht gleich rausrupfen und es erst mal ein bisschen wachsen lassen. Aber was, wenn es auf verseuchtem Boden wächst?

Es gibt natürlich immer schon verschiedene Formen des Feminismus. Man kann auch Feministin sein, ohne sich jemals so zu nennen. Es hängt letztlich sehr wenig daran, ob man sich das Label verpasst oder nicht, weil damit vieles gemeint sein kann. Für mich bedeutet Feminismus, sich dafür einzusetzen, dass alle Menschen die gleichen Rechte und Freiheiten haben sollen, unabhängig von ihrem Geschlecht, ihrer Sexualität und ihrem Körper, und damit es so weit kommt, müssen wir einiges umstürzen. Für andere bedeutet Feminismus etwas anderes, und wenn Ivanka Trump Feministin ist, dann muss man in Zukunft eben noch genauer sagen, ob man einen anarchistischen, evangelischen, veganen oder sonst irgendeinen Feminismus vertritt, oder die maximale Bullshit-Variante, bei der es nur darum geht, privilegierten Frauen das Leben noch einen Tick geiler zu machen. Das ist die Ivanka-Trump-Variante. Weil nicht bloß Adel verpflichtet, sondern Elite eben auch. Stößchen.

Egal, wie Ivanka Trump sich nennt: Sie bleibt Assistentin und Verteidigerin eines Rechtspopulisten, in einer Rolle, die sich mit demokratischen Prinzipien nicht erklären lässt, sondern den vielleicht offensichtlichsten Auswuchs des neofeudalen Trump-Systems darstellt. Als qua Tochterschaft in ihr Amt gehobene Unternehmerin ist sie auf einem Gipfel wie dem W20-Treffen mit ihrer bloßen Anwesenheit ein Zeichen dafür, dass es mit der Demokratie bergab geht.

Natürlich ist sie eine starke Frau, allein schon angesichts der massiven Verdrängungsarbeit, die sie leisten muss, um ihre Rolle zu spielen, in der sie als It-Girl eine Prise Feenstaub über den Güllekanal streut, den ein politikunfähiger Mann durchs Land gräbt. Aber «Feministin» ist ein politischer Begriff und keine Charaktereigenschaft und starke Frauen sind nicht automatisch

Feministinnen, und auch solche nicht, die es ganz nach oben geschafft haben oder schon oben geboren sind. Ihr Vater habe sie genauso gefördert wie ihre beiden Brüder, erzählte Ivanka Trump. Das mag sein. Er hat über sie aber auch mal gesagt, dass er sie wahrscheinlich daten würde, wenn sie nicht seine Tochter wäre, und als beide in einer Talkshow gefragt wurden, was sie gemeinsam hätten, sagte Ivanka: «Grundbesitz oder Golf», und ihr Vater: «Ich wollte schon sagen, Sex, aber Grundbesitz und Golf geht auch.»

Die «First Daughter» hat ohne Frage einen harten Job – aber keinen so harten wie die Frauen, die sie für sich arbeiten lässt. Wie die *Washington Post* berichtet, lässt die Ivanka-Modelinie Produkte von Arbeiterinnen in China nähen, die unter Mindestlohn bezahlt werden, bei extrem langen Arbeitszeiten und größtenteils ohne Versicherung oder Sicherheitsstandards.[8] (So viel zu «Buy American, Hire American», ein Slogan ihres Vaters, den sie unterstützt.)

Ivanka Trumps sogenannter Feminismus besteht darin, reiche Frauen noch reicher machen zu wollen, und dabei sind ihr nicht nur die Grundrechte derer egal, die für sie arbeiten, sondern auch die aller anderen Frauen: Denn Kritik von ihr an Donald Trumps Plänen, die Finanzierung von Organisationen zu streichen, die unter anderem Abtreibungen durchführen, hat man bislang nicht gehört. Und während Ivanka Trump verkünden lässt, dass ein Teil der Einnahmen ihres neuen Buchs an Charity-Organisationen gehen soll, die Mädchen und Frauen fördern, wurde im Weißen Haus offenbar mit dem Gedanken gespielt, das «Let Girls Learn»-Programm zu beenden, das Michelle Obama gestartet hatte, um die Bildungschancen für heranwachsende Frauen in Entwicklungsländern zu erhöhen. Very sad.

DIE GENDER-ALLERGIE

JUNI 2017

Als vor ein paar Tagen der Gleichstellungsbericht der Bundesregierung vorgestellt wurde, gab es darum keinen großen Rummel. Was auch verständlich ist, weil Berichte so eine trockene Sache sind und in diesem Fall auch echt kein Geheimnis verraten wurde, als rauskam, dass Frauen immer noch weniger verdienen als Männer, dafür mehr putzen und füttern und am Ende ärmer sterben.

Die Expert*innen, die diesmal an dem Bericht gearbeitet haben, stellen unter anderem fest, dass Frauen in der unbezahlten Betreuung von Kindern und anderen Angehörigen gut anderthalbmal so viel Zeit aufbringen wie Männer. Zu bezahlter Arbeit heißt es: «Sie ist in Deutschland immer noch ganz entscheidend auch vom Geschlecht abhängig; hier hat sich seit dem Ersten Gleichstellungsbericht [2011] nichts Wesentliches geändert.»

In einem Kommentar zum Gleichstellungsbericht stellte dann *FAZ.net*-Redakteur Christoph Schäfer fest: «Gender-Gejammer»![9] Die Familienministerin singe ein «Klagelied» über etwas, «was ohnehin schon jeder weiß», und es sei ja auch richtig, dass noch keine Gerechtigkeit herrsche, aber: «Allerdings gehen im Gejammer (...) ein paar banale Wahrheiten unter: 1. Es wird in Deutschland kein junger Mensch gezwungen, die Weichen auf einen schlecht bezahlten Beruf zu stellen. 2. Es gibt keinen Zwang zu heiraten. 3. Es gibt keinen Zwang, Kinder zu bekommen. 4. Es gibt keinen Zwang, sich die Arbeit mit dem Partner nach der Geburt so aufzuteilen, dass ausschließlich die Frau ihre Erwerbsarbeit reduziert.»

Paare, die Ungleichheiten weitertragen, hätten das ja wohl

selbst so entschieden, da könnten «all die wohlmeinenden Gender-Forscher» noch so meckern. Was die wollen, kann der *FAZ*-Redakteur nur ahnen: «Am Ende bleibt das Gefühl, dass die Welt aus Sicht eines Gender-Forschers erst dann gerecht ist, wenn auch wirklich jeder einzelne Müllbeutel gemeinsam zur Tonne getragen wird. Der Mann hält die linke Schlaufe, die Frau die rechte. Und beim nächsten Mal muss es umgekehrt sein.» Es ist unglaublich. Apropos Müll: Bei den meisten anderen Fachgebieten wäre diese Art von offenkundiger Unkenntnis und Ignoranz so offensichtlich peinlich, dass es schwer wäre, es in einem halbwegs seriösen Medium zu veröffentlichen.

Dennoch soll dieser kleine Erguss hier nur exemplarisch stehen für ein Phänomen, das in den besten Familien vorkommt, wenn es um Geschlechterthemen geht, der Stolz auf Inkompetenz bei gleichzeitiger Meinungsstärke: «Ich habe keine Ahnung, aber Widerstände in mir, und alle sollen es wissen.» Ja, cool. Das Bewusstsein, gar nicht so genau zu verstehen, was die verrückten Gender-People sich da von unseren Steuergeldern ausknobeln, paart sich hier mit einer dennoch vehement vertretenen Sicherheit, insgesamt schon ziemlich gut Bescheid zu wissen und sich auch entsprechend verteidigen zu müssen.

Natürlich ergibt sich dieser abgefahrene Mangel an Demut nicht zuletzt aus dem Thema selbst. Das Wort «Gender» scheint für einige Leute so etwas wie Gluten zu sein: Manche vertragen es nicht und andere wollen es nicht vertragen. Bei denen setzt eine Abwehrreaktion ein, die viel damit zu tun hat, dass Geschlechterthemen ein Bereich sind, zu dem alle irgendwas sagen können. Und sei es nur, dass es darüber nicht so viel zu sagen gibt, weil höhö, wenn du nicht weißt, welches Geschlecht du hast, guck halt in deine Hose.

Es ist natürlich gut, dass es so ein offenes Thema ist, alle dürfen mitreden und man muss nicht in Gender Studies promoviert haben, um eine Meinung zur Frauenquote zu haben, aber das milde Bewusstsein davon, dass es Dinge gibt, über die es sich länger lohnt nachzudenken oder Fakten zu sammeln, bevor man einen Satz mit «höhö» draus macht – in den allermeisten Fällen würde das schon genügen.

Es gibt, um zur These des *FAZ*-Kommentars zurückzukommen, natürlich «keinen Zwang» in den meisten Fragen von Geschlechterungerechtigkeit, wenn mit Zwang Erpressung oder Peitschenhiebe gemeint sind. Aber ist alles, was nicht Zwang ist, reinste Freiwilligkeit? Stehen Sie morgens aus Zwang auf oder freiwillig? Oder aus dem diffusen Sumpf aus Pflichtgefühl, Gewohnheit, Verantwortung und Angst vor Arbeitslosigkeit? Ungerechtigkeit kann sich auf vielen Ebenen abspielen. Es steht auch in keinem Gesetz etwas von Klassenzugehörigkeit, die bei der Geburt festgelegt wird und die zwar im Laufe des Lebens wechseln kann, aber den Verlauf dessen, was man so erlebt, doch ziemlich prägt – es gibt «keinen Zwang» in der Hinsicht, aber es gibt Herrschaft. Und die wirkt, oder, um mal die alte Gender-Tante (Scherz) Theodor W. Adorno zu zitieren: «Herrschaft wandert in die Menschen ein.»[10]

Eigentlich müsste ja an dieser Stelle das Staunen einsetzen, wenn man – wie in so einem Gleichstellungsbericht – sieht, wie langsam sich all diese Dinge ändern. Es gibt diese ganzen «Zwänge» nicht, und trotzdem verhalten sich Leute so, was ist da los? Wo sind es individuelle Entscheidungen aufgrund unterschiedlicher Präferenzen von Frauen und Männern, wo sind diese Präferenzen womöglich durch ungleiche Erziehung und sonstige Behandlung geprägt, wo gibt es eindeutige strukturelle Benachteiligungen, an denen der Staat mitbeteiligt ist?

Man muss das nicht bis ins Letzte verstanden haben. Der Maßstab dafür, an Ungerechtigkeiten etwas zu ändern, ist nur eben nicht, ob irgendwelche Typen es albern finden. Im Film «Wonder Woman» sagt die Mutter von Diana (Wonder Woman) zu ihr: «There is so much you don't understand.» Und Diana antwortet: «I understand enough to fight for those who can't fight for themselves.» Bitte zum Vorbild nehmen, danke.

IST DER FEMINISMUS ZU WEIT GEGANGEN?

MÄRZ 2018

Hab gehört, der Feminismus sei zu weit gegangen. Interessant! Dass man das seit 200 Jahren ungeniert behaupten kann. Wie weit ist er denn inzwischen? Es ist manchmal schwer zu sehen, wie weit man ist, wenn man mittendrin steckt und wenn nicht ganz klar ist, was der Vergleich ist.

Ich schreibe fast immer nachts, und die Kolumne eigentlich immer in der Nacht vor dem Morgen, an dem ich sie abgeben muss, und rechtfertige diese Kurzfristigkeit vor mir selbst und allen anderen damit, dass ja im Laufe des Montags noch etwas Wichtiges passieren könnte, das für meinen Themenbereich relevant ist. Ein Kollege hat sich mal darüber lustig gemacht, er meinte, haha, wie so eine Kriegsberichterstatterin, die sagen muss: An welchem Punkt steht *jetzt genau* die feministische Bewegung? Mit Breitengrad und Uhrzeit und so weiter.

Aber in der Woche vom Frauentag kann man schon mal fragen: Wo stehen wir denn gerade?

Komplett unklare Frage, leider. Es ist unklar, wer «wir» ist, es ist unklar, was «stehen» ist, wenn wir gar nicht stehenbleiben wollen, und es ist unklar, was «gerade» heißt, wenn bald Jens Spahn Gesundheitsminister wird. Kriege direkt das Gefühl, die nächsten dreieinhalb Jahre noch sehr aufmerksam verhüten zu müssen.

Doch was sind dreieinhalb Jahre. Im Jahr 1918 wurde in Deutschland das Frauenwahlrecht eingeführt. Im Vergleich dazu sind wir extrem viel weiter. Aber jede Veränderung wird von Panik begleitet. Manchmal ganz praktische Ängste. Es gibt ein Poster aus Amerika aus der Anti-Frauenrechts-Bewegung, darauf ist eine Hose abgebildet und dazu die Frage: «Was werden Männer tragen, wenn Frauen Hosen tragen?» Ja, schlimm. Lieber nackt als in etwas, was dann als Frauenkleidung gelten könnte.

Aber die Angst ist nicht nur bei Männern groß. Bei der Recherche für einen Essay habe ich mir in der letzten Woche einen Haufen aktuelle deutsche Talksendungen zum Thema Sexismus angesehen. Es ist so ziemlich immer eine Frau eingeladen, die sagt, dass Frauen sich beim Thema Sexismus, Belästigung und Vergewaltigung zu dumm anstellen. Dass sie übertreiben und sich nicht hart genug wehren und dass sie zu lange darüber schweigen. Dass das Sexualstrafrecht heute ausreicht und Frauen bei Polizei und Gerichten eigentlich immer Gehör finden, wenn ihnen was passiert ist.

Diese Frauen sagen das, obwohl die Erzählungen Tausender Frauen und Verurteilungsraten dagegensprechen. Sie fahren in eine Talksendung, setzen sich da hin und pinkeln im Scheinwerferlicht einer riesigen Menge von Frauen ans Bein. Ich bin manchmal wütend auf Männer, die sich ekelhaft verhalten, aber genauso wütend bin ich auf diese Frauen.

Ich habe mal eine Kolumne über Sexismus von Frauen geschrieben.[x] Soweit ich sehe, hat mir niemand danach vorgeworfen, ich würde Frauen hassen. Der Vorwurf des Männerhasses kommt hingegen immer noch schnell, wenn es zum Beispiel um sexualisierte Gewalt gegen Frauen geht. Das mit dem Männerhass ist nervig, weil es falsch ist, aber es ist auch interessant. Okay, nicht *so* interessant, weil: Man kennt es. Aber interessant in folgender Hinsicht: Wenn eine Gesellschaft – vereinfacht gesprochen – zum Nachteil von Frauen eingerichtet ist, dann wirkt vieles, was zur Gleichberechtigung getan wird, wie Männerhass. Grüße an die Frauenquote.

Gleichzeitig gibt es aber einen festgetretenen Bodensatz an

---

[x] «Frauen können das auch», siehe Seite 187 ff.

Frauenhass, -verachtung, -beschuldigung oder ähnlichen Haltungen, die so alltäglich sind, dass sie auch aufgeklärten, offenen, intelligenten Leuten oft nicht auffallen. Frauenhass bleibt häufig unentdeckt, während vermeintlicher Männerhass schnell als Argument gegen Veränderung aufgebracht wird.

Als im Januar ein Student angeklagt wurde, seine Kommilitonin mit einem Jagdmesser ermordet zu haben, aus Frustration darüber, dass sie ihn abgelehnt habe, schrieb *Welt Online* darüber: «Unerwiderte Liebe in Thüringen». Ich weiß natürlich aus der Ferne nicht, ob der Student alle Frauen gehasst hat, aber dass er diese Frau geliebt hat, davon würde ich mal nicht ausgehen.

Im Gegensatz dazu werden Wut und Zorn von Frauen oft besonders stark wahrgenommen. In der *New York Times* hat Leslie Jamison darüber geschrieben, dass sie früher nie wütend sein wollte, sondern lieber traurig oder melancholisch.[11] Obwohl sie genug Gründe für Wut hatte. Sie zitiert verschiedene Studien zur Wahrnehmung von Wut bei Frauen. Sie werden eher «gehässig» oder «feindselig» genannt, während wütende Männer eher «stark» genannt werden. Eine Studie stellte fest, dass weibliche Gesichter, die Wut ausdrücken, als feindlicher bewertet werden als männliche. Vielleicht, als wenn «ihr Verstoß gegen gesellschaftliche Erwartungen ihren Zorn noch extremer scheinen lässt», schreibt Jamison.

Ist der Feminismus zu weit gegangen? Natürlich! Es gehört zum Wesen des Feminismus, «zu weit zu gehen» für die aktuell geltenden Normen. Weil sich sonst nichts verändert. Als Frauen an die Unis wollten, hieß es irgendwann: Ja, sie können als Gasthörerinnen schon zuhören, aber müssen sie Abschlüsse machen? Wozu denn? Ja, nun, weil man einfach gerne zu Ende bringt, was man angefangen hat, und das gilt nicht zuletzt für Revolutionen.

KAPITEL DREI

BEKLOPPTE ZUSTÄNDE

WIE VERRUCHT, WIE AUFREGEND!

OKTOBER 2012

Ach, ich weiß auch nicht. Da prügelt man sich den ganzen Tag die Seele wund im Kampf gegen die letzten Reste des Patriarchats und argumentiert sich den Mund fusselig beim Diskutieren mit schmierigen Sexisten, und dann kauft man sich Sicherheitsschuhe mit Stahlkappen und sie heißen «Bestboy Patrick». Dann versucht man sich eine Schnittschutzhose zu kaufen, so eine, die man braucht, wenn man mit einer Kettensäge arbeitet, und es gibt nur Männergrößen, für Leute mit mindestens 1,80 Meter Länge. Ist doch scheiße, alles.

Enttäuschungen überall, auch neulich im Baumarkt. Ich wollte eine einfache Arbeitslatzhose kaufen, zum Renovieren, mit vielen Taschen für Werkzeug. Es gab aber nur Hosen in Männergrößen, und was weiß ich denn, welche Männerhosengröße ich habe? Die Größen hießen nicht «S, M, L und XL», sondern «27, 46, 52 und 60», und ich hatte keine Ahnung. Die Männerhosen gab es mit Latz und ohne, als Overall und mit Kittel dazu, in Weiß, Beige und «Kornblau».

Kurz totgelacht. Wie emotional belastet muss man sein, um aus «Kornblumenblau» die Blumen zu streichen! Das mit den Größen war blöd, denn es gibt ja keine Umkleidekabinen im Baumarkt. Ich schritt das ganze Regal ab. Und da, plötzlich, ganz am Ende, gab es auch Frauenhosen!

Also jedenfalls Hosen mit Größen, die ich kannte. S, M, L und so. In Grau, mit Latz. Eigentlich genau wie die Männerhosen, aber mit der Aufschrift: «Women's Week by Bauhaus» (wie «Germany's Next Topmodel by Heidi Klum») und «Schneller als Mann denkt». Wie nett! Kann ich vielleicht auch eine in Neongrün mit Reflektorstreifen kriegen und einen Helm mit dem Leuchtschriftzug «Hoppla, alle mal anschnallen, hier versucht eine Frau zu renovieren»?

Wie besonders, wie verrucht, wie aufregend, wenn eine Frau eine Schlagbohrmaschine bedient oder einen Betonmischer! Wie lieb man bedacht wird im «Bauhaus», wenn man zur Randgruppe «halbe Menschheit» gehört! Bei der Veranstaltungsreihe «Women's Week» gibt es Workshops mit Titeln wie «Tapezieren oder Streichen? Schaff' ich auch alleine!» oder «Regal anbringen? Mach ich lieber selbst!». Alles unter dem Motto «Handwerkliche Seminare – für Frauen, die sich trauen!». Es gibt natürlich auch «Kreative Wandgestaltung» und «Pflanzenpflege». Und «Lustige Aufbewahrungsschachteln fürs Mutterkreuz selber bauen». Ach nee, das Letzte doch nicht. Sorry. Dafür steht auf der Webseite aber die zärtliche Ermutigung «Keine Angst vor Bohrmaschinen, Leitungen und Betonwänden!». Die Angst vor Wänden, wer kennt sie nicht. Klassisches Frauenproblem.

Ich hab mir dann meine Hose online bestellt, da gab es auch Tabellen, die sagten, welche Männergröße welcher Frauengröße und welchen Körpermaßen entspricht. Die Hose kam nach zwei Tagen, sie passt perfekt.

Im Dezember 2017 kam sozusagen der letzte Leserkommentar zu diesem Text. Ich war für ein Gespräch beim Deutschlandfunk, und für den Rückweg rief man mir ein Taxi. «Sind Sie Frau Stokowski?», fragte der Fahrer, als ich einstieg, ich sagte «ja», und er guckte mich etwas länger an und fuhr dann los und murmelte irgendwas wie «ich kenn Sie doch» und «Sie sind das». Dann sagte er: «Sie haben doch früher für die *taz* geschrieben? Ich hatte da so meine Probleme mit Ihnen.» Er wirkte überhaupt nicht gut gelaunt, wie er das sagte, und ich dachte: Na toll, dieser Typ hat jetzt meine Adresse. Ich stellte mich auf eine Diskussion ein, irgendwas über Nazis vermutlich oder die Frauenquote oder was auch immer. «Warum?», fragte ich. «Sie haben da mal was geschrieben darüber, dass Sie im Baumarkt waren und eine Hose zum Renovieren wollten, und da frage ich Sie: Warum ziehen Sie nicht einfach 'ne alte Jeans an zum Renovieren?»

Das ging dann doch ziemlich leicht zu erklären. (Meine Freund*innen und ich haben ein Gutshaus auf dem Land, wo etwas mehr und größere Renovierungsarbeit anfällt, und da sind vernünftige Klamotten ganz praktisch.)

IST DAS DIESES
«WIR SCHAFFEN ES NICHT»?
NOVEMBER 2015

In einer Pressemitteilung erzählt das Berliner Lageso (Landesamt für Gesundheit und Soziales) von allerlei Fortschritten in der Versorgung von Flüchtlingen. Mehr und schnellere Registrierungen, mehr Betreuung, mehr Kinderschutz, unbürokratische Verlängerung von Kostenübernahmen. Es klingt super.

Eine Woche nach Erscheinen der Pressemitteilung: Es ist zwei Uhr nachts, ein Grad Celsius. Hundert, vielleicht zweihundert Männer warten zusammengepfercht zwischen Gittern vor dem Lageso-Gelände. Ihre Anzahl ist schwer zu schätzen, weil sie so gequetscht stehen. Die, die ganz vorne sind, stehen seit 20 Uhr hier. Die Menschen werden bis vier Uhr morgens da stehen, wenn das Tor zum Gelände geöffnet wird, sich dann einmal kurz bewegen und dann weiter warten. Die, die am längsten stehen konnten und am schnellsten gerannt sind, werden als Erste in der Terminvergabe drankommen. Das Amt öffnet um 9 Uhr morgens.

Die deutsche Hauptstadt im 21. Jahrhundert: Eine politische Situation, in der nur die körperlich Fittesten weiterkommen und darauf hoffen dürfen, ein Grundrecht gewährt zu kriegen. Wer nicht fit genug war, muss am nächsten Tag wiederkommen. Beziehungsweise in der nächsten Nacht, immer wieder. Olivia, eine 23-jährige freiwillige Helferin von der Initiative «Nachts vor dem Lageso», erzählt von einem Fall, bei dem es 57 Tage dauerte, bis die Person überhaupt registriert war.

Dass nur Männer in dieser Nacht vor dem Gelände ausharren, liegt daran, dass Frauen und Kinder seit ein paar Nächten in ein beheiztes Zelt dürfen. Die Männer müssen mit den zwei Reisebussen auskommen, die privat gesponsert werden. Natürlich verlieren die Menschen dadurch, dass sie sich aufwärmen, ihren Platz in der Schlange.

Eigentlich gibt es fünf Zelte wie das, in dem die Frauen und Kinder sind. Vier davon stehen nachts leer, hell erleuchtet, wie Mahnmale der Idiotie. Die Männer könnten dort warten. «Das ist keine Flüchtlingskrise, das ist eine Verwaltungskrise», sagt Olivia. «Wir kaschieren das nur.» Die Ehrenamtlichen helfen mit Kleidung, Decken, Wasser, Tee, warmen Mahlzeiten und Süßigkeiten. Das Lageso und das Land Berlin bieten: einen Bürgersteig zum Warten. Absperrgitter. Security und Polizei. Es gibt für die Männer, die hier draußen warten, nicht einmal eine verdammte Toilette. «Das ist wie Massentierhaltung, den Leuten wird jede Würde genommen», erzählt Helferin Olivia. «Wir haben Angst, dass es hier Kältetote geben wird, wenn die Verantwortlichen nicht endlich reagieren.»

Die Verantwortlichen wären Lageso-Präsident Franz Allert und Mario Czaja (CDU), Berlins Senator für Gesundheit und Soziales. Es wäre, neben sehr vielen grundlegenden Dingen, auch Kleinkram, den sie tun könnten, um die Situation zu verbessern. Die Leute nachts in die Zelte lassen, zum Beispiel. Viele von denen, die täglich hier helfen, gehen davon aus, dass es politischer Wille ist: Die Lage vor dem Amt soll abschrecken.

«Deutschland ist ein Organisationsland», sagt A., der in einem kleinen Bus steht und Tee und Essen verteilt, «aber nur, wenn sie wollen. Ich glaube, sie wollen gar nicht. Sie wollen, dass die Leute leiden.» Es sieht stark danach aus. Das «Wir schaffen das nicht» der letzten Wochen und Monate wird vor dem Lageso zur Farce.[x]

---

[x] «Es tut mir leid, wir schaffen das nicht», hatte der Grünen-Politiker Boris Palmer kurz zuvor gesagt (Annett Meiritz: «Grüner Palmer auf Linie – mit der CSU», *Spiegel Online*, 21. Oktober 2015) und bezog sich damit wie viele andere auf Angela Merkels Ankündigung «Wir schaffen das» im Spätsommer 2015.

Alle Übersetzer, die nachts hier arbeiten, sind Freiwillige. Ich frage einen Polizisten, warum es keine Polizistinnen oder Polizisten vor Ort gibt, die arabisch sprechen. «Ja, das ist eine der vielen Fragen ... das weiß man nicht, warum das so ist und was hier politisch gewollt ist.» Für weitere Fragen verweist er an die Pressestelle.

Um kurz vor vier geht das Tor auf. Anders als bisher lässt die Polizei die Menschen einzeln rein. Als die Securityfirma Gegenbauer den Einlass machte, wurde einfach ein großes Tor geöffnet, und es gab jedes Mal einen «Dammbruch», wie die Helfer sagen. Die Menschen rannten los, einige fielen um, verfingen sich in den Absperrgittern, es gab Beinbrüche.

Die Leute rennen jetzt nicht mehr übereinander, sondern erst auf dem Weg zur zweiten Schlange. Ein Mann mit einer Beinverletzung wird zum Krankenwagen gebracht. Ein Syrer mit zwei Kindern sagt, er hat seit zehn Tagen keinen Schlafplatz mehr. Der achtjährige Junge hat nur noch eine funktionierende Niere. Er kramt in der Plastiktüte, die er bei sich trägt, holt eine Packung Kekse raus und gibt seiner kleinen Schwester einen Keks und mir auch einen. Ich muss mich zusammenreißen, nicht zu heulen. Niemand heult hier.

Bis fünf Uhr sind zwei Menschen kollabiert. Um halb sechs fängt es an, ein bisschen zu schneien.

Von dem angeblich so schlechten Benehmen der jungen Flüchtlinge ist übrigens nichts zu sehen. Ich habe als Essensverteilerin schon andere Situationen gesehen: 2005 auf dem Weltjugendtag in Köln. Das Ende des Weltjugendtages wurde mit einem Open-Air-Gottesdienst mit dem Papst gefeiert. Wir waren als Freiwillige eigentlich dafür zuständig, den Leuten – über eine Million – abgepackte Tüten zu geben, die für eine Nacht reichten. Weil nicht klar war, wie viel pro Person ausgegeben werden sollte, wurde das Essen unsortiert verteilt, was dazu führte, dass die Menschen uns das Zeug aus den Händen rissen wie hungrige Tiere. Leute liefen weg mit 20 Bananen, einer Kiste Brötchen oder 30 Packungen Vanillemilch. Für eine Nacht. Es war widerwärtig. Dagegen benehmen sich die Flüchtlinge ordentlicher als die Queen beim Staatsempfang.

Sie stehen in der Schlange, ab und zu fragt einer nach Tee. «Smoking is schlecht», sagt einer der Männer zu einer Helferin. «I know, I know», sagt sie, und dann lachen beide.

Kurz vor sechs. Vor dem Lageso-Gelände liegen ein paar Decken, Becher und Tetrapaks auf dem Boden. Ein Mann, der in der Staatsanwaltschaft arbeitet, fotografiert den Müll. «Ist ja wohl kein Zustand hier», sagt er. Nein, ist es nicht. Nach dem Weltjugendtag in Köln sah es so ähnlich vermüllt aus, wobei, nein, eigentlich noch zehnmal schlimmer.

Die Flüchtlinge sind in dieser Krise nicht das Problem.

KEIN RUHM FÜR STALKER

OKTOBER 2016

Einer der berühmtesten Texte übers Schreiben ist *A Room of One's Own*. Virginia Woolf beschreibt darin, dass es für das Erschaffen von Literatur bestimmte Voraussetzungen gibt: Geld zum Leben und ein Zimmer für sich allein. Der erste Punkt sichert materielle Unabhängigkeit, der zweite geistige Unabhängigkeit – und wäre unter anderem mit «Privatsphäre» gut umschrieben. Eigentlich sind beide Punkte so grundlegend, dass sie selbstverständlich sein müssten, aber offenbar sind sie es keineswegs.

Denn nun hat ein Investigativreporter sich monatelang bemüht, die Identität der italienischen Bestsellerautorin Elena Ferrante zu klären, von der man bisher vor allem wusste, dass sie seit über zwei Jahrzehnten unter Pseudonym arbeitet und großen Wert darauf legt, das auch weiterhin tun zu können. Claudio Gatti kommt zu dem Schluss, dass es sich um eine in Rom lebende Übersetzerin handeln muss, nachdem er Grundbücher und Honorarrechnungen durchwühlt hat wie ein – nun ja, entweder wie ein Kriminalbeamter, ein Privatdetektiv oder wie ein ekelhafter Stalker.

Gattis Geschichte wurde nicht in einem schäbigen kleinen Klatschblatt veröffentlicht, sondern in vier renommierten internationalen Medien gleichzeitig, unter anderem in der *Frankfurter Allgemeinen Sonntagszeitung* und auf der Seite der *New York Review of Books*. Dabei wäre es Aufgabe seriöser Medien gewesen, diese Informationen weder zu bestellen noch zu veröffentlichen. Sie zu drucken ist nichts anderes als ein Akt von Gewalt, wie die Musikerin Sophie Hunger auf Twitter schrieb.

Als «das größte literarische Rätsel unserer Zeit» beschreibt *faz.net* die Identität von Elena Ferrante, und das ist natürlich Schwachsinn. Ein literarisches Rätsel ist vielleicht das Gleis «neundreiviertel» bei *Harry Potter* oder die Frage, was genau in *Der Herr der Ringe* mit Gandalf passiert, als er mit dem Balrog in die Schlucht stürzt. Aber die Identität einer Autorin ist kein literarisches Rätsel, sie ist schlicht Bestandteil ihrer Privatsphäre, auf die sie ein nicht zu hinterfragendes Recht hat.

Claudio Gatti plaudert über die Höhe der Honorare, die Ferrantes Verlag in den vergangenen Jahren an besagte Übersetzerin gezahlt haben soll – sehr hohe, obwohl Übersetzen ja «eine bekanntermaßen schlecht bezahlte Tätigkeit» sei. Er beschreibt, dass die Übersetzerin im Jahr 2000 eine Sieben-Zimmer-Wohnung «in einer teuren Gegend von Rom und im Folgejahr ein Landhaus in der Toskana gekauft hat» und dass ihr Mann in diesem Sommer eine Elf-Zimmer-Wohnung «im obersten Geschoss eines eleganten Vorkriegsgebäudes in einer der schönsten Straßen von Rom» gekauft habe, womöglich von ihrem Geld, was dem Ehepaar «signifikante Steuervorteile» beschert haben könnte. Ferrante sei gar keine waschechte Neapolitanerin, sondern habe vor allem in Rom gelebt und ihre literarischen und familiären Wurzeln in Wirklichkeit in Deutschland, von wo ihre Mutter als Kind einer jüdischen Familie geflohen sei, das betont auch Andreas Platthaus in seinem kurzen Text zur Ankündigung auf *faz.net*.

Aus all diesen Enthüllungen triefen die Missgunst und übergriffige Sensationsgeilheit einiger Journalisten, die sich benommen haben wie dämliche Kinder, die gucken wollen, ob der Schmetterling von innen auch so schön bunt ist.

Und nicht nur das. Wenn Gatti schreibt, Ferrante sei «mutmaßlich beeinflusst von Theorien, die in den späten sechziger Jahren von den französischen Literaturwissenschaftlern Roland Barthes und Michel Foucault formuliert worden sind», dann klingt das so, als hätte sie sich unter dem Einfluss dubioser Thesen dazu verleiten lassen, ihre Identität zu schützen, und als sei es nicht schlicht ihr verdammtes Recht, das zu tun.

Elena Ferrante schrieb einmal in einem ihrer Romane: «Ich habe nichts gegen Lügen, ich finde sie fürs Leben nützlich, und ab und an bediene ich mich ihrer, um mich vor der Außenwelt zu schützen.»

Diese Aussage dient Claudio Gatti als Rechtfertigung für seine Recherchen: «Mit der Ankündigung, dass sie gelegentlich lügen werde, scheint uns die Autorin ihr Recht aufgegeben zu haben, hinter ihren Büchern zu verschwinden», schreibt er. «Vielmehr hat sie Kritiker und Journalisten geradezu herausgefordert, nach ihrer wahren Identität zu suchen.» Nichts könnte absurder sein als diese Schlussfolgerung. Sie ist so unwürdig und ekelhaft wie die Behauptung eines Sexualverbrechers, sein Opfer habe ihn zu der Tat gereizt und geradezu darum gebettelt, überfallen zu werden, durch einen kurzen Rock oder indem es sich so niedlich gesträubt habe.

Es ist nicht neu, dass von Frauen, die eine gewisse Berühmtheit erreicht haben, so gesprochen wird, als hätten sie manche Rechte – auf Privatheit, Selbstbestimmung oder schlicht Ruhe – dadurch verwirkt. «Wer ist Elena F.?», so lautet der Titel der *FAS*-Veröffentlichung, als sei Ferrante eine Verbrecherin, die überführt werden soll. Gatti zeichnet ein Bild einer unersättlichen Frau, die sich zu viel rausnimmt – zwei Wohnungen und ein Landhaus! – und die andere manipuliert, weil sie Lügen verbreitet, und die Nein sagt, obwohl sie Ja meint.

Doch weder die Wahl eines Pseudonyms noch das zurückgezogene Leben sind auf irgendeine Art verwerflich, sie sind sogar für das Entstehen vieler literarischer Werke überhaupt die Voraussetzung gewesen. Für Frauen hat die Wahl eines Pseudonyms eine zusätzliche Bewandtnis, da bei ihnen das Risiko, dass Menschen durch das nichtliterarische Drumherum besonders abgelenkt werden, größer zu sein scheint als bei Männern: Es gab Frauen, die unter Männernamen veröffentlicht haben, um ernst genommen oder überhaupt gelesen zu werden oder um nicht aufgrund ihres Geschlechts unter den Verdacht von gefühliger Trivialliteratur zu fallen. Hinter den Autorennamen George Eliot und George Sand standen Autorinnen, und die drei Brontë-Schwestern wählten ebenfalls männliche Pseudonyme.

Männliche Autoren, die kaum Interviews geben und sich nur sehr selten fotografieren lassen, wie Patrick Süskind oder Thomas Pynchon oder seinerzeit J. D. Salinger, gab es ebenfalls schon immer und bisweilen steigerte ihre Zurückgezogenheit noch den Genialitätsverdacht, unter dem sie standen. Über Salinger schrieb die *New York Times*, er habe Privatsphäre zu einer Kunstform erhoben.

Über Ferrante aber sagte Gatti im *BBC*-Interview: «Ich, als Journalist, mag keine Lügen.» Einer Politikerin würde man Lügen ja auch nicht durchgehen lassen. Dabei geht es um so bumsbanale Dinge wie, dass die Mutter der Autorin gar keine Schneiderin, sondern Lehrerin war. Too much information.

In Italien – aber wahrscheinlich auch in jedem anderen Land der Erde – gibt es ernsthaft andere Machenschaften aufzudecken als ausgerechnet die Einnahmen und Ausgaben einer Belletristik-Autorin, die niemandem etwas weggenommen hat.

Der Text liest sich wie eine stellvertretende Rache für all die Redaktionen, denen nie die Ehre zuteilwurde, eine Home Story bei Elena Ferrante zu machen und zu erzählen, ob sie dabei Kaffee oder Grappa serviert, ob sie hässliche Hausschuhe trägt oder wie ihre Schildkröte heißt. Dabei hat Ferrante ja durchaus Interviews gegeben, aber eben schriftlich. Sie wollte nicht als Person im Mittelpunkt stehen, sondern traute ihren Leser*innen zu, ihr Werk auch so zu verstehen. Ferrante erklärte, ein Buch brauche seine Autorin nicht, um erfolgreich zu sein – und sie brachte selbst den Beweis dafür. Sie hat trotzdem über ihre literarischen Vorbilder und Einflüsse gesprochen sowie über den Schreibprozess selbst, sie hat sich über das Leben und die Liebe geäußert; und was will man mehr?

Immer wieder hat sie betont, die Anonymität sei Voraussetzung für ihre Arbeit und sie aufzugeben würde schmerzhaft sein. Sie fürchte den Moment ihrer Enthüllung nicht, werde aber dann aufhören zu publizieren.

Einer der Verlagseigentümer sagte Gatti, als er von dessen Recherche erfuhr: «Wir sind ziemlich verärgert über einen solchen Eingriff ins Privatleben, unseres und das von Ferrante.» Gatti veröffentlichte die Geschichte trotzdem.

In einem Interview mit der *New York Times* erklärte Ferrante einmal, Frauen seien immer wieder versucht, ihre Deckung fallen zu lassen – «aus Liebe, Überdruss, Anteilnahme oder Freundlichkeit» –, aber sie sollten es nicht tun: «Wir können von einem Moment auf den anderen alles verlieren, was wir erreicht haben.» Diese Botschaft sei es, mit der sie diejenigen erreichen wollte, die ihre Bücher lesen.

Gattis Investigativteam hat sie nicht erreicht, und das ist ein bitteres Elend. Die Redaktionen, die diesen Text veröffentlicht haben, hätten nichts anderes verdient als einen Boykott durch all diejenigen Autor*innen, die wollen, dass ihre Lebens- und Arbeitsweise respektiert wird, sowie durch die Leser*innen, denen es um Literatur geht und nicht um schmierige Detektivgeschichten.

DIE REVOLUTION –
FÜR NUR 550 EURO
APRIL 2017

Mal ein anderes Thema: Shoppen! Schön. Als Feministin hat man seit neuestem die Qual der Wahl. Bei H&M gibt es ein T-Shirt und einen Kapuzenpullover mit dem Aufdruck «GRL PWR». Bis vor kurzem gab es dort ein Sweatshirt mit dem Spruch «Power to the girls» und davor Oberteile mit dem Aufdruck: «Feminism. The radical notion that women are people.»

In einem Laden namens «Kauf dich glücklich» kann man eine Kollektion von T-Shirts und Beuteln kaufen, auf denen «No more patriarchy» steht oder ein Cover von Simone de Beauvoirs Buch *Das andere Geschlecht* abgebildet ist, wobei die Illustration nicht das zweibändige Buch zeigt, sondern nur «Extracts from: The Second Sex», warum zur Hölle auch immer. Und von Dior gibt es ein T-Shirt mit der Aufschrift «We should all be feminists», Baumwolle-Leinen-Gemisch, 550 Euro.

Der dämlichste Fehler an der ganzen Sache: Bei allen drei Marken finden sich besagte Klamotten nur in der Frauenabteilung. Ausgerechnet der Spruch «We should all be feminists», aber halt als «Damenmode», na toll. Was für unglaubliche Loser, denen nicht aufgefallen ist, wie lustig es wäre, auch ein paar Männerklamotten mit «No more patriarchy» oder «Power to the girls» zu bedrucken und einfach mal zu gucken, was passiert.

Aber ansonsten? Ist das gut, dass es jetzt so viel «feministische Mode» gibt?

Natürlich ist das erst mal ein Erfolg des Feminismus. Sagen wir mal so, FDP-Shirts gibt es gerade nicht überall. Auf irgendeine Art sind zumindest Teile des Feminismus im Mainstream angekommen. In den Neunzigern stand auf den T-Shirts noch «Bitch» und «Zicke», und im Vergleich *dazu* sind wir T-Shirt-mäßig heute weiter. Es gibt wesentlich schlimmere T-Shirt-Sprüche als «Power to the girls», und bevor jemand rumläuft mit «Ich bin schizophren – ich auch» (nie lustig gewesen) oder «Ich schmeiß hin und werd Prinzessin» (nur lustig, wenn es Sigmar Gabriel trägt), soll er oder sie lieber ein Girl-Power-Shirt anziehen.

Eine Kritik, die an dieser Art von Mode geäußert wird, lautet, dass sie der feministischen Bewegung die Kraft nimmt. «Die Kommerzialisierung verniedlicht den Feminismus, raubt ihm Sinn», hieß es neulich in der *Zeit*.[12] Das halte ich für schlicht falsch. Feminismus ist eine Haltung, und die geht nicht kaputt, weil es in irgendwelchen Läden bedruckte T-Shirts gibt. Wär etwas schwach. Es gibt Milliarden von Kleidungsstücken, auf denen «Love» steht, aber nimmt irgendwer ernsthaft an, die Wahrhaftigkeit der Liebe würde deswegen Schaden nehmen?

Ein ähnlicher Kritikpunkt ist die Feststellung, dass man durch ein T-Shirt noch nicht feministisch wird. Das stimmt. Allerdings ist das ein wirklich billiger Punkt. Sehr viele Menschen tragen T-Shirts, auf denen der Name irgendeiner angesehenen Universität steht, aber niemand glaubt, dass man durch das bloße Tragen einer solchen Klamotte einen Abschluss dieser Hochschule erlangt oder auch nur an ihr immatrikuliert wäre. Leute tragen das, um sich damit zu schmücken.

An dieser Stelle könnte man sagen: Fein, da hat der Feminismus es doch weit gebracht, wenn er ähnlich cool ist wie die Liebe oder die Uni in Berkeley. Stimmt auch. Allerdings funktioniert Schmuck über Distinktion, und die Sprüche stehen deswegen auf den T-Shirts, weil sie einen Tick umstrittener sind als «Nach Regen kommt Sonnenschein» oder «Wasser kocht bei hundert Grad». Und vor allem sind T-Shirts eben Produkte, und als solche haben sie etwas mit Produktionsbedingungen und Profit zu tun, und spätestens ab da wird es kompliziert und bisweilen unversöhnlich.

Kleidung mit feministischen Sprüchen oder Bildern ist an sich überhaupt kein Problem, aber wenn jemand tatsächlich die Dreistigkeit besitzt, Dior 550 Euro für ein weißes T-Shirt mit etwas Schrift zuzustecken, anstatt das offensichtlich locker sitzende Geld auf direktem Wege Frauen zukommen zu lassen, die es brauchen, dann ist das natürlich komplett falsch. (Dior spendet einen Teil der Einnahmen dieser T-Shirts, schrieb die *Vogue*, aber das macht die Sache nur besser, wenn es 99 Prozent der Einnahmen sind.)

Und wenn ein Konzern wie H&M «Girl Power» auf Kleidung drucken lässt, dann ist das ein gigantisches Problem, weil der Erfolg von H&M unter anderem darauf beruht, die Arbeitskraft von Frauen hemmungslos auszubeuten. «Feminism»-Shirts, die zu einem Stundenlohn von 17 Cent genäht sind, von Arbeiter*innen, die keine Kranken- oder Sozialversicherung und keine Vereinigung haben, sind so sinnlos und zynisch wie in Zwangsarbeit genähte Flaggen, auf denen «Freiheit» steht.

Die «Asia Floor Wage Alliance», ein Bündnis von Gewerkschaften und Arbeitsrechtaktivist*innen, hat 2016 einen Bericht vorgelegt, für den 251 Menschen interviewt wurden, die für H&M nähen. Ergebnis: Sexuelle Belästigung ist an der Tagesordnung, Gewerkschaftsbildung kaum möglich und Schwangeren wird oft direkt gekündigt. Das war schon *nach* den Verbesserungen der Arbeitsbedingungen, die nach dem Einsturz der Rana-Plaza-Fabrik im Frühling 2013 von einigen Textilunternehmen veranlasst wurden. Capitalism – die radikale Feststellung, dass manche Leben eben doch nichts wert sind.

«Das Bedürfnis nach einem stets ausgedehnteren Absatz für ihre Produkte jagt die Bourgeoisie über die ganze Erdkugel. Überall muß sie sich einnisten, überall anbauen, überall Verbindungen herstellen.»[13] 170 Jahre nachdem *Das Kommunistische Manifest* geschrieben wurde, ist das einzig Unaktuelle an diesem Satz das «muß» mit ß.

Den Versuch, Profit zu schlagen aus einer Aufladung mit politischen Symbolen und Revolutionsästhetik, gibt es natürlich nicht nur mit feministischen Botschaften. Autos, Uhren und Yoga-Kurse werden als «revolutionär» verkauft, der Ikea-Family-Newsletter bewirbt «2 neue Kollektionen für den Rebellen in dir!», Alnatura erklärt mir «Revolution beginnt auf dem Teller. Und im Glas!» und meint damit grüne Smoothies, und The Body Shop wirbt für eine neue Produktserie mit einem Plakat, auf dem steht «Make love not war». Das muss man erst mal bringen, einen Slogan aus der Antikriegsbewegung als Werbespruch für eine Mandelmilch-Lotion zu benutzen, aber den Kapitalismus stört das nicht. Sogar die Berliner Sparkasse macht mit und schreibt: «Mein Private Banking ist PUNK*» (der Stern steht für «persönlich, unkonventionell, natürlich, kosmopolitisch», wobei ich «natürlich» am lustigsten finde).

Alles daran ist albern, aber es ist albern für die Firmen und ihre Werbung und nicht für das, was sie versuchen zu bemühen.

Denn Revolutionsgelüste sind nichts Schlechtes. Und wer es ernst mit ihnen meint, lässt sie nicht durch ein T-Shirt befriedigen. Nur manchmal scheitert die schöne neue Moderevolution auch an sehr praktischen Gründen. Die Autorin Giulia Becker schrieb zur oben erwähnten «Kauf dich glücklich»-Kollektion, dass sie die Simone-de-Beauvoir-Shirts leider nicht tragen kann, weil es sie nur in Größen gibt, die ihr alle zu klein sind: «Bitte immer schön freche Sprüche auf T-Shirts drucken, dass alle Frauen toll sind und wir zusammenhalten müssen. Ich lese das immer so gern an meinen schlanken Freunden.»

Nach dieser Kolumne bekam ich eine Mail von einer *Emma*-Redakteurin, die mich fragte, ob ich für die *Emma* Werbung machen will: Sie hätten gerade neue T-Shirts gedruckt («Make feminism great again») und würden mir eins schicken, wenn ich mich dann damit fotografiere und sie das Foto auf ihrer Webseite und ihren Social-Media-Kanälen nutzen können. Ich wollte nicht.

NICHT ALLES, WAS BRENNT,
IST ANARCHIE
JULI 2017

Anfang Juli 2017 kam es neben zahlreichen friedlichen Protesten gegen den G20-Gipfel in Hamburg auch zu schweren Ausschreitungen, Brandstiftungen und Plünderungen. Die Polizei schaffte es über Stunden nicht, die Lage unter Kontrolle zu bekommen, es gab zahlreiche Vorwürfe der Polizeigewalt.

Ich möchte nicht klugschnacken, aber können wir kurz über Anarchie reden? Anarchie ist ein anziehend wilder Begriff, so sieht es aus, aber eben auch ein politischer Begriff, mit dem man nicht rumschmeißen sollte, wann immer irgendwo Chaos ist. Rumgeschmissen wird mit dem Anarchie-Begriff derzeit aus allen möglichen Richtungen: «Die Nacht, in der im Schanzenviertel die Anarchie ausbrach», titelte *Welt Online* über das G20-Elend, die *NZZ* schreibt über «Das süße Gift der Anarchie», die *taz* nennt ihren Bericht «Der Abend der Anarchie». *Focus Online* meint: «Die Schanze brennt! Aufnahmen zeigen Anarchie, Gewalt und Plündereien in Hamburg». Und Donald Trump twitterte nach der Randale in Hamburg, die Polizei hätte einen guten Job gemacht: «Law enforcement & military did a spectacular job in Hamburg. Everybody felt totally safe despite the anarchists.» *Bild Online* zeigt sich fast schon serviceorientiert: «Der große Anarcho-Check».

Süße Unwissenheit, die Metaphern sprudeln lässt oder unmetaphorisch gemeinte Beschreibungen, aber leider: falsch. Sollte man so nicht stehen lassen.

Es ist kompliziert mit dem Begriff der Anarchie: Obwohl das Anarchie-Zeichen wohl das am häufigsten irgendwo hingesprühte oder -geritzte politische Symbol ist, ist der Begriff des Anarchismus den allermeisten Leuten notorisch unklar. Auf der einen Seite gibt es Leute, die Anarchie eine attraktive Vorstellung finden, eine utopische Idee, die irgendwas mit Punk oder Ton Steine Scherben zu tun hat, sich aber irgendwann verwächst, sobald man vernünftig geworden ist. Auf der anderen Seite gibt es diejenigen, für die Anarchie nur ein Synonym für Eskalation oder Apokalypse ist. Für sie ist Anarchie der Zustand, in den alles versinkt, sobald die öffentliche Ordnung auseinanderfällt: vorzivilisatorische Zustände, Willkür und Gewalt.

Beiden Seiten ist gemeinsam, dass sie Anarchie für Chaos halten. Entgegen dieser Vorstellung geht es allerdings im Anarchismus sehr wohl um Ordnung, die nicht auf Herrschaft, Ausbeutung, Konkurrenz und Egoismus basiert, sondern auf Gleichberechtigung, Vereinbarungen, Hilfe und Solidarität. Gewalt ist kein Teil dieser Theorie, ganz im Gegenteil.

«Anarchismus ist die Philosophie einer neuen Gesellschaftsordnung, die auf Freiheit basiert, welche nicht durch von Menschen gemachte Gesetze eingeschränkt ist», schrieb Emma Goldman, «die Theorie, dass jede Form von Regierung auf Gewalt beruht und deshalb überflüssig, falsch und schlecht ist.»[14] Wären die Leute, die in Hamburg die Geschäfte geplündert haben, Anarchist*innen gewesen, hätten sie die Läden nicht zerstört, sondern beispielsweise in Genossenschaften übernommen, die Preise und Löhne angepasst und als ausbeutungsfreie Unternehmen geführt. Bisschen was anderes.

Anarchie ist ein Zustand der Herrschaftslosigkeit. Nur wenn man glaubt, dass Herrschaft von oben nach unten die einzig mögliche Ordnung ist, ist Anarchie Unordnung. Ansonsten ist es eine ziemlich klare, auf Abmachungen beruhende Sache. (Für den sozialen Zustand, in dem keine Ordnung mehr vorhanden ist, gibt es auch einen Begriff: Anomie.)

Im Namen der Anarchie wurden zugegebenermaßen auch schon

Leute umgebracht, aber im Namen der meisten guten Dinge ist auch schon Scheiße passiert. Muss man halt gucken, dass man sich distanziert und differenziert, aber das kriegt man ja wohl hin als erwachsener Mensch.

Es ist eine seltsame Ironie, dass Ereignisse wie die G20-Proteste so sehr als Bullshit-Fabriken in gesellschaftlichen Diskursen wirken: Hier liegt ja wohl kein Stein mehr auf dem anderen, komm, wir beschreiben das Ganze mit politischen Begriffen, die auch nicht passen. – Keine gute Idee. Man kann das für Wortgefummel halten, aber, na ja, 90 Prozent der Politik bestehen aus Wortgefummel. Es macht einen Unterschied, wie man Dinge benennt.

Wenn in dieser ganzen G20-Sache etwas anarchistisch war, dann die Aufräumaktion der Leute, die sich hinterher auf den Straßen zum Aufräumen trafen: Gegenseitige Hilfe ist ein Prinzip des Anarchismus, blinde Zerstörungswut ist es nie gewesen.

SIND MÄNNER
NICHT AUCH HÜBSCH?

SEPTEMBER 2017

An der Fassade der Alice-Salomon-Hochschule in Berlin hängt seit 2011 ein Gedicht des Schriftstellers Eugen Gomringer mit dem Titel «Ciudad» (Stadt), auf Spanisch. Das Gedicht geht so: «*avenidas / avenidas y flores / flores / flores y mujeres / avenidas / avenidas y mujeres / avenidas y flores y mujeres y / un admirador*» (deutsch: «Alleen / Alleen und Blumen / Blumen / Blumen und Frauen / Alleen / Alleen und Frauen / Alleen und Blumen und Frauen und / ein Bewunderer»).

Der Streit, der sich an diesem Gedicht entzündet hat, wäre vielleicht nicht der Rede wert: Bisschen Kunst an einer Wand und ein paar Leute stören sich daran. Nur finden die Kritiker*innen des Gedichts die paar Zeilen nicht einfach nur *nicht schön*, sondern sexistisch, und es geht um eine Hochschule.

Die Debatten darum, was an Hochschulen gesagt oder geschrieben werden darf, werden seit einer Weile als Gradmesser für die vermeintliche Übergeschnapptheit politischer Korrektheit gesehen. Dann geht es zum Beispiel darum, ob literarische Klassiker noch gelesen werden sollten, wenn sie rassistische oder sexualisierte Gewalt beschreiben, oder ob eine Mensa Sushi oder Bánh mì in einer Billigversion anbieten darf, die mit den Originalrezepten wenig zu tun hat.

Das Gomringer-Gedicht scheint aufgrund seiner Kürze ein besonders simpler Fall zu sein. Weder wird eine Kultur lächerlich gemacht noch jemandem Gewalt angetan. Ein Mann steht rum und guckt. Ein Spanner scheint es nicht zu sein, bloß ein «Bewunderer».

Trotzdem sei das Gedicht an der Fassade nicht besonders gern gesehen, schrieb der Asta der Hochschule im Frühjahr 2016 in einem offenen Brief: Das Gedicht wiederhole das patriarchale Muster «Mann guckt Frau als Muse an und wird dadurch schöpferisch tätig», außerdem erinnere der Text an die sexuelle Belästigung, die für Frauen Alltag sei – auch an der Uni: Die U-Bahn-Station und der Platz neben der Hochschule seien Orte, an denen Frauen sich oft unwohl fühlten, und das Gedicht wirke somit «wie eine Farce und eine Erinnerung daran, dass objektivierende und potentiell übergriffige und sexualisierende Blicke überall sein können». Nun läuft bis Mitte Oktober eine Ausschreibung, aufgrund derer Vorschläge eingereicht werden können, was mit der Fassade geschehen soll: das Gedicht abnehmen, erweitern, stehen lassen, oder ganz anders.

Vom Dichter, der inzwischen 92 Jahre alt ist, ist noch kein öffentliches Statement bekannt, nur seine Tochter Nora Gomringer – auch Dichterin – erklärte auf Facebook und in der *Welt*, dass die Sexismusvorwürfe albern seien, und versuchte eine Rettung per Gedichtanalyse: Der «Bewunderer» sei kein Macho oder Beherrscher, sondern einfach Teil einer Szene. Es bedürfe nur des Wortes «und», um Menschen zu verbinden, und dieses «und» wünsche sie auch allen Beteiligten.

Das klingt schön simpel, aber ist auch etwas billig, denn es nimmt die Kritik des Asta nicht direkt auf: Dort ist ja gerade nicht davon die Rede, dass das Gedicht einen ekligen Typen zeigt, der Frauen hinterhergafft, sondern es ist von einer Kultur die Rede, in der Frauen eher zu Objekten gemacht werden als Männer, und eben oft zu Objekten *für* Männer – und dieser Kritik kann sich das Gedicht schwer entziehen, wo doch der einzige Mann, der vorkommt, eben nicht «ein Mann» ist, sondern «ein Bewunderer», und die Frauen keine speziellen Rollen haben, sondern eben einfach «Frauen» sind.

Jetzt könnte man sagen, das ist übertrieben: Lasst den Mann doch gucken. Aber würde das Gedicht andersrum funktionieren? (Gute Sexismus-Probe: Rollen umkehren und sehen, ob es bizarr wird. Wenn ja: erhöhte Sexismus-Wahrscheinlichkeit.) Würden wir es auf dieselbe Art, nur «andersrum» verstehen, wenn da stünde: «Alleen und Blumen und Männer und eine Bewunderin»? Vielleicht.

Würden wir es anders verstehen, wenn da nicht «Frauen» stünde, sondern «Menschen»? Oder «Notärztinnen» oder «Obdachlose»? Sind «Frauen» an sich bewundernswerter als «Menschen»? Sind sie schöner? Männer sind doch auch bewundernswert und schön, manchmal, könnte man sagen. Geht es überhaupt um Schönheit, oder könnte es auch um Intelligenz gehen, zum Beispiel, auch wenn die Aneinanderreihung mit Alleen und Blumen das jetzt nicht unbedingt nahelegt?

Es ist nicht so verkehrt, darüber zu diskutieren. Wenn nicht ständig Dichterfürsten wie Gunnar Schupelius von der *BZ* in die Debatte grätschen würden, die schreiben: «Nun wird mitten in Berlin im Jahr 2017 ein Liebesgedicht zensiert. Auf Betreiben einer Art politischer Studentenpolizei. Wer hätte das gedacht!» Ja, wer hätte das gedacht, außer denen, die meinen, wir leben in einer feministischen Diktatur? Niemand, und mit Recht.

Andere schaffen es, die Sache etwas differenzierter zu sehen. So sagte die Literaturwissenschaftlerin Barbara Vinken im Deutschlandfunk, es handle sich um ein «sehr bewundernswürdiges Gedicht, das die Schönheit der Welt einfach in fünf Wörtern erblühen lässt», allerdings sei die Welt offenbar nicht bloß schön, sondern auch so, dass gewisse frauenfeindliche Interpretationen für einige Leute näher lägen als frauenfreundliche – und das sei bedenklich. Das wiederum dürfe man nur eben nicht «Gomringer in die Schuhe schieben».

Wenn man zusätzlich die Kommentare zur «avenidas»-Debatte in den sozialen Netzwerken liest, scheint es ein paar festgelegte Ausfahrten zu geben, die man in dieser Frage nehmen kann: Entweder man stimmt dem Asta zu und sieht in dem Gedicht etwas, das patriarchale Ungleichheiten fördert. Oder man stimmt nicht zu und hält wahlweise den Asta für bekloppt (wie Schupelius) oder die Kunst für schöne, unschuldige Kunst (wie Vinken). Die einen verstehen nichts von Kunst, die anderen nichts von Politik, so scheint es.

Etwas unter geht dabei die Variante, dass an der Kritik des Asta etwas dran sein könnte und trotzdem die bloße Abschaffung des Gedichts vielleicht gar nicht das Mittel der Wahl ist. Offensichtlich gibt es auch Diskriminierung, die wohlwollend gemeint ist – etwa, wenn man Frauen immer als besonders sozial oder Leute aus Afrika als besonders musikalisch beschreibt.

Aber vielleicht wäre es trotzdem möglich, diese Form von Debatten (eine Lyrik-Debatte, wie schön eigentlich!) zu führen, ohne dass es allzu bald darum geht, wem etwas weggenommen wird: ein Liebesgedicht der Uni, Komplimente den Frauen, Augenbewegungsfreiheit den Männern. Sondern ganz, ganz vielleicht könnte das mal eine Debatte sein, in der am Ende rauskommt, dass Leute Dinge unterschiedlich wahrnehmen, ohne dass jemand «politische Korrektheit» ruft, denn sobald dieser Begriff fällt, kann man meistens direkt schlafen gehen, ist gesünder.

Inzwischen hat Eugen Gomringer sich geäußert. Die Hochschule beschloss im Januar 2018 die Wand zu übermalen und in Zukunft darauf alle fünf Jahre ein neues Gedicht zu zeigen. Eugen Gomringer sagte dem *SZ Magazin* (15/2018): «Mich hat die Ignoranz der Leute irritiert. Dass viele nicht wissen wollen, in welchem Zusammenhang das Gedicht entstanden ist und was damit gesagt werden soll. Das Gedicht ist ein Manifest. Es geht weniger um den Inhalt als um die Form. Das war Anfang der fünfziger Jahre etwas Neues: dass man mit wenigen Wörtern eine Stimmung erzeugen kann. (...) Das ist Konkrete Poesie: durch Reduktion umso mehr beim Betrachter auszulösen.» In diesem Fall hat die Reduktion wohl so viel ausgelöst wie kaum ein anderes Werk der Konkreten Poesie, so viel kann man festhalten.

KEINE FRAGE DES ZUSAMMENREISSENS

JULI 2017

Am 20. Juli 2017 starb der Musiker Chester Bennington im Alter von 41 Jahren durch Suizid.

Es war ein Schock für viele Menschen, zu hören, dass der Sänger von Linkin Park, Chester Bennington, sich getötet hat. Er starb am Geburtstag seines Freundes Chris Cornell, Sänger von Soundgarden, der selbst zwei Monate zuvor Suizid beging. Beide hatten lange mit Suchterkrankungen und Depressionen gekämpft.

Ebenfalls schockierend ist es zu lesen, auf welche Weise Depressionen und Suizid als mögliche Folge bisweilen immer noch in der Öffentlichkeit verhandelt werden und wie in vielen Reaktionen auf solche Tode das tiefe Unverständnis für eine Krankheit zutage kommt, die doch so weit verbreitet ist.

Es wird ein bisschen besser, langsam. Viele Medien haben inzwischen einen etwas feinfühligeren Umgang mit Suizid als vor einigen Jahren. Sie nennen zum Beispiel keine konkreten Todesumstände, weil man weiß, dass solche Beschreibungen zu Nachahmungen führen, und sie setzen Kontakte von Hilfsangeboten unter ihre Meldungen.

Aber noch weiter unter den Meldungen geht die Hölle ab. Onlinekommentare zu Menschen, die sich getötet haben, sind bisweilen so scheußlich, dass sie sich nicht allein dadurch rechtfertigen lassen, dass Onlinekommentare per se zumeist keine Perlen sind. Wenn die oder der Verstorbene Kinder hatte, erfolgreich war, besonders schön oder talentiert war oder zuletzt noch mal lachend gesehen wurde, ist das Unverständnis bei vielen besonders groß. Unter dem «Tagesschau»-Facebook-Post zu Benningtons Tod schrieben viele Menschen «R.I.P.» und Ähnliches, aber auch: Suizid sei eine egoistische Tat. Menschen, die sich selbst töten, hätten es nicht verdient, dass man über sie berichtet, man solle sie anonym verscharren. Jemand, der wie Bennington sechs Kinder hinterlasse, sei räudig und feige. Und so weiter.

Nun ist es natürlich so, dass man, um das eigene Seelenheil zu wahren, sowieso möglichst wenig Onlinekommentare lesen sollte. Es sind allerdings auch nicht nur solche Kommentare. Brian Welch, der Gitarrist von Korn, schrieb über Benningtons Tod, er sei zwar sein Freund gewesen, aber es sei eine feige Art, aus dem Leben zu gehen. Was sei denn das für eine Botschaft an seine Fans und Kinder, fragte er und erklärte: «This is truly pissing me off.»

Bei all diesen Kommentaren scheint immer noch nicht klar zu sein, dass Depression eine Krankheit ist und keine Entscheidung und dass die daraus entstehenden Handlungen nicht leichtfertig getroffene Dummheiten oder Feigheiten sind, sondern dass die Betroffenen glauben, der Suizid sei ihr letzter Ausweg – und kein egoistischer, denn man selbst hat nichts davon: Man ist hinterher tot, es gibt kein Ego mehr. Es ist dabei übrigens wichtig, darauf hinzuweisen, dass dieser subjektive Glaube ein krankheitsbedingter Irrtum ist: Es gibt Hilfe.

Abgesehen von aller perversen Anmaßung, über den Tod eines Menschen zu urteilen, und der Pietätlosigkeit den Toten und deren Angehörigen gegenüber, können solche Kommentare verheerend sein für alle, die das mitlesen und die entweder selbst an Depressionen leiden oder mal leiden könnten oder jemanden kennen, der davon betroffen ist oder mal betroffen sein könnte – also ungefähr alle.

Man muss sich nur vorstellen, Leute würden ähnliche Schuldzuweisungen beim Tod aufgrund anderer Krankheiten austeilen: «Hätte sie sich mal mehr zusammengerissen mit ihrem Krebs.» Das sagt man nicht, und zu Recht.

Der französische Soziologe Alain Ehrenberg beschreibt Depressionen als eine typische Krankheit der Gegenwart: «Sie ist eine *Krankheit der Verantwortlichkeit*, in der ein Gefühl der Minderwertigkeit vorherrscht. Der Depressive ist nicht voll auf der Höhe, er ist erschöpft von der Anstrengung, er selbst werden zu müssen.»[15] Wir selbst werden müssen wir nun alle, aber es gibt chemische Prozesse im Körper, die es manchen Menschen unmöglich machen, die Energie dafür aufzubringen.

Es macht keinen Sinn zu fragen, welchen Grund jemand hatte, sich umzubringen, wenn er oder sie schwere Depressionen hatte. Die Depression hat diesen Menschen dazu gebracht. Man kann sie kriegen, wenn man ansonsten gesund ist, von Freund*innen und Familie umgeben und reich und schön obendrauf. Es ist kein Zustand, in dem man sich entscheidet, sich jetzt mal etwas weniger zu kümmern. Manchmal geht äußerlich alles noch eine ganze Weile weiter – Job, Beziehung, alles –, aber von innen fehlt die Motivation. Manchmal gibt es aber schlicht kein fühlbares Selbst mehr, das sich noch irgendwie beieinanderhalten könnte oder durch ein paar gute Gründe überzeugt werden könnte, dass es besser werden könnte. Oder, wie Jean Améry in seinem Buch *Hand an sich legen* schreibt: «Man kommt nicht hin mit dem klaren Denken.»[16]

Es gibt Medikamente und Therapien, aber nicht alles hilft bei allen, und manche haben nicht die Kraft, überhaupt damit anzufangen, und landen dann in einem Teufelskreis aus Krankheit und Scham, nicht aus der Krankheit zu finden. Ihnen gilt es so gut wie möglich zu helfen, diese Kraft aufzubringen.

Kommentare der oben genannten Sorte jedoch sind der Beweis, dass Depression als Krankheitsbild immer noch nicht voll akzeptiert ist – und für Betroffene entsprechend noch ausweisloser scheint, wenn sie permanent dagegen anleben und ahnen, dass sie diesen Kampf wahrscheinlich nie ganz loswerden. Sie brauchen Halt von außen und nicht Anschuldigungen, sich – womöglich seit Jahrzehnten – einfach nicht genug anzustrengen.

Aber um mit etwas Gutem zu enden: Die Fans von Linkin Park haben auf die Absage der geplanten Tour sehr schön reagiert: Viele wollen das Geld für die Tickets nicht zurück, sondern spenden es an Initiativen für Suizidprävention.

Diese Kolumne erhielt viel Zustimmung. Eine Zuschrift hat mich, obwohl sie positiv war, traurig gemacht. Ein Leser schrieb mir in einer Mail, dass er selbst seit langer Zeit immer wieder Depressionen habe und es im Moment bei ihm endlich bergauf gehe. Und: «Noch nie habe ich eine so einfühlsame und engagierte Stellungnahme über diese Erkrankung lesen können. Wer nicht betroffen ist, kann sich nicht mal auch nur ansatzweise vorstellen, was da in den Köpfen abgeht.»

Ich wünschte, für Menschen, die mit dieser Krankheit leben, wären einfühlsame Stellungnahmen der Normalfall.

Wie wenig Depressionen immer noch verstanden werden, zeigte auch eine Studie von Dezember 2017. Im «Deutschland-Barometer Depression» wurden rund 2000 erwachsene Menschen gefragt: «Was glauben Sie, hilft gegen die Depression?» Zwar sagten jeweils über 90 Prozent der Befragten: Zum Arzt bzw. Therapeuten gehen. Allerdings fanden auch 78 Prozent, es helfe, in den Urlaub zu fahren. Oder: Süßigkeiten zu essen (18,1 %) oder sich zusammenzureißen (18,7 %).

Im Fazit der Studie heißt es: «Depression wird häufig allein als Reaktion auf widrige Lebensumstände verstanden und nicht als echte medizinische Erkrankung mit biologischen und psychosozialen Ursachen.»[17] Diese Unkenntnis wird öffentlich leider oft erst thematisiert, wenn wieder ein Suizid bekannt geworden ist.

RUNTER KOMMT MAN IMMER
MÄRZ 2018

Irgendwann als Kind lernt man, hoffentlich, dass man Schwächere nicht verprügelt, aber niemand kann ewig ein Kind bleiben, außer Peter Pan, und so wird man dann älter und erfahrener und erlebt allerlei verrücktes Zeug, und irgendwann hat man Schuhgröße 49 und redet Bullshit.

Traurigste Metamorphose ever. Zum Beispiel bei Jens Spahn von der CDU. Der designierte Gesundheitsminister, von dem wir, warum auch immer, wissen, dass er gerne nackt duscht, hatte sich in einem Interview vorgenommen, bis zu seiner Vereidigung nichts zu seiner zukünftigen Arbeit zu sagen, also äußerte er sich zu bereits bestehendem Elend. Hartz IV bedeute nicht Armut, sagte Spahn, sondern sei «aktive Armutsbekämpfung»: «Damit hat jeder das, was er zum Leben braucht. Mehr wäre immer besser. Aber wir dürfen nicht vergessen, dass andere über ihre Steuern diese Leistungen bezahlen.»[18]

Das ist frech, denn wir dürfen natürlich nebenbei auch nicht vergessen, dass jemand wie Jens Spahn schon mit 22 begann, das Gehalt eines Bundestagsabgeordneten zu beziehen und von unseren Steuern als Gesundheitsminister für sich allein knapp zehnmal so viel Geld bekommen wird wie ein Haushalt, in dem ein Paar mit einem vierjährigen Kind von Hartz IV lebt.

Spahn hat allerlei berechtigte Kritik für seine Aussagen erhalten, aber es bleibt die bittere Erkenntnis, dass da jemand Minister wird, der glaubt, man sei nicht arm, wenn man sein Kind täglich von 2,77 Euro ernähren muss, und nach dessen Ansicht sich die über vier Millionen Menschen, die Hartz IV beziehen, vielleicht einfach nur trottelig anstellen mit ihrem Budget.

Aber bestimmt nicht so trottelig wie der alte Influencer Karl Lauterbach von der SPD, der ein Diagramm twitterte, laut dem AfD-Wähler womöglich ein bisschen dumm sind. Dem Diagramm zufolge hätten SPD-Wähler im Schnitt einen IQ von 100, Linke-Wähler 105 und AfD-Wähler nur 93. LOL.

«Studie erklärt sich selbst», erklärte Lauterbach dazu, und natürlich ist es witzig, wenn ein Wissenschaftler einen Persönlichkeitstest von «www.mein-wahres-ich.de» als «Studie» bezeichnet. Das Bildchen hatte Lauterbach dort offenbar gefunden, zwischen dem großen «König der Löwen»-Quiz für Disneyfans und dem Test «Wie hoch ist dein Prinzessinnen-Potential?». Er muss bei «Welches berühmte TV-Tier bist du?» hängen geblieben sein (ich: Jolly Jumper), denn sonst hätte er den Hinweis ganz unten gefunden: «Unser Redaktionsteam gibt sich sehr viel Mühe bei der Erstellung dieser Tests. Trotzdessen erheben sie nicht den Anspruch, wissenschaftlich korrekt zu sein, sondern dienen in erster Linie der Unterhaltung.»

War auch eh nur ironisch gemeint, erklärte Lauterbach kurz darauf in einem Tweet: Die Ironie sei «untergangen», denn «natürlich sagt so eine Studie nichts über Wähler aus», erklärte er. Mäßig glaubwürdig. Nur war das Ganze auch zu diesem Zeitpunkt noch immer keine Studie.

Und selbst wenn er, der immerhin Zugriff auf die wissenschaftlichen Dienste des Bundestags hat, irgendwie zu einer seriösen repräsentativen Untersuchung gekommen wäre, laut der die Wähler*innen der AfD unterdurchschnittlich intelligent seien, dann würde man doch trotzdem hoffen, dass der Abgeordnete einer Partei, die für soziale Gerechtigkeit steht oder zumindest mal stand, sich eine halbe Minute lang überlegt, ob er gern verkünden will, dass es ja irgendwie auch nicht überraschend ist, wenn unterdurchschnittlich intelligente Leute halt eher rechts wählen, weil man damit eben nicht nur etwas über Rechte sagt – und leider: das Falsche –, sondern eben auch über unterdurchschnittlich intelligente Leute. Ob ironisch oder unironisch, ist in diesem Sinne egal, weil es keinen so großen Unterschied macht, ob man es wahr oder witzig findet, dass Rechte eben dumm sind.

Apropos «Studien» oder was man dafür hält. Ein anderer Wissenschaftler hat ähnlich reüssiert: Manfred Spitzer, der Psychiater, über den mein Kollege Christian Stöcker schrieb, dass ihm als Wissenschaftler schlicht nicht zu trauen ist, weil er unseriös arbeitet.[19] Diesen Spitzer hat der Deutschlandfunk befragt, ob es wohl sinnvoll ist, dass Kinder schon in der Grundschule programmieren lernen.[20]

Auf keinen Fall, findet dieser. Kinder, die zu viel auf Smartphones «wischen» würden, hätten einen Nachteil, erklärte Spitzer: «Wir ziehen uns eine Generation von Behinderten heran, ich sage es mal drastisch. (...) Wenn sie nur wischen als Kindergartenkind, endet ihre Karriere als Putzfachkraft. Das sollte man einfach nicht machen.» Einfach mal das Endgerät weglegen und fünf Minuten wirken lassen und fühlen, wie richtig es sich anfühlt, dass ein Psychiatrieprofessor Behinderte und Putzfachkräfte als Bilder zur Abschreckung verwendet.

Allen drei Fällen – Spahn, Lauterbach, Spitzer – ist gemein, dass sie nicht allzu übertrieben darum bemüht sind, den Eindruck von Empathie zu erwecken, und stattdessen kein Problem damit haben, nach unten zu treten. Sie alle wollen eigentlich eine gesellschaftliche Situation kommentieren, auf sehr unterschiedliche Art: Spahn will sagen, dass Deutschland eines der weltbesten Sozialsysteme hat. Lauterbach will – keine Ahnung, irgendwas zur AfD sagen, ein mieser Witz am Freitagmorgen. Und Spitzer will sagen, wie man Kinder nicht erziehen soll.

Das kann man alles tun. Aber sie tun es alle drei auf Kosten von Schwächeren, von oben nach unten: arme Menschen, weniger intelligente Menschen, Menschen mit Behinderung und diejenigen, die vermutlich allen drei Herren das Klo sauber halten.

In einer Mischung aus dubioser Faktenlage und mangelndem Gefühl für die eigene Position in der Hierarchie erwecken alle drei den Eindruck, dass da auf dem Weg nach oben etwas verlorengegangen ist, was nicht verlorengehen sollte. Wenn es wäre, wie Spahn sagt, und man hätte mit Hartz IV wirklich alles zum Leben, dann wären die Leute, denen das Geld nicht reicht, entweder unfähig oder gierig. Wenn es irgendwie produktiv wäre, Rechte dumm zu nennen, hätten wir die AfD schon plattgelacht. Und wenn behinderte oder putzende Menschen sich anhören müssen, dass sie das sind, was dabei rauskommt, wenn man Kinder schlecht erzieht, dann gute Nacht.

Der Witz an Privilegien ist, dass man sie nicht die ganze Zeit fühlt, sondern dass sie Voreinstellungen der Macht sind, die einigen Menschen Dinge ermöglichen, die für andere wesentlich schwieriger oder unmöglich wären. Aber daraus ergibt sich Verantwortung. Wenn man die Fähigkeit besitzt, sehr viel Whisky zu trinken, ohne umzufallen, dann ist man dafür zuständig, dass die anderen, die weniger vertragen, sicher nach Hause kommen. Und wenn man ein erfolgreicher Typ ist, der es aus irgendwelchen Gründen dahin geschafft hat, wo man gehört wird, dann ist man dafür zuständig, von da oben nicht runterzupinkeln. So einfach.

Mein Lieblingskommentar zu diesem Text kam von N. Z. auf Twitter: «Ich als Mann mag Sie natürlich nicht so. Der Artikel ist okay.»

KAPITEL VIER MÄNNER

ICH WILL EIN ALTER, DICKER MANN SEIN
DEZEMBER 2013

Lieber Weihnachtsmann,
dieses Jahr wird es kompliziert. Ich möchte bitte ein alter, dicker Mann sein. Nicht für immer. Nur eine Woche. Oder einen Monat, dann kann ich einmal meine Tage ausfallen lassen. Ja, das wäre gut. Bitte, mach das.

Kein sehr alter Mann, nur so mittelalt, so «in den besten Jahren». Und kein sehr dicker, nur ein bisschen dick, und in meinem Online-Dating-Profil wird trotzdem stehen, ich bin durchtrainiert. So einer bitte.

Ich weiß, Weihnachtsmann, manchmal schimpfe ich über Männer, aber über dich hab ich nie geschimpft. Ich könnte ein paar Basics mitbringen. Unterhosen, Schnaps und eine Motorsäge.

Ich hab meinem Freund M. von dem Wunsch erzählt, der hat gesagt: «Du willst ein alter, dicker Mann sein? Alt wirst du von allein, dick auch, wenn du willst. Und Mann werden kannst du ja wohl auch.» – «Nein», hab ich gesagt, «ich will kein trans Mann sein, ich will ein cis Mann sein, ein für alle schon immer Mann gewesener und auch bleiben wollender Mann.»

Das reicht natürlich noch nicht. Ich möchte ein weißer, heterosexueller, mittelgroßer, mittelhaariger Mann sein, mittelsympathisch, mit mittelmäßig bezahltem Job und okayer Wohnung, ohne Behinderung, ohne Sprechfehler, ohne Krankheit. Höchstens ein bisschen Bluthochdruck oder Haarausfall.

So einer möchte ich einmal sein. Um dann so yogamäßig reinzufühlen, wie es ist, so zu sein.

Einer, der nachts allein ganz entspannt durch den Park laufen kann. Einer, für den das Schlimmste, was ihm dabei passieren kann, ist, dass ihm ein Eichhörnchen auf die Hutkrempe kackt. Einer, der am Strand zu einer Gruppe von fünf Frauen geht, die sich gerade unterhalten, und fragt: «Na, so ganz allein hier?» Und der sich dabei nicht blöd vorkommt, im Gegenteil.

Ich wäre ein humorvoller Typ, ich würde viel lachen, am meisten über meine eigenen Witze. Ich würde Fußball gucken und immer «Jawoll!» rufen.

Vielleicht würde ich auch Journalist sein und ab und zu mal so ein Ding raushauen, wo ich schreibe: Gleichberechtigung schön und gut, aber Feminismus oder Genderquatsch oder wie man das nennen soll, dieses Genderist*innen*-Zeug, haha, so was Lächerliches, haha.

Vielleicht würde ich sogar ausprobieren, einer von denen zu sein, die finden, junge, hübsche Frauen sollen sich nicht so zieren, wenn man ihnen, na ja, meine Güte, Komplimente macht. Oder dass Homosexuelle okay sind, solange man die nicht ständig in der U-Bahn sehen muss.

Nur kurz, Weihnachtsmann. Gucken, wie es sich anfühlt. Einfach um zu wissen, wie man dann so drauf ist. Ob es einen an irgendeiner gottverdammten Stelle in seiner Seele ein bisschen juckt. Ob man denkt, es ist irgendeine Scheißneurodermitis oder eine Ameise. Oder ob es gar nicht juckt und man noch beim Einschlafen immer nur so «Jawoll!» denkt.

Ich weiß, Weihnachtsmann, es gibt Frauen, die sind schon ein bisschen wie dicke, alte Männer. Von einer dieser Frauen hab ich sogar eine Zeitschrift im Abo. So wie die möchte ich bitte nicht sein.

Hau rein, bitte,
es wär so schön,
Deine Margarete

Im April 2015, über ein Jahr nachdem dieser Text erschienen war, fand in Berlin der *taz*-Kongress taz.lab statt. Ich hatte dort eine Veranstaltung, und hinterher stand man so rum, wie man nach solchen Veranstaltungen rumsteht, und redete mit den Leuten. Ein mittelalter Mann kam zu mir und bedankte sich für diese Kolumne. Er erzählte, dass er sie beim Abendessen seiner Familie am Küchentisch vorgelesen hatte, unter anderem seiner Teenager-Tochter, die Liebeskummer hatte. Es ging ihr nicht gut, aber bald darauf sagte sie ihrem Vater, dass sie ein neues Ritual entwickelt hatte: Abends, wenn sie im Bett lag, ließ sie den Kummer des Tages hinter sich, indem sie zu sich selbst sagte: «Jawoll!» Wie der Mann in meinem Text. Und es half. So schön.

SCHWIMMT, MÄNNER, SCHWIMMT!

MAI 2016

Dieser Text war eine Replik auf eine Kolumne, die mein Kollege Jan Fleischhauer im Mai 2016 auf *Spiegel Online* unter dem Titel «Der Rückschlag» veröffentlicht hat. Er hatte geschrieben: «Erinnert sich noch jeder an Rainer Brüderle? (...) Ein Satz reichte, um aus dem weithin geschätzten Politiker einen ‹Grabscher› zu machen, eine traurige Witzfigur aus der ‹Vor-Moderne› (*Stern*), an dem sich jeder abarbeiten durfte, der über einen Twitter-Account verfügte. Wie der arme Mann medial kielgeholt wurde, weil er an einer Hotelbar einer Journalistin ein zweifelhaftes Kompliment gemacht hatte, ist in der Skandalgeschichte der Bundesrepublik einmalig.» Die Brüderle-Geschichte sei die eigentliche Geburtsstunde des Rechtsrucks gewesen. Viele Leute seien «es einfach leid, dass aus jedem Ausrutscher ein Skandal gemacht wird, weil irgendwelche Antidiskriminierungsaktivisten den Alarmknopf drücken».

Die Welt ist aus den Fugen, zumindest gefühlt. Und schuld sind die twitternden «Antidiskriminierungsaktivisten». Diese politisch korrekten, überempfindlichen und zugleich knallharten Terrorist*innen hätten erstens quasi Rainer Brüderle getötet und zweitens quasi die AfD geboren, so stand es zu lesen, so hat sich das Jan Fleischhauer überlegt.

Was für ein Bild. Die Netzfeministin mit iPhone in der Hand als Schicksalsgöttin: Betrunken vom Blut ihrer Feinde, gibt und nimmt sie Leben, ganz wie es ihr beliebt, mit Hashtags. Ein falscher Spruch und, zack, den Freund aller Weinköniginnen versenkt. Der Widerstand dagegen marschiert jetzt auf, in Form von Frauke Petry und Lutz Bachmann, gewissermaßen als natürliches Korrektiv.

Interessante Vorstellung. Aber angenommen, besagte Aktivist*innen hätten so eine Macht, hätten sie dann nicht im Fall von Jan Fleischhauer längst «den Alarmknopf» gedrückt und jemanden wie ihn lässig weggesnackt?

Es mag tatsächlich in gewissen Kreisen die Vorstellung geben, dass wir alle jetzt plötzlich von twitternden LGBTIQ-Aktivist*innen beherrscht werden, aber: Es stimmt halt nicht. Das sind vermutlich dieselben Leute, die denken, ihre Kinder würden an der Schule «schwul gemacht», und auch davon kennt man keine belegten Fälle. Man bestärkt diese Leute in ihrem Denken, wenn man so tut, als würde es tagtäglich Volksaufstände wegen mangelnder politischer Korrektheit geben. Es sind keine Aufstände. Es sind meistens schlicht Meinungen von Leuten, und an den allermeisten Tagen im Jahr wird dadurch von niemandem die Karriere zerstört.

Die Welt wird im Großen und Ganzen immer noch von mittelalten weißen Männern regiert, egal wie man es dreht und wendet. Aber: «The Times They Are a-Changin'», und zwar die ganze Zeit. «You better start swimming or you'll sink like a stone.»

Ich liebe Bob Dylan. Das mag jetzt verwundern, weil Dylan ja ein alter, weißer Mann ist und *solchen wie mir* gerne nachgesagt wird, dass wir *solche wie die* furchtbar finden. Ist aber gar nicht so. Nur, wenn sie sich schlecht benehmen. Jedenfalls, «The Times They Are a-Changin'» handelt von Veränderung oder, wie Dylan mal gesagt hat, vom Unterschied zwischen Lebendigsein und Totsein. Wer nicht untergehen will, muss sich bewegen. Also schwimmt, weiße, mittelalte Männer, schwimmt! Was hindert euch? Ihr habt es hingekriegt, am Smartphone die Tipptöne abzuschalten, da schafft ihr es auch noch, damit zurechtzukommen, dass andere Leute jetzt auch ihre Meinungen äußern.

Meinungen äußern ist doch nicht dasselbe wie Menschen abschießen, kann man jetzt sagen. Stimmt. Aber es gibt ja auch gar nicht ständig solche Brüderle-Geschichten. Und es gibt auch Männer, die nach Missbrauchsvorwürfen – eine völlig andere Liga als Brüderle – ihre Karriere ziemlich unbehelligt fortsetzen, siehe Woody Allen.

Die These, Antidiskriminierungsaktivismus sei gleichermaßen schuld an der «Vernichtung» Brüderles («der arme Mann») wie am Aufstieg der AfD und überhaupt dem gesamten Rechtsruck, geht bei Fleischhauer einher mit der Idee, es gäbe bei diesen Aktivist∗innen erstens eine geradezu manische Lust an der Skandalisierung von Minimalverfehlungen und zweitens ein starkes Bedürfnis nach «Selbstabkapselung gegen fremdes Gedankengut».

Aber: Beides sind keine, wie man an der Uni sagen würde, intrinsischen Eigenschaften von Antidiskriminierungsaktivismus. Oder, wie man außerhalb der Uni sagen würde: Gibt solche und solche. Und die lautesten hört man am einfachsten. Gerade als alter Mann.

Es gibt, was die Abkapselung betrifft, nicht nur Feminist∗innen, die keinen Bock auf Bundesrichter Thomas Fischer haben, sondern es gibt genauso Leute, die ganze Texte nicht mehr lesen, weil darin Binnen-Is oder Unterstriche vorkommen. Wer ist jetzt sturer?

Und auch dass Leute durch einzelne Fehler und Skandale ihre Jobs oder ihre Macht verlieren, liegt nicht am Feminismus oder Antirassismus oder irgendeiner politischen Haltung als solcher. Es liegt erstens daran, dass sehr viele Leute Häme für einen Wert an sich halten, und zwar Leute in allen politischen Lagern. Menschen sind leider anatomisch so gebaut, dass sie leichter nach unten treten können als nach oben. Und was sich einmal festgetreten hat, da latscht man gerne noch mal drüber. Zweitens sind Menschen leider auch noch oft so, dass sie anderen nicht so gern Veränderungen zugestehen. Bei Essen hat sich irgendwer mal die Fünf-Sekunden-Regel ausgedacht: Wenn was runterfällt und kürzer als fünf Sekunden auf dem Boden lag, kann man es noch bedenkenlos essen. (Stimmt leider nicht ganz.) Mit Menschen machen viele es genauso: Wer eine Weile unten lag, der wird nicht mehr angefasst.

Erinnern sich noch alle an Monica Lewinsky? Sie traute sich in den fast 20 Jahren seit der nach ihr benannten Affäre kaum an die Öffentlichkeit. «Die Schande klebt an dir wie Teer», sagt sie heute.[21] Und das bestimmt nicht wegen zu viel politischer Korrektheit. Sondern weil es überall Menschen gibt, die anderen keine zweite Chance geben wollen.

Und das ist falsch. Egal, von welcher Seite es kommt. Ich halte das Konzept der «Persona non grata» für größtenteils abschaffbar, außer es geht zum Beispiel darum, ob ein Nazi mit Pitbull in ein von und für Lesben betriebenes Katzencafé darf.

Von mir aus kann Brüderle wiederkommen und wahlweise Weinköniginnen groß rausbringen oder an der FDP rumschrauben, mir egal, Hauptsache nicht andersrum. Es ist gut, wenn man Leuten eine Entwicklung zugesteht. Weil sie daran wachsen. Und man selbst erlaubt sich das dann vielleicht auch. «Everything and everyone must grow in opposition / To resistance and contradiction», singt Tina Dico in «No time to sleep». Ich kenne kein wahreres Lied.

ES IST EIN JUNGE
JUNI 2016

Wenn wir von einer Schwangerschaft erfahren, stellen wir oft zwei Fragen: Wann ist es so weit? Und: Weiß man schon, was es wird? Wenn wir von Schlägereien, Massenmord, Vergewaltigung oder Mord in oder nach Beziehungen hören, fragen wir nicht mehr: Weiß man schon das Geschlecht? Wir gehen davon aus, dass es Männer waren.

Die prominenten Fälle, in denen es um Vergewaltigung und Gewalt gegen Frauen geht, sind so vielzählig wie hässlich.

Die Sängerin Kesha, die Schauspielerin Amber Heard, das Model Gina-Lisa Lohfink: Sie alle müssen damit kämpfen, dass ihnen nicht geglaubt wird, wenn sie über Gewalt sprechen. Der zurückgetretene Nürnberger CSU-Landtagsabgeordnete Michael Brückner hat eingeräumt, Sex mit einem 16-jährigen Mädchen gehabt zu haben. Der 21-jährige Brock Turner, der eine bewusstlose Studentin in Stanford hinter einer Mülltonne vergewaltigt hat, muss maximal sechs Monate ins Gefängnis, und derweil sorgt sein Vater sich, dass der Junge sein Steak nicht mehr mag.× In Katar wurde eine Touristin wegen außerehelichen Sexes verurteilt, weil sie eine Vergewaltigung angezeigt hatte.

In Italien wird über Mord an Frauen debattiert, unter ande-

× Turner wurde nach drei Monaten aus der Haft entlassen. Sein Vater fand das Urteil für «20 minutes of action» zu hart und beschrieb in einem Brief an den Richter, wie schlecht es seinem Sohn gehe. Er habe kaum noch Appetit – der Vater des Täters zählte tatsächlich dessen Lieblingssnacks auf, anstatt auch nur ein Wort Mitgefühl mit dem Opfer der Tat zu zeigen. (Elle Hunt: «‹20 minutes of action›: father defends Stanford student son convicted of sexual assault», *theguardian.com*, 6. Juni 2016.)

rem weil ein eifersüchtiger Mann seine Ex-Freundin gewürgt und verbrannt hat. In Orlando erschoss ein Mann die Sängerin Christina Grimmie, in Berlin wurde eine Frau durch Messerstiche anscheinend von einem Mann getötet, in Los Angeles gab ein Gericht das Strafmaß für den Schauspieler Michael Jace für den Mord an seiner Frau bekannt. Am Wochenende darauf eskalierte der Konflikt zwischen extrem gewaltbereiten Hooligans in Marseille, ein Brite schwebte vorübergehend in Lebensgefahr. In Berlin wurde in der Nacht danach ein weiterer Mann festgenommen, der offenbar seine Freundin getötet hat. In derselben Nacht tötete ein Mann in einem queeren Club in Orlando 49 Menschen und verletzte 53 weitere. In Potsdam beginnt der Prozess gegen den Mörder der Jungen Mohamed und Elias.

Das sind alles unterschiedliche aktuelle Fälle. Wenn wir uns aber bei jedem einzelnen Fall fragen, ob wir uns ernsthaft vorstellen können, dass eine Frau diese Taten begangen haben könnte, müssen wir wohl antworten: nur mit Mühe. Wir sind daran gewöhnt, dass es Männer sind, die glauben, sie könnten anderen vorschreiben, wie diese sein sollten, und die meinen, entscheiden zu können, wer leben darf und wer nicht. Dabei geht es um nichts Geringeres als die Frage, wem die Welt gehört. Doch je mehr wir uns in jedem einzelnen dieser Fälle einreden, dass dies die Tat eines Verrückten gegen die gesamte Menschheit war, umso weniger verstehen wir, was da passiert ist.

Natürlich verstehen wir längst nicht alles und vielleicht immer noch fast nichts, wenn wir daran denken, dass der Täter ein Mann war. Milliarden Männer haben noch nie jemanden umgebracht oder auch nur verletzen wollen. Aber wir verstehen, wie sehr wir uns an Gewalt von Männern gewöhnt haben, wenn wir nicht mehr nach dem Geschlecht des Täters fragen.

Männlichkeit an sich erklärt diese Taten zwar nicht, aber wir können sie bei der Frage, wie weitere Taten verhindert werden können, nicht außer Acht lassen. Die Essayistin Rebecca Solnit hat geschrieben, «when you say *lone gunman*, everyone talks about loners and guns but not about men».[22]

Wir reden nicht über Männlichkeit, obwohl wir umgeben sind von Gewalt, die von Männern ausgeht. In Deutschland erfasste die Polizei 2015 jeden Tag rund 19 Vergewaltigungen und sexuelle Nötigungen, und das sind nur die Fälle, die bei der Polizei angezeigt wurden, die Dunkelziffer ist wesentlich höher. Insgesamt waren unter den Verdächtigten im Bereich Sexualstraftaten 93 Prozent Männer, bei Straftaten gegen das Leben 83 Prozent.

Wir verfügen über einen riesigen Apparat aus Rechtfertigungsstrategien für Gewalt durch Männer. Mal greifen wir tief in die Kiste der Naturphänomene, bei denen es um Triebe und Hormone und im Zweifel um die Erhaltung der gesamten Menschheit geht. Mal ist es die Religion, also eine Glaubenssache, die sich auf übernatürliche Art jeglichen weiteren Fragen entziehen kann, weil sie sich im Bereich des Irrationalen bewegt. Mal ist es Kultur und Bildung, das Versagen der Kindergärten und Schulen im Vorleben diverser Männlichkeitsrollen, und mal ist es einfach Alkohol. All diese Gründe können zwar auf ihre Art und im jeweiligen Kontext ihren kleinen Teil dazu beitragen, ein Verhalten zu erklären – aber nie, es zu entschuldigen. Es ist schlicht nicht damit getan.

Die Verknüpfung von Männlichkeit und Gewalt ist ein weltweites Phänomen: Es gibt sie auf allen Kontinenten, selbst auf Südseeinseln mit zweistelligen Bewohnerzahlen.

Etwas als globales Problem festzustellen kann natürlich auch heißen, sich der Verantwortung zu entziehen. «Ist doch überall so.» Das wäre das Falscheste, was wir tun können. Ähnlich falsch wäre es, Männer dafür einfach zu hassen. Es geht nicht darum, Menschen abzulehnen, sondern etwas zu thematisieren und zu bekämpfen, das in ihnen steckt, und das ist viel komplizierter.

Im Englischen gibt es den Begriff der «toxic masculinity» – «giftige Männlichkeit», die auf Dominanz und Gewalt basiert und Gefühle nicht zulässt. Dazu gehört auch die Vorstellung einer gigantischen Ladung sexueller Triebhaftigkeit, die nur mit Mühe in zivilisierten Bahnen gehalten werden kann. Es ist ein Problem, wenn Jungs und Männern immer wieder erzählt wird, dass ein «richtiger Kerl» nicht weine, eine ausschweifende und geradezu animalische Sexualität habe und alles, was sich ihm in den Weg stellt, eigenhändig beiseiteräumen müsse – ein Problem für Frauen *und* Männer.

Es ist diese Form von Männlichkeit, die wir thematisieren müssen. Dass sie weit verbreitet ist, heißt nicht, dass sie in der «Natur» von irgendwem liegt. Vor einer Weile fand man auch noch, dass es natürlich und gut ist, wenn Eltern und Lehrer Kinder schlagen. Heute denken die meisten von uns das nicht mehr, und wir halten es auch nicht für verhandelbar, ob Männer Frauen schlagen dürfen. Aber wir wundern uns auch nicht unbedingt, wenn sie es tun.

Wir halten es für eine verdammte Selbstverständlichkeit, dass eine Frau in der Dämmerung nicht mehr im Wald joggen gehen sollte. Eine Frau. Immer sind es die Frauen, die ihr Verhalten anpassen sollen. Vielen Männern ist nicht klar, wie sehr Frauen die Angst und den Schutz vor Gewalt in ihren Alltag integrieren. Wie sehr wir ein Klima von Bedrohung für normal halten. Wie oft wir ein Taxi nehmen, um nach Hause zu kommen – nicht aus Bequemlichkeit, sondern um sicher nach Hause zu kommen. Wenn wir das Geld haben.

Selbst Männer, die sich für komplett harmlos halten, können etwas dafür tun, dieses Klima der Angst zu ändern. Wenn Sie zum Beispiel abends auf der Straße allein hinter einer Frau laufen und diese Ihre Schritte hört, oder wenn Sie ihr entgegenkommen, wechseln Sie doch die Straßenseite. Sie ahnen nicht, wie erleichternd das sein kann.

MITTELALTER! WEISSER! MANN!

NOVEMBER 2016

Es gibt ein Problem, aber wenn wir uns ein bisschen Mühe geben, ist das Problem zugleich die Lösung. Irgendwann im Verlauf der letzten Jahre ist die Bezeichnung «weißer mittelalter heterosexueller Mann» zu etwas geworden, das für einige wie etwas Abwertendes klingt. Vor allem für Mitglieder ebendieser Gruppe. (Statt «mittelalt» geht auch «alt», die Grenzen sind fließend wie Klosterfrau Melissengeist.)

Das ist auffällig, weil eigentlich keiner der vier Bestandteile etwas Schlechtes beschreibt. Weiß sein ist nicht schlimm, man wird einfach so geboren. Mittelalt oder alt sein ist nicht schlimm, man ist dann halt «im besten Alter», erfahren, reif oder weise, mit Glück. Heterosexuell sein ist nicht schlimm, man hat damit die komplette katholische Kirche und alle Disney-Filme im Rücken. Und Mann sein ist auch nicht schlimm; Adonis, Jesus und die Beatles waren Männer.

Jetzt könnte man sagen: Also echt, was für ein billiges Argument. So einfach läuft es ja wohl nicht, denn die *Kombination* aus Weißsein, Mittelaltsein, Heterosexualität und Männlichkeit könnte theoretisch trotzdem schlimm sein. Ein Gürtel und eine Rose sind auch für sich genommen super, aber eine Gürtelrose ist unangenehm. Oder: Mehl, Luft und ein Feuerzeug sind total praktisch, aber eine Mehlstaubexplosion tut weh. Das stimmt. Schäbiges Argument.

Man könnte auch sagen: Ja, für *manche* ist weiß, mittelalt, heterosexuell, männlich zu sein nichts Schlimmes, aber für *manche andere* ist es der Todfeind! Kann sein. Ich bin nicht sicher. Ich glaube, in den allermeisten Fällen ist die Beschreibung «weißer mittelalter heterosexueller Mann» etwas Neutrales, so wie in der Soziologie von einer Kohorte die Rede ist oder von einem Milieu, und es heißt einfach: Leute, bei denen ein paar Basics ähnlich sind.

Nun stimmt es natürlich trotzdem, dass der weiße mittelalte heterosexuelle Mann manchmal ein Thema ist, und nicht immer ein gutes. Der weiße mittelalte heterosexuelle Mann gilt, wenn man allem Bösen glaubt, das über ihn gesagt wird, als rückständig und abgehängt, als Täter, Verlierer und Sündenbock, als Evolutionshemmnis und Auslaufmodell, als einer, der seine Privilegien nicht checkt und der denkt, er könne dem Lauf der Welt entkommen, wenn er Faschisten wählt. Netzfeminist*innen wollen ihm an den Kragen, heißt es, und mit Glück nur an den. Aber es wär auch zu einfach, das zu glauben. Wenn man alles Böse glaubt, das über Gluten gesagt wird, stirbt man an einer Scheibe Brot.

Dabei ist das Negative, das gemeint ist, meinen bescheidenen Recherchen zufolge meistens nur das: Der weiße mittelalte heterosexuelle Mann gilt nicht mehr in allen Bereichen als unhinterfragbare erste und einzige Wahl. Manchmal sitzen in Talkshows Frauen neben ihm, die ihm nicht nur Fragen stellen. Er kriegt Jobs, die jemand anders gleich gut machen kann, heute seltener einfach nur, weil er er ist. Im Kanzleramt sitzt eine Frau. Es hätte zumindest eine kleine – kleine! – Chance gegeben, dass der alte, weiße Mann nicht US-Präsident wird und wenn es darum geht, wer Bundespräsident wird, dann gibt es auch eine Chance, dass ... ach so, nee, da nicht.

Warum also fühlen sich manche beleidigt, sobald man sie als weiße mittelalte heterosexuelle Männer bezeichnet?

Ganz einfach: weil es nervt. Weil es selten Spaß macht, als etwas bezeichnet zu werden, das wie eine Minderheit klingt, außer man hat etwas Besonderes dafür getan, wie Marathon laufen, promovieren oder es bis Pokémon-Go-Level 40 schaffen (oder man hat einfach ausreichend Stolz in sich, ohne was geleistet zu haben, dann ist es vielleicht Patriotismus).

In den letzten paar tausend Jahren mussten weiße mittelalte heterosexuelle Männer es sich nicht bieten lassen, in aller Öffentlichkeit «weiße mittelalte heterosexuelle Männer» genannt zu werden. Es ist ätzend, weil es niemals der Individualität einer Person gerecht wird und weil darin oft der Vorwurf mitgehört wird, man sei jemand, dem im Leben alles hinterhergeschmissen wird, obwohl im Kapitalismus den allermeisten Leuten gar nichts hinterhergeschmissen wird außer Payback-Punkte. Männer haben es längst nicht besser als Frauen. Sie werden häufiger Opfer von Gewalttaten wie Raub oder Körperverletzung, sie bringen sich öfter um, und selbst wenn sie es nicht tun, so ist ihr Leben im Schnitt kürzer als das von Frauen.

Trotzdem ist «weißer mittelalter heterosexueller Mann» auch eine Beschreibung für jemanden, der zumindest nicht wegen dieser Merkmale sein Leben lang diskriminiert wird. Er wird bei Polizeikontrollen nicht wegen seiner Hautfarbe generell als Erster untersucht oder erschossen, und er muss wahrscheinlich keine Angst haben, auf der Straße die Person zu küssen, die er liebt. Natürlich kann er trotzdem wegen anderer Merkmale diskriminiert werden, zum Beispiel falls er keinen Daumen hat oder eine Religion, oder wenn er sächsisch redet oder nicht lesen kann.

Der weiße mittelalte heterosexuelle Mann kann viele Gründe haben, angepisst zu sein, wenn man ihn so nennt, aber genau darin, in diesem Gefühl, ungerecht behandelt zu werden, liegt der Funke der Revolution: Wer nämlich einmal verstanden hat, wie unwohl man sich fühlen kann, so auf Gender, Alter und Sexualität festgelegt zu werden, kann sich überlegen, dass es für andere möglicherweise genauso unangenehm ist. Vielleicht weiß er das längst, das kann sehr gut sein. Wenn nicht, kann er anfangen, dieses Gefühl abzuschaffen, indem er darauf verzichtet, andere auf diese paar Schubladen zu reduzieren, bis sichtbar wird, was jedes Mal dahintersteht und was wir alle sind: ein Mensch.

UNTENRUM BREIT

JUNI 2017

Es gibt politische Fragen, die sind eher abstrakter Natur, zum Beispiel die Frage nach dem Unterschied zwischen Macht und Herrschaft. Und dann gibt es politische Fragen, da geht es plötzlich darum, ob es, je nach Körperbau, Kleidung und Wetterlage, für Männer angebracht ist, breitbeinig zu sitzen, damit untenrum nichts drückt und klebt, und nun ja, guten Tag, genau darum soll es nun gehen.

«Manspreading» bezeichnet eine bestimmte Art des breitbeinigen Sitzens. Seit August 2015 ist das Wort sogar im *Online Oxford Dictionary* definiert als «Praxis, bei der ein Mann, insbesondere einer, der mit öffentlichen Verkehrsmitteln unterwegs ist, eine Sitzhaltung einnimmt, in der seine Beine weit auseinanderstehen und auf einen oder mehrere angrenzende Sitze übergreifen». Im Internet finden sich zahlreiche Fotos dieser Praxis. Oft sind es Bilder, auf denen ein Mann gründlich am Praktizieren ist, während neben ihm Frauen ihre Beine eng beieinanderhalten. Mit Manspreading ist es wie mit Staub beim Staubwischen: Wenn man einmal anfängt, drauf zu achten, dann sieht man es überall.

In Madrid soll Manspreading in Bussen nun verboten werden, wobei «verboten» heißt, dass es bald Sticker gibt, die darauf hinweisen, dass man im Bus nicht manspreaden soll, genau wie man nicht rauchen oder Eis essen soll. Auslöser war eine Petition, die von über 12 000 Personen unterschrieben wurde, initiiert von feministischen Aktivist*innen.

«Madrid verbietet Männern breitbeiniges Sitzen», wie der Deutschlandfunk titelte, stimmt also nicht. Man darf noch breitbeinig sitzen, auf dem eigenen Cowboyanwesen zum Beispiel, nur eben nicht im Bus. Ähnliche Aufkleber gibt es auch in New York: «Dude ... stop the spread, please», steht da, oder: «Keep your stuff to yourself». In Seattle gilt: «One body, one seat».

Nun gibt es wegen der neuen Sticker in Madrid ein paar Leute, die glauben, der Feminismus sei endgültig übergeschnappt. Dabei ist Manspreading ein sehr typisches Beispiel dafür, wie Diskussionen um feministische Themen in der Öffentlichkeit geführt werden: Zunächst gibt es einen Konflikt, der in vielen Fällen entlang von Geschlechtergrenzen zu verlaufen scheint. Darauf weisen Feminist*innen hin, Beobachter*innen sammeln Beispiele und stellen fest: hm, ja, könnte was dran sein. Auf der anderen Seite regt sich Widerstand von Leuten, die sagen, der Konflikt sei nicht so sehr sozialer Art, sondern biologisch begründbar, im Falle von Manspreading wird dann angeführt, dass bei Männern die Schultern so breit sind, dass sie sich aus Balancegründen unten ebenfalls verbreitern müssen, um nicht umzukippen. Andere sehen den Ursprung breitbeinigen Sitzens in der Sozialisation in der frühen Kindheit.

Ich habe zu Recherchezwecken drei Männer gefragt, wie sie am liebsten sitzen und ob sie gern manspreaden. Von allen weiß ich aus empirischer Anschauung, dass sie einen durchschnittlichen Körperbau und durchschnittlich große Genitalien haben.

Mann 1: «Ich sitz gern mit übereinandergeschlagenen Beinen, ich finde das bequem.»

Mann 2: «Also ich sitze prinzipiell gern mit überschlagenen Beinen. Ich sitze auch gern breitbeinig da, aber wenn jemand kommt, mach ich Platz, außer es kommt so ein Checkertyp, der sich breitmacht, dann nehm ich mir Platz.»

Mann 3 liefert weitere Gründe zum Breitsitzen: «Es kann schon unangenehm aneinanderkleben untenrum. Dann klebt der Hodensack an den Innenseiten der Schenkel. Es kann sehr erleichternd sein, wenn man das einmal lösen kann. Im öffentlichen Raum geht das am besten mit Spreading. Wenn der Griff an den Sack salonfähig wäre, also da unten mal kurz alles richten, dann müsste man seltener breitbeinig sitzen. Was man ja mal überlegen könnte! Ich glaube nur nicht, dass man mit einem Verbot ein Bewusstsein für das Problem schafft. Frauen machen sich außerdem auch manchmal breit.»

Womit wir wieder beim typischen Diskursverlauf wären. Mann 3 verweist darauf: Eine Institution stellt eine neue Regel auf, es regt sich Widerstand. Ein Widerstand, der häufig – nicht bei Mann 3, aber oft – ziemlich schnell das Klischee der Feministin als lustfeindliche wandelnde *Vagina dentata* aufruft: Alles wollen sie uns verbieten/wegnehmen/abschneiden!

Aber tatsächlich gibt es auch einen Begriff für Frauen, die mehrere Sitze in Bussen oder Bahnen einnehmen, nämlich indem sie ihre Taschen um sich herumstellen: «Bagging» oder «She-bagging» – nur kennt kaum jemand den Begriff. Zum Manspreading hingegen addieren sich an unsozialem Verhalten noch «Mansplaining» (ein Mann mit wenig Wissen zu einem Thema erklärt es einer Frau, die eigentlich mehr darüber weiß) und «Manterrupting» (ein Mann unterbricht eine Frau auf unhöfliche Art).

Wenn Sie mich fragen: Ich hätte Begriffe wie Mansplaining und Manspreading nie erfunden. Der verallgemeinernde Ballast, den Begriffe mit «Man-» für manche Leute mit sich tragen, wiegt so schwer, dass man unglaublich viel Erklärarbeit leisten muss, um zu verdeutlichen, dass hier nicht Verhaltensweisen kritisiert werden, *weil* Männer sie an den Tag legen, sondern dass etwas kritisiert wird, was geschlechtsunabhängig schlechtes Verhalten ist – weil andere weniger Platz bekommen –, aber gemäß der Erfahrung vieler Menschen eben *eher* von Männern getan wird, zumindest in unserer aktuellen Gesellschaft, wobei damit nicht gesagt werden soll, dass es eben in der universellen Natur von Männern läge, so zu handeln. Und wie bei vielen anderen Diskussionen um feministische Themen kommt man am Ende zu dem Schluss, dass die magische Lösung ist, respektvoll miteinander umzugehen. Aber wir nehmen nie den schnellsten Weg. Wir nehmen den Bus, der an jedem Mülleimer hält.

WEG MIT DEN PIMMELWITZEN!

JANUAR 2018

Der Penis taucht in der Kulturgeschichte an den seltsamsten Stellen auf, auch da, wo man ihn nicht erwartet. Georg Wilhelm Friedrich Hegel gilt als einer der größten deutschen Philosophen. Als er an seinem Hauptwerk, der *Phänomenologie des Geistes* (1807), schrieb, suchte er ein Beispiel für einen Körperteil, der zugleich Hohes und Niedriges kann, Geniales und Banales, als Vergleich zum menschlichen Geist. Wenn man mich fragen würde, würde ich sagen: die Hand. Sie kann Gedichte schreiben oder jemanden ohrfeigen. Oder der Mund: Er kann Revolutionen verkünden oder spucken. Hegel kam auf den Penis. Der Penis sei das Organ der «höchsten Vollendung» des Lebendigen in der Natur, «Organ der Zeugung» und «Organ des Pissens».[23]
Heute vor 110 Jahren wurde Simone de Beauvoir geboren. Sie war überzeugt, dass es keine natürlichen Gründe dafür gibt, wenn Frauen und Männer nicht die gleichen Rechte und Freiheiten haben. Dennoch gebe es Männer, die in ihrem Geschlechtsorgan ihre «Transzendenz und (...) hochmütige Unübertrefflichkeit» verkörpert sähen.[24]
Man würde meinen, das ist etwas überzogen, aber dann erscheint im Jahr 2017 ein Buch zur Kulturgeschichte des Penis – *Der Penis-Komplex* –, und der Autor Gerhard Staguhn schreibt über seinen kleinen Protagonisten: «Bei den zu den Plattwürmern gehörenden Strudelwürmern hat sich der Penis aus ursprünglichen Abwehrwaffen des Tiers entwickelt. Im Grunde hat ja jeder Penis, voran der besonders groß geratene des Menschen, etwas von einer Waffe, freilich mehr von einer Angriffs- als von einer Abwehrwaffe.» Es sind eigenartige Macht-

phantasien, die diesem knochenlosen Gebamsel immer noch zukommen. Fellatio habe, so Staguhn weiter, auch die «sadistische Komponente, (...) mit dem Penis unbewusst die Frau ersticken zu wollen»[25]. Happy 2018!

Es geht nicht anders. Wir müssen über Penisse reden und alles, was damit zusammenhängt. Man könnte natürlich fragen: Ernsthaft? Warum sollte man in einer Zeit, in der alle Welt sich mit guten Gründen darüber Sorgen macht, ob der US-Präsident nicht doch ein unzurechnungsfähiger Psychopath ist, der jederzeit einen Atomkrieg beginnen könnte, Gedanken über Genitalien machen, und haben wir nicht gerade schon ganz andere Probleme, eben gerade weil Männer wie Louis C. K. ihren Dödel nicht einfach für sich behalten können?

Ja. Aber auch: Gerade wegen Trump und gerade wegen #MeToo ist das Reden über männliche Sexualität und alles, was damit zu tun hat, noch überfälliger, als es seit Jahren schon ist.

Die Gemächte der Mächtigen sind eh ein Thema, ob man das nun gut findet oder nicht. Als Kim Jong Un in seiner Neujahrsansprache erklärte, er habe einen Atomwaffenknopf auf dem Schreibtisch, und Donald Trump darauf antwortete, sein Atomknopf sei aber größer und mächtiger und funktioniere sogar, da schrieben sich die Witze vom Schwanzvergleich im Grunde selbst: Ha, ha, die beiden Trottel, jeder will den Größeren haben.

Da tritt dann auch die Tatsache in den Hintergrund, dass Trump zahlreiche Fälle sexueller Belästigung vorgeworfen werden, Kim Jong Un regelmäßig Menschen hinrichten lässt, und beide leicht kränkbaren Kreaturen mit einem Atomangriff sehr viele Menschen töten könnten, aber hey, eine Pimmelpointe lässt man sich nicht nehmen, so will es das Gesetz. Selbst da, wo das Geschlechtliche nicht direkt ausgesprochen wird, baumelt es im Subtext mit, wie in dem Cartoon, den der *New Yorker* veröffentlichte: Eine Arbeiterin und ein Arbeiter stehen neben einer Atomrakete. Sie sagt zu ihm: «Worst-Case-Szenario: Er kompensiert die Größe seines Gehirns.»[26]

Trumps Penisgröße ist schon im US-Wahlkampf ein Thema gewesen, das er selbst kommentierte, und Senator Marco Rubio entschuldigte sich bei Trump für eine abfällige Bemerkung zu ebendiesem Sujet. Als eine anarchistische Gruppe eine Statue des nackten Donald Trump aufstellte, um ihn symbolisch bloßzustellen, hatte die Figur einen winzigen Piller und keine Hoden. Als wäre das etwas Schlimmes – und als wäre im Gegenzug ein großer Penis etwas, worauf man stolz sein könnte.

Natürlich kommt es bisweilen auf die Größe eines Penis an, aber faktisch nur in sehr seltenen Fällen. Die allermeisten Penisse sind für die gewünschten Funktionen groß genug. Es gibt Penisse, die sind so groß, dass sie zu groß für jegliche Körperöffnung sind, aber das ist äußerst selten, und es gibt Penisse, die sind zu klein für Penetration, aber auch das ist extrem selten, und Penetration mit einem Penis war noch nie die einzige Art, auf die Menschen Sex haben können, viele Wege führen nach Rom.

Es gibt wohl zu jedem halbwegs mächtigen männlichen politischen Akteur Witze darüber, dass sein Penis sehr klein ist. Manchmal ist es auch ein Hodenproblem wie bei Hitler. Wenn man «Mikropenis» in die Google-Bildersuche eingibt, erhält man unter anderem auch Bilder von Hitler und Trump. Sibylle Berg schrieb in einer Kolumne auf *Spiegel Online* im Dezember 2015: «Nein, ihr Pappnasen vom IS – der ab heute ‹Die mit dem kleinen Pimmel› heißt – töten ist nicht gut.» Und in Jan Böhmermanns Gedicht hieß es: «Erdoğan ist voll und ganz ein Präsident mit kleinem Schwanz.»

Doch großkotzigen Männern kleine Penisse anzuhängen ist nur eine Sonderform des altbewährten Beruhigungsmittels, sich einschüchternde Menschen als tief im Inneren eingeschüchtert, verletzende Menschen als verletzt zu denken. Wir wollen glauben, dass faschistische Gewalt wie die Springerstiefel im Ärzte-Lied nur ein «stummer Schrei nach Liebe» ist, und nennen Schwulen- oder Lesbenhass «Homophobie», weil uns Angst weniger Angst macht als Hass. Aber so verniedlicht man Herrschaft.

Doch nicht nur herrschende Männer oder Gruppen haben mit Mutmaßungen über ihre Penisgröße zu tun. Jeder Mensch, der das Internet benutzt, kriegt irgendwann eine Penisvergrößerung vorgeschlagen. Als Joanne K. Rowling einem Twitter-Hater eine solche Maßnahme empfahl, waren ihre Fans begeistert. Als *Spiegel Online* über die angeblich weltweit erste Penistransplantation berichtete, lautete einer der meistgelikten Kommentare auf Facebook: «Porschefahrer können sich freuen.» Als irgendwas mit dem 1. FC Köln war, schrieb Carolin Kebekus auf Twitter: «Wie peinlich! Das ist nicht mein #effzeh! Alles sehr kleine Pimmel. So was macht den Fußball kaputt.»

Und dann gibt es noch dieses berühmte Witzebild mit dem Schild an einem öffentlichen Klo, wo neben dem Trinkgeldteller steht: «Benutzung der Herrentoilette: Kleiner Penis 10 Cent, großer Penis 2 Euro», und auf dem Teller liegen lauter Zwei-Euro-Münzen.

Das ist nicht gut. Männer haben es nicht geschafft, Witze über ihre Penisgröße zum Tabu zu erklären. Während jeder, der heute einen Blondinenwitz macht, als komplett vorgestriger Idiot dasteht, sind Peniswitze nahezu durchgängig anerkannt. Wer sich über dicke, alte, hässliche, kranke Leute lustig macht, kriegt eins auf den Deckel. Große Ohren, hängende Brüste, schiefe Zähne: Unter halbwegs vernünftigen Menschen ist klar, dass man darüber nicht lacht. Aber wer Witze über kleine Penisse macht, kommt damit im Normalfall sehr gut durch.

Der Pimmelwitz ist das Zeichen schlechthin dafür, dass Männer sich in den vergangenen Jahrzehnten nicht hinreichend um eine freie Sexualität gekümmert haben. Während Frauen ihre Lebensumstände revolutioniert haben, kann man sich über Männer und ihr intimstes Organ in aller Öffentlichkeit lustig machen, und sie sagen in den allermeisten Fällen: exakt nichts.

Dabei ist der Peniswitz natürlich nur ein Symptom des viel größeren Problems, dass Männer in unserer Kultur oft hinter einer geradezu körperlosen Neutralität verschwinden, die es ihnen einerseits ermöglicht, als seriöse Verlautbarer noch so verrückter Ansichten zu erscheinen, sobald sie einen guten Anzug tragen, und die andererseits aber ebenso ungerechtfertigt dazu führt, dass sie nicht als komplexe Wesen mit Gefühlen wahrgenommen werden – auch wenn ihre Sexualität genauso vielschichtig ist wie die von Frauen.

Als *Süddeutsche.de* von den Golden Globes berichtete, schrieb man dort, dass die Stars alle in Schwarz gekleidet waren, aus Solidarität mit den #MeToo-Betroffenen. In der Bilderklickstrecke zum Thema gab es dann ausschließlich Fotos von Frauen auf dem roten Teppich – als gäbe es nur bei denen was zu gucken und als müsse man Männer eben nicht zeigen. Gerade in Anbetracht von #MeToo ist das verrückt.

Männerkörper bleiben oft unsichtbar – und das mag zunächst als Widerspruch zur Allgegenwart von Peniswitzen erscheinen, ist aber ein logischer Zusammenhang: Sie scheinen nicht der Rede wert, außer da, wo man ihnen Schwäche andichten möchte. Letztlich gehen allerdings die wenigsten Männer damit in die Geschichte ein, dass sie ein besonders großes Gemächt gehabt hätten. Im Gegenteil: Wer heute als Mann wirksam die Abschaffung von Kleine-Pimmel-Witzen fordern würde, würde zwar definitiv in Verdacht geraten, untenrum schlecht ausgestattet zu sein – er wäre aber historisch ein Pionier.

Die Reaktionen auf diese Kolumne zeigten ein Missverständnis, das sich aus der Überschrift ergab, die die Abschaffung sämtlicher penisbezogener Witze zu fordern scheint. Das meinte ich nicht. Ich meinte hauptsächlich Kleine-Pimmel-Witze und ähnliche (bezogen auf Schwäche, Impotenz etc.). Aber auch abgesehen davon schienen viele Kommentator*innen so gar nicht erfreut, dass ich mich dem Thema zuwende. Ich weiß nicht, ob es dieselben waren, die sich immer beschwerten, ich würde mich monothematisch ständig daran abarbeiten, wie schwer Frauen es heutzutage hätten, aber einige SPON-Forumsmitglieder waren nicht froh über den Text. Einige Kommentare: «Also liebe Frau Stokowski, danke der Nachfrage, aber wir kommen klar. Lasst uns bitte die Peniswitze.» – «Wenn Sie Frauen helfen wollen, indem Sie sie in Watte packen, schade, aber ok. (...) Aber bitte fangen Sie bei Männern gar nicht erst damit an.» – «Schon absurd, dass ausgerechnet Frau Stokowski hier zur Vorreiterin für ‹Männerrechte› wird.» Mitunter schien man sich einig, dass Männer generell einfach lässiger und lustiger wären als Frauen. «Eine Sache, die Frauen wirklich vorgeworfen werden kann, ist, dass sie einfach keinen Humor haben. Pimmelwitze können ruhig bleiben, weil man als Mann darübersteht.»

Und «jacki» schrieb: «Es gibt Menschen, die wachen morgens auf und denken über Quantenmechanik nach und machen sich an ihre Arbeit und am anderen Ende der Skala gibt es Frau Stokowski, die mit ‹Penis!› morgens aufwacht. Was für eine schöne Gesellschaft, wo beide Auskommen und Arbeit haben.» – Meine volle Zustimmung!

BITTE DIE HODEN BEHALTEN
FEBRUAR 2018

Man soll Arbeit, die Frauen erledigt haben, nicht Männern zuschreiben. Aber manchmal ist es dann doch erwähnenswert, wenn irgendwo ein Mann einen schon mal gedachten Gedanken für sich neu ergrübelt. Trumps Ex-Berater Steve Bannon hat festgestellt, dass es mit dem Patriarchat zu Ende geht.

Die «Anti-Patriarchats-Bewegung» werde 10 000 Jahre Geschichtsschreibung zunichtemachen, soll er dem Journalisten Josh Green gesagt haben, während er sich die Verleihung der Golden Globes im Fernsehen ansah. Beim Anblick der schwarzen Abendkleider, die viele Stars bei der Verleihung zum Zeichen ihrer #MeToo-Solidarität trugen, sei Bannon der Gedanke gekommen: «Das ist mächtiger als Populismus. Es ist tiefer. Es ist grundlegend. Es ist elementar.»

Schön! Ehre, wem Ehre gebührt. Bannon mag ein elender Rassist sein, aber in dem einen Punkt hatte er wohl einen klarsichtigen Moment. Während andere immer noch lachen, dass #MeToo bloß ein Hashtag sei, spricht Bannon davon, dass hier eine Bewegung entstanden ist, die für Trump gefährlich werden könnte, und nicht nur für den. «Wenn man eine Guillotine in den Raum stellen würde, würden sie allen die Eier abschneiden», soll Bannon sinniert haben.

Süß, die Aufregung. Es ist alles noch neu für ihn. Aber vor allem ist es nicht so völlig selbstverständlich, dass ein Rechtsradikaler vom «Patriarchat» redet, das bekämpft wird. Leute, die – wie Bannon – nicht gerade feministisch sind, stehen dem Begriff üblicherweise eher skeptisch gegenüber.

Wenn die Rede davon ist, dass wir in einem Patriarchat leben,

sehen einige darin einen Beweis dafür, dass Feminismus nämlich doch eine verdammte Ideologie ist. Wie kann man – so ein
häufiger Einwand – in Deutschland davon reden, dass das Patriarchat immer noch da ist, wenn wir seit fast 13 Jahren eine
Kanzlerin haben? Heißt Patriarchat nicht, dass die wichtigen
Schaltstellen von Männern besetzt sind? Kann man den Begriff
noch ernst meinen, in diesen Tagen, in denen nun wohl auch die
zweite der beiden größten Parteien Deutschlands mit Andrea
Nahles eine Frau zur Chefin wählen wird?

Man kann. Erstens allein schon in Anbetracht der Zeitpunkte,
zu denen beide ihre Chance ergreifen konnten – als ihre Parteien von Männern vor die Wand gefahren worden waren. Und
zweitens fällt etwas auf an der Art, wie über die Macht dieser
Frauen gesprochen wird. Denn hinter jeder erfolgreichen Frau
steht mindestens ein Mann, der es nicht aushält, dass diese Frau
eine Frau ist.

Angela Merkel wurde, seit sie Kanzlerin ist, schon unzählige
Male «das Merkel» genannt oder, noch häufiger, «Mutti», als
wäre das die einzige Rolle, in der Frauen etwas zu sagen haben
könnten. Und über Andrea Nahles schrieb der *FAZ*-Redakteur
Jasper von Altenbockum: «Der einzige Mann in der SPD-Füh-
rung scheint Andrea Nahles zu sein.» (Zwei Tage später folgte
die Erklärung, warum er das für eine seriöse Analyse hielt.[27])

Dabei reicht es im Patriarchat natürlich nicht, irgendeine Art
von Mann zu sein, um ganz nach oben zu kommen, und deswegen ist auch die Abschaffung des Patriarchats nicht für alle Männer gleich anstrengend. Sie ist tatsächlich für die allermeisten
gar nicht gefährlich, denn «Patriarchat» bezeichnet keine Män-
nerherrschaft, sondern kommt von «pater», was für den Vater
steht (oder auch Stammvater oder Sippenoberhaupt), in dessen
Machtbereich die Traditionen und Linien der Machtweitergabe
männlich geprägt sind.

Das hieß früher, dass Eigentum und Rechte des Paters an den
Sohn weitergehen, und heute, dass männliche Chefs zu häu-

fig lieber andere Männer einstellen als Frauen, wenn sie nicht durch eine Quote an deren Existenz erinnert werden.

Steve Bannon weiß es noch nicht, aber die meisten Männer profitieren von der Abschaffung des Patriarchats. Es wird dann schwieriger sein, sich im Hotel-Bademantel auf eine Frau draufzuschmeißen, die das nicht will.

Aber, who cares? Die allermeisten Männer hatten das eh nicht vor, soweit ich das sagen kann. Männer werden, wenn dieser Drops gelutscht ist, genauso lange leben wie Frauen. Sie werden weniger Stress haben, seltener Gewalt erfahren, werden öfter ihre Kinder sehen und wissen, wann deren Freund*innen Geburtstag haben.

Und vielleicht ist die Aufregung des Steve Bannon, so dunkel es ansonsten in ihm aussehen mag, auch einfach ein Funke freudiger Vorahnung davon, was alles möglich wäre in einer solchen Welt.

DER REICHSBÜRGER DER #METOO-BEWEGUNG

APRIL 2018

Dieser Text ist eine Antwort auf eine Titelgeschichte in der *Zeit* vom April 2018. Auf dem Cover war ein nackter, gekrümmt sitzender Mann abgebildet, daneben die Worte: «Schäm dich, Mann! Männer darf man neuerdings nach Herzenslust niedermachen. Alles, was sie tun, ist falsch – als seien sie von Geburt an schuldig. Ein Wutausbruch von Jens Jessen». Auf diesen Wutausbruch konnte ich nicht nicht antworten.

So wie viele Menschen sich heute noch erinnern können, wo sie waren, als am 11. September 2001 das World Trade Center zusammenstürzte, so werden sich in den folgenden Jahrzehnten ganze Generationen darüber unterhalten können, wo sie gerade steckten, als Jens Jessen in der *Zeit* vom «Triumph eines totalitären Feminismus» schrieb. Vielleicht.

Folgendes ist also passiert: Ein halbes Jahr nach dem Beginn der Weinstein- und #MeToo-Diskussion ist es so weit gekommen, dass alle Männer elendig geknechtete Wesen sind. Das ist der *Zeit*-Titelgeschichte «Der bedrohte Mann» von Jens Jessen zu entnehmen, der festgestellt hat, dass es für ihn als Mann nur ein einziges Schicksal gibt: Er ist schuldig und macht alles komplett falsch.

> «Das System der feministischen Rhetorik folgt dem Schema des bolschewistischen Schauprozesses, nur dass die Klassenzugehörigkeit durch die Geschlechtszugehörigkeit ersetzt ist. So oder so steht die Schuldigkeit schon durch Herkunft fest.»

Und wo sich jeder Maßstab für angemessene Metaphern eh schon aufgelöst hat, ergänzt er noch:

> «Der Feminismus hat damit eine Grenze überschritten, die den Bezirk der Menschlichkeit von der offenen Barbarei trennte. Nur sehr Tapfere erkennen darin eine heilsame Lektion, die es allen Männern erlaubt, die Diskriminierungserfahrung der Muslime zu machen: Was einige getan haben, wird allen zur Last gelegt. Jeder Muslim ein potenzieller Terrorist, jeder Mann ein potenzieller Vergewaltiger. Aber worauf wollen die Aktivistinnen der #MeToo-Bewegung mit ihrem neuen feministischen Volkssturm hinaus, diesem Zusammentreiben und Einsperren aller Männer ins Lager der moralisch Minderwertigen?»

Doch trotz offensichtlichen Lagerkollers ist es dem tapferen Feuilletonisten gelungen, seinen Text direkt aus dem Gulag herauszufunken und in der größten deutschen Wochenzeitung zu veröffentlichen. Allein dafür: Respekt.

Man könnte sich nun leicht über Jessens halt- und ehrloses Geflenne lustig machen, und das ist mit Recht bereits vielfach geschehen. Man könnte darüber lachen, dass Jessen von Sprachlosigkeit schreibt und es dann aber doch schafft, diverse Seiten in der *Zeit* vollzuschimpfen. Man könnte auch fragen, warum die *Zeit* wegen eines Streits um journalistische Standards und die Recherchen zu Dieter Wedel ihren Kolumnisten Thomas Fischer rauswirft, dann aber kurz darauf ihren Redakteur Jessen einen völlig irren Thesengulasch an prominentester Stelle platzieren lässt, für den ihm in dem Regime, das er halluziniert, wohl die standrechtliche Erschießung drohen würde.

Und man könnte fragen, warum Jessen einerseits davon redet, dass Feministinnen «die Conditio humana gekündigt» hätten, Männer heute «keinen Anspruch auf Gerechtigkeit» hätten und dass er als Mann «von der Debatte ausgeschlossen» sei, weil es ein «rhetorisches Hexenlabyrinth» gebe, wo «jedes männliche Entgegenkommen in einer Sackgasse endet» – und er andererseits noch am Tag der Veröffentlichung im Radiointerview bumsfidel davon zu berichten weiß, dass das alles ja «letztlich vielleicht auch wurscht» sei.[28]

Das ist alles beachtlich. Doch tatsächlich muss man Jens Jessen und der *Zeit* dankbar sein. Jessen hat in einem äußerst reichweitenstarken Medium den intellektuellen Nullpunkt der #MeToo-Debatte freigegraben, in der nun niemand mehr Angst haben muss, die oder der Peinlichste zu sein.

Jessen hat mit dieser Arbeit schon vor Jahren begonnen, als er über feministische Sprachkritik schrieb und dabei – noch etwas tapsig – den Versuch, Wörter wie «ProfessorInnen» einzuführen, um etwas mehr Gerechtigkeit zu schaffen, mit der Bezeichnung «Endlösung» verglich.[29] Mutig für jemanden, auf dessen Wikipedia-Seite vom Urteil Dritter berichtet wird, Jessen habe einen «gnadenlosen Blick für das Absurde der Zeitgenossenschaft und die nötige Bildung, um es einzuordnen».

Doch mit seinem «Wutausbruch» in der *Zeit* hat Jessen der Emanzipation einen Gefallen getan. Er hat alles rausgelassen. Ungefiltert. Er hat ohne Rücksicht auf Verluste erklärt, dass er verwirrt und ängstlich ist und voller Selbstmitleid. Dass er feministischen Diskursen nicht mehr folgen kann. Dass er das alles nicht mehr erträgt. Dass ihm alles zu viel wird mit den «Frauen, die sich in Zeitungen, Talkshows und sozialen Medien unentwegt äußern» – ja, wie halt einige Männer seit 3000 Jahren.

Jens Jessen hat uns sein Herz ausgeschüttet und sein Hirn gleich mit, und das ist gut. Feminismus braucht Männer, die über ihre Gefühle, ihre Ängste, ihre Überforderung und ihr Unwohlsein mit Geschlechterzuschreibungen sprechen, auch und gerade wenn das wahnsinnig emotional und chaotisch wird. Und Männer brauchen Feministinnen, die dann nicht drüber lachen, aber das ist ausgerechnet bei Jessen schwierig. Denn man sollte als Feministin Menschen ihre Schwächen nicht vorwerfen, außer die Schwäche ist, eigene Privilegien nicht als solche zu sehen. Spätestens jetzt ist der Beweis geführt, dass es unfair ist, wenn man nur Feministinnen den Vorwurf macht, hysterische Heulsusen zu sein. Wir sind alle eins, wir müssen nur noch zueinanderfinden.

Denn so wie «Reichsbürger» in einem Phantasiestaat leben, in dem die Gesetze der Bundesrepublik nicht gelten, sieht sich Jessen offenbar einem System ausgesetzt, in dem der «allgemeine Geschlechterkampf» tobt, der von den Frauen «prompt mit der Einschüchterung des Gegners» begonnen wurde. Da muss man ganz unten ansetzen.

Wir erinnern uns: Begonnen hat die Debatte nach Vorwürfen der Belästigung, Nötigung und Vergewaltigung gegen Harvey Weinstein und dem daran anschließenden Hashtag, in dem Tausende Frauen und Männer (!) von ähnlichen Erfahrungen berichteten. Jessen ignoriert nicht nur, dass es männliche Opfer sexualisierter Gewalt gibt, die diese Diskussion mitgeprägt haben, sondern auch, dass es Frauen gab, die sich von Beginn an distanzierten. Stattdessen erklärt er, «die Männer» würden aus #MeToo vor allem eines lernen: «Wir können jederzeit denunziert werden, auch ohne den kleinsten Vorfall.» Spätestens an dieser Stelle müsste man aus bloßem Respekt weghören, aber das können wir uns in dieser angespannten Lage nicht leisten. Denn wer Kritik an den Taten einzelner Männer als Kritik an Männlichkeit selbst versteht, bei dem wird man erklärtechnisch tief buddeln müssen.

Aber das ist okay. Feminist*innen sind angetreten, um die Welt grundsätzlich zu verändern, und da gehört einige Arbeit dazu. Eines der Ziele ist, Männer davor zu bewahren, dass sie versuchen, im Alleingang die Welt zu retten bei Themen, von denen sie wenig Ahnung haben.

Ich jedenfalls saß im Taxi, als ich vom neuen bolschewistisch-feministischen Regime erfuhr, und las Jessens tränenreichen Text auf dem Weg zu einem Konzert von Nino aus Wien, bei dem es dann ein Lied gab, das dem armen Mann vielleicht Trost gespendet hätte: «Tränen machen wach».

KAPITEL FÜNF

BAUCH, BEINE, PO

SOFORT AUFS MAUL
NOVEMBER 2012

Am liebsten würde ich jede Kolumne mit dem Wort «Ich» anfangen, mit einem schönen, fetten Ich, damit alle gleich wissen, um wen es geht. Ich darf aber nicht. Nicht weil die Redaktion meine Egomanie ausbremsen möchte oder weil in einer seriösen Zeitung einfach nicht so oft «Ich» stehen sollte, sondern weil es scheiße aussieht. Angeblich. Es sieht scheiße aus, wenn der Text mit einem großen I anfängt, hat der Ressortleiter gesagt, deswegen darf ich nicht mit «Ich» anfangen.[*] (Schlechtes Argument übrigens. Breivik sah auch scheiße aus und es gab ständig Fotos von ihm in der Zeitung.)

Ist aber vielleicht auch ganz gut, wenn ich persönlich nicht so im Mittelpunkt stehe. Neulich erzählte ich meiner Freundin L., wie mein Nachbar reagierte, nachdem er ein paar Kolumnen von mir gelesen hatte. «Toll», sagte er, «ich finde das spannend, wenn so eine junge Frau Feministin ist. Man kennt ja sonst nur Alice Schwarzer.»

«Äh, na ja», sagte ich, «je nachdem, wie viel man sich damit beschäftigt, kennt man manchmal auch noch mehr.» – «Und?», fragte er mich. «Shaved, trimmed, or natural?» Ich verstand ihn erst gar nicht: «Bitte?» – «Bist du rasiert?» – «Was soll die Scheißfrage?», sagte ich. «Aber, okay, weil du es bist: Jetzt im

---

[*] Die Kolumne stand in der gedruckten *taz* und begann mit einem Initial, d. h. der erste Buchstabe vom ersten Absatz war vergrößert, und da sollte aus ästhetischen Gründen kein I stehen. Ob ich damals allerdings wirklich Lust hatte, immer mit «ich» anzufangen, weiß ich nicht mehr. Ich vermute eher, ich hatte das einmal gemacht und dann die Rückmeldung erhalten, dass das so nicht gut aussieht.

Winter mach ich nur den Bauch und die Brüste. Den Rücken lasse ich so, wegen der Wärme.» Und dann lächelte ich so süß ich konnte und schlug ihm die Tür vor der Nase zu.

Er entschuldigte sich ein paar Tage später für seine Frage bei mir. «Sorry. Ich sehe ein, dass das unhöflich war, irgendwie», sagte er. «Verbal übergriffig nennt man das», sagte ich, «und pervers noch dazu.» – «Ist aber auch kompliziert, da nicht ins Fettnäpfchen zu treten, weißt du? Ich meine, Feminismus ist für Männer schon anstrengend.» – «Glaub mir», antwortete ich, «für Frauen auch.»

Jedenfalls erzählte ich also diese Geschichte meiner Freundin L. Sie war entsetzt. «Was? Viel zu soft reagiert. Wer so was fragt, der kriegt sofort aufs Maul!», rief sie. «Und wenn er fragt, warum, dann gleich noch mal!»

«Meine liebe L.», sagte ich, «du glaubst nicht wirklich, dass ich jahrelang Philosophie, Soziologie und Politik studiert habe und dazu einen Haufen Sprach- und Rhetorik- und was weiß ich für Kurse besucht hab, um Leuten, die etwas Blödes sagen, dann einfach auf die Fresse zu geben?» – «Nö», sagte L., «aber ich habe Literaturwissenschaft studiert, um dir sagen zu können, dass die besten Geschichten so enden.»

«Wie, so?», fragte ich. «Mit Gewalt?» – «Nein», sagte L., «Quatsch. Mit etwas Unerwartetem.» – «Ich kannte mal eine», sagte ich zu L., «die hat Kickboxen gemacht, und wenn ihr einer blöd kam, dann hat die dem schon mal eine runtergehauen, zack.» – «Nee», sagte L., «das ist ja wieder langweilig. Eine Kickboxerin, die zuschlägt – keine gute Pointe.»

Vielleicht hat L. recht. Vielleicht reagiere ich zu verbal. Beispiel Nazijägerin Beate Klarsfeld: Über die kenne ich nur wenige Anekdoten über Gespräche. Aber die Geschichte mit der Ohrfeige für Kurt Georg Kiesinger kennen alle. Schon cool. Aber auch nicht ungefährlich. Kiesinger ist 20 Jahre später gestorben. Das wünscht man dann doch keinem.

EMANZEN, DIE NACKT TANZEN
NOVEMBER 2014

Es gibt sie, die dummen Fragen. Die *Emma* fragt auf ihrer Titelseite der November-Ausgabe 2014: «Beyoncé: Emanze oder Schlampe?» Beyoncé Knowles hat bei den MTV Video Music Awards im August vor einer Leinwand gesungen, auf der groß «Feminist» stand. Hoppla, fragt die *Emma*, geht das klar? Und bringt – immerhin – zwei Texte, pro und contra: Ja, geht klar, schreibt Alexandra Eul (34), «etwas Besseres kann dem Feminismus nicht passieren». Und nee, geht nicht klar, schreibt Chantal Louis (45), weil Beyoncé halb nackt an Stangen tanzt und aussieht «wie per Photoshop gemeißelt».

Selten konnte man den Konflikt zwischen altem und neuem Feminismus so schön auf zwei Seiten komprimiert sehen. Wäre die *Emma* auf dem neuesten Stand feministischer Diskussionen, wüsste sie, dass es Schlaueres gibt, als wenn weiße Frauen Women of Color sagen, wie sie mit ihren Körpern umzugehen haben.

Gleichzeitig startete die *Emma* eine Aktion, bei der Leserinnen unter dem Hashtag #EMMAistfürmich sagen sollten, was die *Emma* für sie ist. «Frauensolidarität», sagt eine Abonnentin, und das ist im Kontext mit der Beyoncé-Frage natürlich ziemlich witzig. Und weil so ein Hashtag zweckentfremdet werden kann, schnappten sich Feministinnen, die mit der *Emma* nicht einverstanden sind, den Hashtag #EMMAistfürmich und schrieben, was sie von der *Emma* halten: «rassistisch», «überholt, reaktionär, verletzend», «nach unten tretend», «paternalistisch», «sexnegativ», «transfeindlich, prostituiertenfeindlich», «supernervig». Und so weiter.

Während ich das schreibe, trinke ich einen Tee, auf dessen Verpackung steht: «Leave the tea to brew for three to five minutes, or until you think it's ready.» Dieser Teebeutel ist politisch weiter als die *Emma*. Denn es muss ein Hauptanliegen des Feminismus sein, gegen Bevormundung zu kämpfen und Frauen – und alle anderen – selbst entscheiden zu lassen, was sie tun, wie sie aussehen und welche Kulturtechniken sie sich aneignen.

In einer Gesellschaft, in der Frauen immer noch stärker als Männer nach ihrem Äußeren bewertet werden, muss Feminismus bedeuten, keiner einzigen Frau mehr zu sagen: «Ach, guck an, wie du aussiehst, anscheinend bist du untervögelt/überfressen/unterdrückt/übertrieben blöd.» Freiheit kann verschiedene Formen annehmen. Freiheit kann für eine Frau heißen, nackt zu tanzen. Oder in Hosen zu gärtnern. Oder mit Kopftuch zu lesen.

Beyoncé als Schlampe zu bezeichnen ist sogenanntes «Slut Shaming»; das ist die Unart, Menschen, vor allem Frauen, dafür zu verurteilen, wie und wie oft sie ihre Sexualität ausleben oder wie und wem sie ihren Körper zeigen. Ausgerechnet Beyoncé – laut *Forbes*-Magazine einflussreichste Künstlerin 2014 –, die immer wieder Frauen und ihre Macht, ihr Begehren und ihre Kämpfe thematisiert.

Ich hätte gern meine 50. «Luft und Liebe»-Kolumne über etwas anderes geschrieben, als wie Feministinnen sich kloppen. Frauensolidarität wär schön. Aber von mir aus kann die *Emma* so weitermachen. Um es mit Beyoncé zu sagen: «Keep talking that mess, that's fine / But could you walk and talk, at the same time? [...] Don't you ever for a second get to thinking you're irreplaceable.»

MEIN KÖRPER IST 'NE DEMO

FEBRUAR 2014

Neulich war ich beim Kiosk, um mir die *Süddeutsche Zeitung* zu holen, weil da im Magazin ein Text von Lara Fritzsche drin war, über Essstörungen in der Schwangerschaft. Sehr guter Text.[30] Über Magersüchtige, die schwanger werden, und über Frauen, die einander gegenseitig loben, wenn sie möglichst unschwanger aussehen.

Am gleichen Kiosk lag die neue *Inside*, ein Frauenmagazin, Titelthema: «Baby oder Wampe? Stars, die eine ziemlich dicke Kugel schieben ...» Der Artikel dazu hieß «Und ICH dachte, du wärst schwanger ...» und zeigte Bilder von neun berühmten Frauen, bei denen der Bauch millimeterweit vorsteht, mit den Kommentaren «Satin-Schocker», «Bikini-Blamage», «Glitzer-Graus», «Prosecco-Plauze».

Es ist gar nicht so, dass ich es verrückt oder falsch finde, wenn ein Kiosk Zeitungen mit verschiedenen Botschaften verkauft. Und es ist auch gar nicht unbedingt so, dass die *Inside* das intellektuelle Bollwerk wäre, an dem ich regelmäßig meine Meinung schärfe.

Es ist eher so, dass ich gerne mal in der Redaktion der *Inside* eine gigantische Himbeersahnetorte essen würde. Nackt.

Doch, natürlich gehöre ich zur Zielgruppe der *Inside*. Die Zielgruppe heißt «neugierige junge Frauen 14 bis 30 Jahre» – was lustig genug ist, denn man sollte meinen, die Interessen einer 17- und einer 27-Jährigen würden sich zumindest in Nuancen unterscheiden.

Bei mir jedenfalls ist das so. Ich habe neulich meine alten Tagebücher gelesen. Von vor genau zehn Jahren. Gedanken einer fast 18-Jährigen, über Essen, oder eher Nichtessen, und über Gewicht. «40 kg sind die Obergrenze, aber so weit sollte es gar nicht erst kommen.» Meine Größe schrieb ich nicht dazu, aber vermutlich war ich gleich groß wie jetzt.

Seitdem habe ich ziemlich exakt 25 Kilo zugenommen. Und das nicht, weil mir in der Zeit ein neues Bein gewachsen wäre oder ich ein Kind gekriegt hätte. 25 Kilo, ich weiß das so genau, weil meine Frauenärztin mich neulich gewogen hat.

Meine Frauenärztin, nennen wir sie Frau Blödwurst, wollte wissen, wie viel ich wiege. Wusste ich nicht. Also hat Frau Blödwurst mich gemessen und auf die Waage gestellt, und dann sagte sie: «Tja, Frau Stokowski, damit haben Sie ja schon leichtes Übergewicht, und das muss ja mit 27 auch nicht sein, ne?» Nö, muss nicht. Sie ist inzwischen auch meine Ex-Frauenärztin.

Was ist es, das mit 27 «nicht sein muss»? Die fünf Kilo, die Frau Blödwurst mir riet, abzunehmen – Maßlosigkeit? Kontrollverlust? Fünf Kilo, wo soll ich sie wegnehmen? Soll ich meine Brüste abschneiden, meinen Kopf? Meine Wampe wohl kaum. Mein unschwangerer, schöner Bauch.

Mein Körper ist eine Demo. Ich will ihn so, wie er ist, denn er passt ganz besonders gut zu mir. Er ist so, wie ich lebe, das ist ziemlich okay. Nicht, weil ich mich selbst besonders großartig finde. Sondern weil ich mich nicht schäme. Mache ich einfach nicht.

Ich schäme mich nur, dass ich, halb nackt, wie ich vor Frau Blödwurst stand, nicht auf die Idee kam, ganz laut «I am the walrus» von den Beatles zu singen und dazu zu tanzen. Das ist das einzig wirklich Ärgerliche.

Es gab einen Sack voller Liebe für diesen Text und einen weiteren Sack Unangenehmes. Wunder der Natur – für jeden Text, in dem man schreibt, dass man gern keine unerbetenen Kommentare zum eigenen Körper hören möchte, kriegt man genau diese. Eine Leserin postete auf *taz.de* im Kommentarbereich einen Link zum YouTube-Video einer Lesung von mir, für diejenigen, die sich «ein Bild (Größe) der Autorin (...) machen wollen», mit genauer Sekundenangabe, wann ich vor dem Mikro stehe, damit man auch einschätzen kann, ob ich nicht doch einfach eine fette Unke bin. Jemand anderes schrieb: «Hallo Margarete, nachdem ich ein Bild von dir gesehen habe, ist mir klar, warum du so was schreibst. Selten so was ‹Hübsches› gesehen. Auch eine Art, gewisse Dinge im Leben zu verarbeiten. Wenn man schon keinen Sex hat, dann sollte man wenigstens davon schreiben :-)»

Das war ungefähr der Zeitpunkt, ab dem ich mich an diese Sorte Kommentare gewöhnte. Ich nehme sie zwar als Fehler im System noch zur Kenntnis, aber eher mit einer Art mäßig erwartungsvollem Forschungsinteresse als mit dem Wunsch, nun doch endlich mal von Karl Arsch aus Buxtehude anerkannt zu werden.

KAMPFPLATZ MIT BRÜSTEN

DEZEMBER 2014

Es folgt: ein kleiner Nachrichtenüberblick der vergangenen Tage. Julia Klöckner will Burkas verbieten. Vollverschleierung steht für «ein abwertendes Frauenbild», sagt sie. «Burka geht gar nicht», findet auch Jens Spahn, gesundheitspolitischer Sprecher der Unionsfraktion. «Dass Frauen sich nur komplett verhüllt im öffentlichen Raum bewegen dürfen, kann ich nicht akzeptieren.» Wohlgemerkt: «dürfen». Von «wollen» kann nicht die Rede sein, das würde die betroffenen Frauen ja als Subjekte outen, und dann wär's komplizierter.

Kompliziert ist es auch mit der «Pille danach». Was haben sie sich gesträubt bei der CDU, damit die Pille danach nicht rezeptfrei wird, und jetzt wird sie es doch, der EU sei Dank. Da ärgert sich Jens Spahn und twittert: «Wie wäre eigentlich ne ‹Pille anstatt› statt einer ‹Pille danach› ...? ;-)» Ja, wie wäre das? Und wie wäre «Denken statt Twittern» statt «Denken danach oder gar nicht»? ;-)

Weiter im Newsfeed. In Großbritannien gibt es neue Regeln für Pornos, die man per Video on Demand gucken kann. Diese dürfen einige Sexpraktiken nicht mehr zeigen, unter anderem weibliche Ejakulation. Männliche Ejakulation bleibt erlaubt.

Nächste Nachricht: Die ungarische Polizei will Vergewaltigungen verhindern und dreht dafür ein Video, in dem sich junge Frauen in kurzen Röcken betrinken. Die Botschaft am Ende: «Du kannst etwas dafür, du kannst etwas dagegen tun.»

Und sonst so? Madonna zieht sich für das Magazin *Interview* aus. «Madonna wieder nackt: Muss das sein?», fragt das *Rolling Stone*-Magazin. Nö, weißte was, muss nicht.

Man kann das alles auch etwas kürzer zusammenfassen: Liebe Frauen, denkt bloß nicht, dass euer Körper euch selbst gehört. Euer Körper ist ein Kampfplatz mit Brüsten. Doch, klar sollt ihr euch hübsch machen. Denn ja, natürlich werdet ihr nach eurem Äußeren bewertet. Ja, natürlich mehr als Männer. Falls ihr eine Burka tragen wollt: bloß nicht! Zeigt mehr Haut! Falls ihr gerade nackt seid: Zieht euch gefälligst was an, ihr Schlampen!

Es ist sehr unwahrscheinlich, dass ihr intuitiv das Richtige tut. Eine meiner Lieblingstitelseiten hatte die *InTouch* vom letzten März: «Mager-Schock» heißt es da über Heidi Klum und «Kilo-Frust: Sie wird immer dicker» über Britney Spears, die ein Eis leckt. Die einen so, die anderen so, Hauptsache, falsch.

In der Öffentlichkeit essen sollt ihr sowieso nicht, jedenfalls nicht in der U-Bahn, sonst posten fremde Menschen von euch Fotos in der Facebookgruppe «Women who eat on tubes», und 33 000 Leute lachen euch aus.

Diese Woche gab es wieder eine der berühmten «Victoria's Secret»-Shows in London: Die besten Models der Welt präsentieren mit Engelsflügeln neue BHs und Schlüpper, und jedes Jahr träumen Tausende Mädchen davon, das auch zu dürfen. Scheiße, Mädels, hört auf zu warten. Sägt euch mit der Kettensäge Flügel aus Spanplatten oder schneidert euch welche aus leeren Pommespackungen und macht die ganze beschissene Welt zu eurem Laufsteg, denn für die allermeisten von euch wird Heidi nie ein Foto haben, und das ist etwas, worüber ihr echt froh sein könnt.

Diese Kolumne war eigentlich ein Verlegenheitstext, aber einer, der hohe Wellen schlug. Weil ich kein Thema fand, schrieb ich eine Art Collage aus Nachrichten zum Thema «Frauenkörper und ihre Bewertung», weil da einfach immer was los ist. Der Text wurde auf *taz.de* knapp eine Million Mal gelesen, mehr als alle meine anderen *taz*-Kolumnen (ganz genau kann man es nicht sagen, weil das *taz.de*-Zähltool eine eigene Logik hat, wie vieles bei der *taz*). Einer der Leser war der ehemalige Katzenkrimiautor Akif Pirinçci, der in einem rechten Blog einen Kommentar zu meiner Kolumne schrieb. Der Kommentar war nicht sehr bemerkenswert, Pirinçci schrieb, ich hätte «immer so einen wahnsinnig cool sein sollenden, pseudolustigen Ton drauf» in meiner «feministischen Bevormundungsparanoia». Er teilte den Kommentar mit einem Foto von mir auf seiner Facebookseite, woraufhin einer seiner Facebookfreunde schrieb: «Es wird langsam Zeit für einen (blutigen) Staatsstreich.» – Pirinçci: «Jaja, Kommandant [Name]. Befehl, wir folgen dir.» – Ein anderer Facebookfreund: «Ich öl schon mal die Knarre und warte auf den Befehl des Führers :)» – Pirinçci: «Hab eben mit der Heeresleitung gesprochen. Die wollen erst nach Weihnachten putschen. Die Marktplätze müssen erst von den Weihnachtsmärkten frei geräumt sein. Wegen den Panzern; die kommen nicht durch.» Andere schrieben von «Menschenopfern» und dass «richtig Blut fließen» würde, «geile Sache». Facebook löschte die Kommentare erst nicht, dann aber doch, und sperrte Pirinçcis Account für vier Wochen. Er schrieb dann noch einen Blogeintrag, in dem es hieß, «diese links-grün-versiffte, männer- und deutschlandhassende Alte namens Margarete Stokowski (...) hat mich auf Facebook für einen Monat sperren lassen». Er rief dazu auf, die *taz* bei Facebook zu melden, damit sie gesperrt würde, sowie den Kommentarbereich auf *taz.de* vollzuspammen, aber nichts davon passierte. Auf Twitter beschwerte er sich bei mir, ich habe ihm den Tag versaut. Ich könne mir aber bei ihm, falls ich pleite sei, Geld verdienen. Ich weiß nicht, ob das Angebot noch gilt – auf seiner Webseite ruft er dazu auf, für ihn zu spenden: Er brauche Geld für diverse Gerichtsprozesse gegen ihn.

EIN LASTER VOLLER
MÄDCHENKOTZE

MAI 2015

Okay. Wenn «Germany's Next Topmodel» (GNTM) jetzt eh schon Thema ist, können wir hier auch noch mal drüber reden. Es gab also eine Bombendrohung im Finale der Sendung, die Halle wurde geräumt, die Show wird nachgeholt.* So weit, so gar nicht gut. Natürlich. Es wäre schrecklich gewesen, wenn es da eine Bombe gegeben hätte.

GNTM war aber auch vor der Bombendrohung schon Thema, weil eine neue Studie besagt, dass die Sendung einen starken Einfluss auf Essstörungen hat.[31] Der Psychiater Manfred Lütz hat GNTM daher «mörderisch» genannt, man nehme dort «eiskalt den Tod junger Mädchen in Kauf». ProSieben schickte eine Unterlassungserklärung, Lütz unterschrieb nicht.

Die neue Studie ist nicht die erste ihrer Art. Dass Castingsendungen das Körpergefühl und Schönheitsempfinden von Jugendlichen beeinflussen, ist belegt. Jetzt wird von der Kommission für Jugendmedienschutz doch noch mal geprüft, ob GNTM jugendgefährdend ist.

Ich hab das auch mal geprüft. Stelle gerne meine Ergebnisse der Öffentlichkeit zur Verfügung, bitte schön: Ja, verdammt, natürlich *macht* GNTM nicht nur krank, es *ist* auch krank.

Die Sendung ist eine perverse, niederträchtige, menschenverachtende Geldmaschine, die kapitalistische Krönung von Sexismus und Neoliberalismus in Form von Frauendressur mit

---

* Während der Liveübertragung der Sendung hatte eine Frau in der Mannheimer SAP-Arena angerufen und mit einem Bombenanschlag gedroht. Die Sendung wurde daraufhin abgebrochen.

Product Placement, und eine überraschungsarme Aneinanderreihung von Erniedrigungen, bei der junge Menschen dafür ausgezeichnet werden, dass sie geile Gene haben und sich den Regeln der Jury unterwerfen, weil man als Model halt auch einfach mal machen muss, was der Kunde will.

Der verfickte Kunde aber, der wartet auf die allermeisten Mädchen, die GNTM gucken, überhaupt nicht. Die Ausrede, die Show spiegele nur die harten Arbeitsbedingungen der Modewelt, kackt ab. GNTM ist keine Infobroschüre des Berufsinformationszentrums; es ist das meinungsbildende TV-Format einer ganzen Generation. Die Fernsehshow gibt es seit 2006. Bis 2015 haben sich über 135 000 Menschen beworben, um in der Sendung mitzumachen. 18-Jährige, die da heute mitmachen, gucken das mitunter, seit sie acht waren.

Da fällt auch der Witz weg, wenn man behauptet, die würden das alles freiwillig machen. Ja, natürlich. Denen wird das ins Hirn getrichtert, seit sie geradeaus gucken können. Klar denken die irgendwann, sie müssten sich ihre Daseinsberechtigung erhungern, erlächeln und erposen.

«Ich hab ein hübsches Gesicht gesehen», sagt Wolfgang Joop in der ersten Folge der aktuellen Staffel, «aber darunter waren fette Beinchen.» Dann Werbung: «Mit dem neuen [Produkt] kannst auch du bis zu zweimal mehr abnehmen!»

Natürlich ist GNTM nur der Auswuchs einer kranken Gesellschaft, aber das kann keine Rechtfertigung sein; «Auswuchs» bedeutet hier eine eitrige Beule, die man schnell entfernen sollte, nur halt nicht per Bombe.

Es ist auch nicht so, dass Heidi Klum das personifizierte Böse ist. Klum ist eine, die mit einem kranken System sehr viel Geld verdient. Sie wegen der quiekenden Stimme blöd zu finden ist diskursmäßig keine Glanzleistung. Auch das Format «Unterhaltung durch Grusel» ist nicht neu. Früher sind Leute zu Hinrichtungen gegangen, heute gucken sie Castingshows.

Man muss GNTM trotzdem als das beschissenste Event im deutschen Fernsehen bezeichnen, das aufgrund seines enormen Einflusses schon viel zu viel Schaden angerichtet hat. Diese Sendung braucht keine elfte Staffel, sie braucht einen Vierzigtonner voll mit Erbrochenem von bulimiekranken Mädchen, der beim nächsten Finale vorfährt. Und ablädt.

Und nein, das ist keine perversere Phantasie als das Bild von halbnackten jungen Frauen, die auf ihren 20-Zentimeter-High-Heels im Falle eines tatsächlichen Bombenangriffs eines ganz sicher nicht gekonnt hätten: wegrennen.

GEIL, BRÜSTE

APRIL 2016

Als ich ein Kind war, dachte ich, «sexistisch» sei das Fremdwort für «sexy» und beides wären Synonyme für «irgendwas mit Sex». Man kann darüber lachen. Aber für eine Stelle bei *Welt Online* hätte es gereicht.

Justizminister Heiko Maas will geschlechterdiskriminierende Werbung in Deutschland unterbinden. Plakate, auf denen Menschen als reine Sexobjekte dargestellt werden, sollen verboten werden. So weit die Nachricht. Viel mehr weiß man noch nicht. Der entsprechende Gesetzentwurf ist noch nicht mal veröffentlicht, da kämpfen überall schon wackere Ritter dafür, dass sie morgens auf dem Weg zur Arbeit auch weiterhin Brüste an Sommerreifen serviert kriegen.

FDP-Chef Christian Lindner findet, dass die «Pläne zum Verbot von Nacktheit und sexualisierter Werbung» ja wohl «an Spießigkeit kaum zu überbieten» seien. Verbot von Nacktheit? Ernsthaft? «Die Verhüllung von Frauen zur Bändigung von Männern zu fordern, das kannte man von radikalen islamischen Religionsführern, aber nicht vom deutschen Justizminister.»

Nun hat Heiko Maas ja gar nicht gefordert, dass irgendeine Frau sich verhüllen möge. Aber Lindner ist mit seiner Verwirrung nicht allein. Bei *Welt Online* sieht man Maas' Pläne schon als «weitere Geste der kulturellen Unterwerfung», so als hätten die nackten Ärsche aus der Astra-Bierwerbung bisher das Abendland zusammengehalten.

Dass Studien zeigen, dass Produkte gar nicht unbedingt besser verkauft werden, wenn sie in einem Kontext mit Sex präsentiert werden – geschenkt.[32] «Sex sells» klingt so gut, da glaubt man gerne dran, das will man behalten.

Man kann darüber streiten, inwiefern Verbote in solchen Fällen hilfreich sind oder nur letztes Mittel sein können – und ob es vielleicht schon Zeit für ein letztes Mittel ist. Aber im Moment dreht sich die Kritik an Maas' Plänen hauptsächlich ums Verbieten an sich, während noch gar nicht so klar ist, was genau eigentlich verboten werden soll. Aber weil es irgendwie um Sex geht, bietet es sich natürlich an, schon mal irgendwas rauszuhauen, weil: Geil, Brüste. Wer über Brüste redet, kriegt Aufmerksamkeit. Warum also nicht jetzt schon den einen oder anderen Kommentar vom Stapel lassen. Viel Sex, viel Klick. Zur Not dreht man es eben so, als wolle Heiko Maas uns sämtliche Erotik verbieten, irgendwie wegen Islam oder so. «Erst Böhmermanns Satire, jetzt unsere Sexualität», verkündet *Welt Online*. Erst darf man nicht mehr lachen, und dann darf man nicht mehr vögeln. Skandal!

Ein Blick auf die Nachrichten und Kommentare zu Maas' Plänen zeigt, wie viel da allerdings durcheinanderläuft: «Heiko Maas will Verbot sexistischer Werbung», so lautete die ursprüngliche Meldung bei *Spiegel Online*, bzw. im gedruckten *Spiegel* unter dem Titel «Werbung ohne Sex». Daraus wurde dann: «Heiko Maas will erotische Werbung verbieten» bei *Welt Online. Bild.de* titelte zunächst: «Maas will Sex-Werbung verbieten» und korrigierte dann zu: «Sexualisierte Werbung bald verboten?» Auch beim MDR spricht man von «Sex-Werbung», bei der deutschen *Huffington Post* von «Reiz-Reklame». Die *Augsburger Allgemeine* warnt: «Heiko Maas will ein Verbot nackter Haut zu Reklamezwecken» und titelt: «Zu viel Sex: Minister Heiko Maas will Werbung zensieren». Andere schreiben: «Maas (SPD) will zu viel nackte Haut zensieren», «SPD-Minister erwägt Verbot: Wie sexy darf Werbung sein?».

Was ist da los? Zu viel Sex? Erotik? Zu viel nackte Haut? Wen reizt Reiz-Reklame? Gibt es zu viel sexy Werbung oder zu viel

Sex-Werbung? Was soll Sex-Werbung sein? Werbung für Sex? Was ist Werbung «ohne Sex» im Vergleich zu Werbung «mit Sex»? Ist Werbung mit nackten Frauen gleich Werbung «mit Sex»?

In all diesen Gleichsetzungen und Vermischungen liegt das Problem: Nackte Frauenkörper – und um die geht es bei Werbung natürlich bedeutend öfter als um nackte Männerkörper – stehen in unserer Gesellschaft so sehr für Sex, dass wir sie kaum noch in einem nicht sexualisierten Kontext sehen können. Buchcover brauchen nur zwei glatte, schlanke Beine in High Heels zu zeigen, und man weiß: Ah, irgendwas mit Sex. (Oder mit Frauenquote.)

Wenn wir aber die nackten Körper oder Körperteile von Frauen – egal ob neben Bierkisten oder an Uhren leckend – nicht mehr trennen können von Sex oder Erotik, dann haben wir ein Problem. Und zwar ein tief sitzendes. Wenn wir denken, dass wir nicht frei sind, weil nicht überall Brüste hängen oder Frauen halbnackt über Mietwagen robben, dann ist das ein schlechtes Zeichen für unser Frauenbild.

Ich schreibe diesen Text am 30. Todestag von Simone de Beauvoir. 1949 erschien ihr Buch *Das andere Geschlecht*. Es endet mit der Feststellung, dass Menschen nur frei sind, wenn sie einander als Subjekte anerkennen können, unabhängig von ihrem Geschlecht. Das ist natürlich schwierig, wenn man daran gewöhnt ist, die Körperteile des einen Geschlechts überall als Deko rumhängen zu sehen. Wer Deko ist, ist Objekt. Denn Brüste sind so toll – aber sie sind zu toll, um bloßes Dekomaterial zu sein für irgendwelche Trottel, die zu blöd sind, sich kreative Werbung auszudenken.

SIE HAT GEPOPELT!
MAI 2016

Augen zu, einatmen, ausatmen, Augen wieder auf, die Texte sind immer noch da. Blick zum Datum auf dem Computerbildschirm, immer noch 21. Jahrhundert. Na gut.

Die Sängerin Adele hat also auf einem Konzert in Köln «Shut up» gesagt, zum Publikum. Also «Haltet die Klappe». Weil sie gerade ein zehnjähriges Mädchen auf die Bühne geholt hatte, das leider zugab, aus Düsseldorf zu kommen, wofür man ja in Köln selten Applaus kriegt. Also Publikum: Buuuh. Also Adele: «Shut up, she is ten years old, shut up», weiter im Text, Smalltalk, Selfie, bla. Ein komplett nichtiger Moment, aber landauf, landab gingen in diversen Redaktionen die Sirenen los, die so konstruiert sind, dass sie immer heulen, wenn irgendwo eine Frau vom heiligen Protokoll abweicht.

Focus Online ist die Story sogar zwei Meldungen wert, klar, einmal Regional- und einmal Kulturteil, da lassen sich die Edelfedern nicht lumpen. Im Regionalteil heißt es, Adele habe «kurzzeitig ihre Fassung» verloren. «Adeles Gesichtszüge änderten sich blitzschnell von einem Lächeln zu Zorn und sie riss den Mund weit auf: ‹Shut up!› brüllte sie in die Menge.» Und im Kulturteil fühlt man fein raus, dass «die Stimmung kippte» und es zu «Streit mit dem Publikum» kam. *Gala.de* verkündet: «Eklat bei Köln-Konzert», Adele sei «böse» geworden, bei *Welt Online* «blaffte sie das Publikum an», auf der Seite der *Berliner Zeitung* «bluffte» sie es an.

Es ist 2016 und es geht menschliche Arbeitskraft dafür drauf, aufzuschreiben, dass eine 28-Jährige, die ohnehin ständig am Fluchen ist, «shut up» gesagt hat.

Fast hatte ich sie vergessen, die kleinen Geier vom Institut für korrekte Frauenkörpernutzung, einem dezentralen Netzwerk, das eine unbekannte Zahl freiwilliger Mitarbeiter*innen hat, die ganz genau hingucken, ob alles ordentlich läuft, wo Frauen rumstehen, rumtun oder reden. Man könnte denken, mit so viel Vintage-Ethik wirkt man etwas aus der Zeit gefallen, aber nö, die Geier erfreuen sich großer Beliebtheit. Manchmal sind sie beeindruckend schnell. So musste sich in einer US-amerikanischen Wettersendung, die – ähm – «Wetterfee» bei laufender Kamera ein Jäckchen überziehen, weil sie im Glitzerkleid für zu nackig befunden worden war.

Kleider, überhaupt, gefährliches Terrain. Mal zu kurz, mal zu beweglich. Die Sportjournalistin Laura Wontorra muss sich mit der *Bild* darüber streiten, ob ein Foto verbreitet werden darf, auf dem man Wontorra unters Abendkleid gucken kann, als sie gerade aus dem Auto steigt. Ein Gericht stellte fest, dass die Moderatorin zwar eine Person des öffentlichen Lebens ist, sie aber dennoch eine Intimsphäre hat und daher ihr Intimbereich mit transparenter Unterhose kein Gemeingut ist. Wäre auch das geklärt.

Sie passen aber auch schlecht auf, die Ladys. Die Autorin Laurie Penny trägt den Titel «Nose Picking Feminist» (dt. «nasebohrende Feministin»), seit sie auf einem Podium mal an ihrem Nasenpiercing rumgemacht hat und es dann so aussah, als hätte sie den Popel gegessen. Sie gestand dann auf Twitter, ja, tatsächlich, sie hat auf der Bühne gepopelt. Musste sie gar nicht aufschreiben, es gibt natürlich Videos in Großaufnahme davon auf YouTube.

Fairerweise muss man sagen, dass die Tätigkeiten des Instituts für korrekte Frauenkörpernutzung den Frauen nicht immer schaden. Herzogin Kate zum Beispiel erntete Stürme von Liebe und Bewunderung, als sie im Dezember 2014 eine halbe Sekunde genervt guckte, während sie auf einer Charity-Veranstaltung Geschenke einpackte. Oh, diese Bodenständigkeit, «herrlich», «faszinierend», «sympathisch».

Und man muss fairerweise auch sagen, dass es gar nicht nur um die *Nutzung* von Frauenkörpern geht. Es reicht, einen zu haben. In einem Text aus der *Welt am Sonntag* heißt es: «Autorinnen wie Kate Tempest, Stefanie Sargnagel und Lena Dunham treffen die Hauptschlagader. Sie haben ihren Körper in den Ring geworfen, wo er schon durch seine nichtnormative Form politisch wird und mit jedem Schulterzucken stärker wird.» Stefanie Sargnagel erklärte auf Twitter: «Nur weil mich Hunderte Wichser wegen meinem Gewicht angreifen, habe ich nicht ‹meinen nicht normativen Körper in den Ring geworfen›.» Auf Facebook fragte sie: «Wie wirft man seinen abnormen Körper eigentlich nicht in den Ring? Indem man sich zu Hause versteckt?»
Und leider muss man sagen: Ja.
Natürlich muss man sich nicht darum kümmern, was irgendwelche Vögel zum Thema Frauenkörper hochwürgen. Man kann die Geier geiern lassen. Man kann nur eben auch nicht leugnen, dass sie da sind. Die einzige Frau, die nicht ständig nach ihrem Körper beurteilt wird, ist Siri, die iPhone-Stimme. Und die spricht auch nur, wenn sie gefragt wird. Wie angenehm.

Ich habe, passend dazu, einen ganzen Ordner auf meinem Computer mit Kommentaren fremder Menschen zu meinen Haaren. Ich weiß nicht, warum, aber irgendwann habe ich angefangen, sie zu sammeln, einfach weil es so bizarr ist. Ich habe Zweifel, ob es eine gute Tradition ist, dass neben Meinungstexten meist die Fotos der Autor*innen abgebildet sind. Jedenfalls führt es dazu, dass Leute den Link zu meiner Kolumne twittern und dazu schreiben: «PS: Margarete Stokowski sollte sich mal kämmen ;)» Oder sie schreiben: «Ich habe nicht viel, aber würde dir die 12,50 € für einen Friseurbesuch als meinen Beitrag zur Gleichberechtigung dazugeben.» Das ZDF interviewt mich zu Gewalt gegen Frauen, jemand schreibt drunter: «Mädchen, nimm vor einem Interview doch mal bitte einen Kamm in die Hand! Das ist ja ein Trauerspiel ...» – und ein Verlag interviewt mich zu einem Buch über Polen, und eine Polin kommentiert: «Es ist doch wohl (...) so, dass sie kein Selbstbewusstsein hat (...). Sonst hätte sie sich auch für diesen Film anders zurecht gemacht. Z. B. wäre eine gepflegtere Frisur angesagt, die Haare gekürzt worden. Daran erkennt man Polen. Sie geben sich Mühe, gut frisiert zu sein (...).»

So weit, so besessen.

Am lustigsten daran ist, wie billig manipulierbar manche Leute sind. Im Frühling 2018 ließ ich neue Pressefotos machen und wechselte auch mein *Spiegel Online*-Kolumnenfoto, auf dem ich seit Oktober 2015 halbwegs ernst geguckt hatte. Es gibt jetzt ein freundlicheres Foto (dasselbe wie hier hinten im Buch). Forumsmitglied «tanriverdi» war entzückt: «Ein neues Bild von Fr. Stokowski», schrieb er oder sie. «Nicht mehr dumpf griesgrämig, sondern hübsch, adrett, liebenswürdig, einfach weiblich. Alle Achtung. Gegen die bösen Männer zu schreiben ist ja nun ihr Beruf, das muß sie ja weitermachen, um Geld zu verdienen, aber es scheint fast so, als hätte ein persönliches Umdenken stattgefunden. Einfach nur Frau zu sein und die Geschlechter und ihre Unterschiede als selbstverständlich zu betrachten und sich in die vorbestimmte Rolle zu fügen ist vielleicht doch besser als eine frustrierte Emanze zu sein, die ewig unzufrieden gegen die natürliche Ordnung ankämpft.» – Hahaha, you wish!

MEHR DICKE MÄDCHEN
IN LEGGINGS!
MAI 2017

Angeblich sind die Gedanken frei, aber manchmal sind sie auch tonnenschwer. Ein solcher Gedanke ist: Wenn ich 5/10/20 Kilo weniger wiegen würde, wäre mein Leben besser. Millionen Menschen tragen diesen Gedanken mit sich herum, jahrzehntelang. Sie haben gute Vorsätze und ein schlechtes Gewissen. Irgendwann zwischen 60 und 70 Jahren geben sie auf, irgendwann sterben sie. Wenn man mit alten Leuten spricht, am Ende ihres Lebens, dann hört man niemals den Satz: «Ich hätte mir im Leben wirklich mehr Gedanken machen sollen, ob ich nicht zu fett war.»

Frauen sind besonders gut in dieser Art von sinnloser Qual. Die australische Regisseurin Taryn Brumfitt hat für ihren Dokumentarfilm «Embrace» Frauen auf der Straße gebeten, ihren Körper in Kürze zu beschreiben. Die meisten sagten Sachen wie: «bisschen zu dick», «fett», «abstoßend», «unangenehm». Eine Frau erzählte ihr, sie war noch nie mit ihrem Kind schwimmen, weil sie sich nicht traut, einen Badeanzug anzuziehen. Eine andere hatte seit Jahren keinen Sex mehr, weil sie nicht nackt sein wollte vor ihrem Partner. Brumfitt selbst nahm an einem Bodybuilding-Wettbewerb teil und stellte fest: Selbst diese Frauen, die ihre Körper maximal unter Kontrolle haben und sich zu perfekten Maßen trainiert haben, mäkeln immer noch an sich rum.

Und sie tun es nicht nur selbst. Frauenkörper in der Öffentlichkeit bleiben nie unkommentiert. Am Wochenende lief auf ProSieben «Schlag den Star», eine Spielshow mit der Sängerin Lena Meyer-Landrut und dem Model Lena Gercke. Auf Twitter konnte man im Sekundentakt Bewertungen ihrer Körper lesen.

Sie hätten «Minibrüste» oder einen «Kinderkörper», wären «widerlich». Eine Frau schrieb, sie würde «denen gerne mal das Make-up abkratzen und schauen, wie sie dann aussehen». Die Frauenzeitschrift *Jolie* fragte: «Wann hört das elendige Body-shaming endlich auf?». Eine berechtigte Frage von einem Magazin, das zu großen Teilen daraus besteht, zu erklären, wie man Augenringe überschminkt und wie viele Kalorien man durch Beischlaf verbrennt («Werdet schlank durch Sex!»), mit direkter Vergleichsmöglichkeit zur Körperelite («Wie viel wiegt Selena Gomez? Wir verraten euch die Maße der Stars und Models»). Wir haben uns an dieses Leid gewöhnt, aber alles davon ist selbst gemacht. Jeden Sommer überlegen sich wieder reihenweise Frauen, wie sie ihre Körper möglichst gut verstecken können – nicht aus religiösen Gründen, sondern aus Scham, nicht perfekt genug zu sein. Was für eine elende Scheiße. Deswegen hier ein Manifest.

1. Für mehr dicke Mädchen in Leggings! Kleidung ist für Menschen da und nicht umgekehrt. Jedes dicke Mädchen in Leggings ist eine Demo für mehr Vielfalt. Diese Art von Demo muss nicht angemeldet werden. Wenn Sie Ihre sogenannte Bikinifigur in einer Sekunde erreichen wollen, dann geht das mit dem simplen Trick, zu sagen: Reicht jetzt auch mal.

2. Wer starrt, verliert. Brustwarzen existieren. So ziemlich alle Menschen haben welche. Sehr viele, vor allem junge Frauen tragen BHs, die sie nicht ausstehen können, obwohl sie genauso gut ohne rumlaufen könnten, wenn nicht ... die sogenannte Gesellschaft wäre. Nicht wenige Männer behaupten, sie würden abgelenkt, wenn sie die Brustwarzen von Frauen durchs T-Shirt sehen würden. Kompletter Schwachsinn, und hinfälliger, je häufiger es passiert. Bitte konzentrieren Sie sich auf den Straßenverlauf. Danke.

3. Apropos Männer: die auch. Männer haben auch Brüsteprobleme. Viele versuchen das zu verstecken, was auf Englisch «moobs» heißt. Muss nicht sein. Immer raus damit. Sieht man eh. Der dreihunderttausendste Magazintext darüber, ob Männer im Sommer kurze Hosen oder Flipflops tragen «dürfen»: Bitte nicht schreiben.

4. Haare am Körper: normal. Immer noch bestehen ca. 17 Prozent feministischer Arbeit (Quelle: Gefühl) darin, die Frage zu beantworten, wie das jetzt mit der Behaarung ist und ob es unfeministisch oder feministisch ist, sich zu enthaaren oder nicht. Es ist, kurzgefasst: scheißegal. Unfeministisch ist, sich über Körper von anderen zu beschweren, außer sie sitzen auf dir drauf und sind zu schwer.

5. Alter ist Erfahrung, Lachen über Alter ist Dummheit. Der menschliche Körper weiß, dass er irgendwann stirbt, deswegen zieht es ihn ab einem gewissen Alter in Richtung Erdmittelpunkt. Das ist von der Natur so gedacht, deswegen fängt alles an zu hängen. Das soll so.

6. FKK, Neuversion: das Fasten von Körper-Kommentaren. Menschen, die andere Menschen aufgrund ihres Körpers abwerten, sind der größte als unpolitisch geltende Scheißverein der Welt.
Die unelegante Sache mit «als unpolitisch geltend» kommt da rein, weil es selbstverständlich ein politischer Akt ist, wenn man Menschen wegen ihres Aussehens ein Stück Welt verwehrt. Das ist der Moment, wo Freiheit stattfindet oder eben nicht stattfindet.
Kommentare über die Körper anderer Leute sind nur gerechtfertigt a) durch medizinisches Fachpersonal, b) wenn man gefragt wurde oder c) wenn man aufs Maul bekommen möchte.

7. Keinen Hass kaufen. Die britische Autorin Laurie Penny hat mal geschrieben: «Wenn alle Frauen dieser Erde morgen früh aufwachten und sich in ihren Körpern wirklich wohl- und kraftvoll fühlten, würde die Weltwirtschaft über Nacht zusammenbrechen.»³³ Es gehört zum Frausein im Kapitalismus, Unmengen von konsumierbarem Zeug angeboten zu kriegen, das den Körper optimieren soll – obwohl er in den allermeisten Fällen schon okay ist. Ein Teil dieses Zeugs sind Magazine, die Frauen erklären, welche Mängel sie haben und wie sie sie in drei Schritten loswerden, wobei sie idealerweise gleichzeitig Cupcakes backen und ihrem Partner einen blasen. Bevor Sie ein solches Heft kaufen, fragen Sie sich: Möchten Sie heute Geld für den Erhalt des Patriarchats spenden? Darauf gibt es nur eine sinnvolle Antwort: Nö. Heute nicht, und morgen auch nicht.

Meinen Kollegen Jan Fleischhauer machte es so wuschig, dass dieser Text über 900 000-mal geklickt wurde, dass er als Replik eine Antwort im *Spiegel* schrieb: «Die neue Harmlosigkeit» (*Spiegel* 29/2017). Der neue Feminismus sei so unpolitisch, schrieb Fleischhauer:

«Alles dreht sich darum, wie man aussieht oder mit wem man Sex hat (...). Rechnen Sie es meinem Alter zu, aber ich dachte immer, es gehe bei der Frauenbewegung darum, die Machtbalance in der Gesellschaft zu verschieben. Der Feminismus, mit dem ich aufgewachsen bin, wollte die Welt verändern, deshalb ging er den Männern auch so gegen den Strich. Der moderne Feminismus kämpft für das Recht, dass jeder nach seiner Fasson dick werden und das Geschlecht wechseln kann. (...) Ich habe nichts gegen den neuen Feminismus, wirklich nicht. Meinetwegen können sie sich dort den ganzen Tag gegenseitig zurufen, wie schön sie sind und dass Frauen auch in Leggings toll aussehen (was leider Unsinn ist). Ich glaube halt nur nicht, dass sich durch diese Form der Wirklichkeitsbeschwörung etwas ändert. Das Einzige, was etwas hilft, ist politisches Handeln. Politik beginnt dort, wo man einer Gruppe von Menschen etwas nimmt, um es einer anderen zu geben. Da sich diejenigen, die dann weniger haben, also weniger Geld, weniger Macht oder weniger Einfluss, das nicht ohne Weiteres gefallen lassen, wird es schnell laut, wenn man Ernst macht. Das ist das Gegenteil von harmlos.»

Ich schrieb daraufhin wiederum den folgenden Essay als Antwort.

FÜRCHTET EUCH RUHIG

JULI 2017

Antifeministische Strategien sind so alt wie der Feminismus selbst. Eine dieser Strategien besteht darin, feministische Forderungen so zu überhöhen, dass sie absurd überzogen oder militant wirken: Dann ist die Frauenquote nicht mehr ein Mittel, das qualifizierten Frauen Zugang zu denjenigen Jobs ermöglicht, die bisher ungerechtfertigterweise an Männer vergeben wurden, sondern ein hinterhältiger Mechanismus, durch den Männer reihenweise arbeitslos werden, weil irgendwelche Frauen ihre Jobs kriegen, einfach weil sie Frauen sind. So unfair. Und eine Studie zur Sichtbarkeit von weiblichen Figuren in Film und Fernsehen wird dann nicht mehr als solider Datensatz gesehen, der zeigt, dass Männer doppelt so oft Hauptrollen spielen wie Frauen und sogar im Kinderfernsehen die Anzahl männlicher Figuren deutlich überwiegt. Sondern die Studie oder ihre Initiatorin wird, wie neulich im «heute-journal», plötzlich verdächtigt, das Publikum «umerziehen» zu wollen, fast wie ein autoritäres Regime. Und das will ja nun echt niemand.

Eine andere antifeministische Strategie ist es, Forderungen von Feministinnen so kleinzureden, dass sie niedlich und albern wirken und großer Politik nicht mehr würdig sind. Das ist die Position, die mein Kollege Jan Fleischhauer hier vor einer Woche vertreten hat: Der heutige Feminismus sei von einer «neuen Harmlosigkeit» geprägt, drehe sich nur noch darum, dicken Frauen zu sagen, dass sie schön sind, und darum, dass wir Feministinnen eigentlich alle echt okay sind. Wir wollen, so Fleischhauer, alle einfach toll gefunden werden, egal wie versifft wir rumlaufen.

Fleischhauers Essay war eine Reaktion auf eine meiner Kolumnen bei *Spiegel Online*, in der ich darüber geschrieben hatte, dass sehr viele Frauen sich täglich mit sinnlosen Gedanken quälen, ob ihr Körper gut genug ist. Sie finden sich zu fett, zu hässlich, abstoßend. Selbst wenn sie nach üblichen Standards perfekt aussehen, haben viele etwas an sich rumzumäkeln. Das tun sie nicht, weil sie egomanisch wären oder nicht weiter gucken könnten als bis zu ihren eigenen Füßen, sondern weil Frauenkörper heute immer noch anders behandelt werden als Männerkörper und beispielsweise in der Öffentlichkeit viel eher kommentiert werden – von Männern und Frauen. Deswegen habe ich dafür plädiert, die Sache entspannter anzugehen: Wenn alle sich einen Tick weniger Gedanken darum machen, ob sie optisch gut genug sind, und zugleich bei anderen darauf verzichten, ungefragt zu kommentieren, sind wir einen großen Schritt weiter.

Weil den Text mehr als 918 000 Menschen lasen, wurde Kollege Fleischhauer hellhörig: Moment mal, warum ist das bitte so wichtig, dieser Körperkram? Wie unpolitisch! Es seien die Träumereien des modernen Feminismus, dass man sich als Feministin heute nicht mehr um Geld und Macht kümmern müsse, sondern einfach ein gutes Körperfeeling brauche.

Nun, Politik hat schon immer auch Körperfragen behandelt. Dass Frauen von jeher auch als körperliche Wesen von Machtpositionen ferngehalten wurden, wäre dumm zu leugnen. Der Philosoph Georg Wilhelm Friedrich Hegel war der Meinung, die Verarbeitung von Informationen laufe bei Männern und Frauen grundsätzlich unterschiedlich, deswegen seien Frauen nicht zu höheren Aufgaben in der Politik fähig: «Die Bildung der Frauen geschieht, man weiß nicht wie, gleichsam durch die Atmosphäre der Vorstellung, (...) während der Mann seine Stellung nur durch die Errungenschaft des Gedankens und durch viele technische Bemühungen erlangt.»[34] Als Frauen um Zugang zu den Universitäten kämpften, hatten ihre Gegner nicht nur Angst, die Studentinnen würden dann ihrer Rolle als Mutter, Ehefrau und

Hausfrau nicht mehr gerecht, sondern es gab angeblich auch Zweifel daran, ob Frauen körperlich dazu imstande seien, sich so lange zu konzentrieren – wo doch ihr Rückenmark kürzer sei als das von Männern. Und manchmal ging es noch nicht mal um die geistigen Fähigkeiten: Zu Hildegard Wegscheider, einer der ersten Frauen in Deutschland, die zur Dr. phil. promovierten, soll der Historiker und Antisemit Heinrich von Treitschke gesagt haben, als sie 1895 seine Vorlesungen hören wollte: «Ein Student, der nicht saufen kann, niemals!»

Auch heute noch versuchen einige Vertreterinnen und Vertreter der Evolutionsbiologie uns einzureden, Frauen und Männer seien aufgrund bestimmter körperlicher Voraussetzungen und evolutionärer Vorgeschichten eben eher auf ihre traditionellen Rollen festgelegt: Frauen könnten nur als Mütter glücklich werden und Männer nur, wenn sie ihren Samen schön weit streuen können.

Es ist schlicht unmöglich, die komplette Vor- und Gegenwartsgeschichte der Unterdrückung von Frauen durch Körperpolitik außer Acht zu lassen, wenn wir darüber reden, wem heute die Welt gehört. Wir können Frauen nicht über Jahrtausende erzählen, dass sie körperliche, der Natur verbundene, zur Unzeit blutende und durch Stimmungsschwankungen unberechenbare Wesen sind, und dann, sobald sie sich ihren Platz in Gesellschaft und Politik erkämpft haben, an ihnen bemängeln, dass sie sich der Tatsache bewusst sind, dass Körper eine politische Rolle spielen.

Jedes einzelne «Lächle doch mal», das einer Frau zugerufen wird, wenn sie gerade mal nicht als Grinsekatze durch die Welt läuft, ist Teil des Problems. Wer lächelt, stellt zumeist keine Forderungen, es ist die liebliche Variante des Klappehaltens. Im Lächelnsollen vereinen sich die Ansprüche an Frauen, nicht nur hübsch auszusehen, sondern auch noch Harmonie zu versprühen, wo immer sie gerade sind. So ein unscheinbarer Satz – und so ein dreckiges System, das durch ihn am Laufen gehalten wird.

Natürlich wird es nicht allein durch Männer am Laufen gehalten, die sich schlecht benehmen, sondern auch durch Frauen, die miteinander auch nicht immer solidarisch umgehen. Aber das ist ebenfalls nicht neu. Fleischhauer wundert sich, dass «die Leute, die den Frauen das falsche Körpergefühl einreden, in der Mehrzahl Frauen» sind. Bereits zu Beginn des 19. Jahrhunderts schrieb der Frühsozialist Charles Fourier, Frauen würden an ihrer Befreiung unter anderem gehindert durch «die Tatsache, dass die Frauen, wie alle in Knechtschaft lebenden Klassen, sich untereinander hassen»[35]. Herrschaft hat noch nie so funktioniert, dass nur die unterdrückende Partei mitspielt.

Fragen von Macht und Herrschaft spielen sich im Kleinen und im Großen ab, und daher müssen sie vom Feminismus auch auf allen möglichen Niveaus angegangen werden. Denn die körperliche und sexuelle Freiheit ist das eine, das andere aber ist die Freiheit im Kopf, die Unabhängigkeit von alten Rollenbildern und Vorstellungen davon, was sich für eine Frau gehört und was sich für einen Mann gehört und welcher Teil der Welt uns zusteht. Letztlich sind beide nur Nuancen ein und derselben Freiheit, in der wir uns als Subjekte anerkennen und uns erlauben, immer wieder auch zum Objekt zu werden, wenn wir wollen – und wieder zurück.

Mit der Feststellung, dass körperliche Fragen auch machtpolitisch eine Rolle spielen, bin ich keineswegs allein. Die Autorin Naomi Wolf hat in ihrem Buch *Der Mythos Schönheit* von 1991 sogar die These vertreten, dass sie immer wichtiger werden: «In dem Maß, wie es den Frauen gelang, sich vom Kinder-Küche-Kirche-Weiblichkeitswahn frei zu machen, übernahm der Schönheitsmythos dessen Funktion als Instrument sozialer Kontrolle.»[36] Dass ein Text gegen Körperkomplexe, wie die Kolumne, die Fleischhauer wuschig gemacht hat, so viel gelesen wird, könnte daran liegen, dass Wolf recht hat: Die Themen Körperkontrolle und Schönheit sind bei vielen Frauen dauerpräsent. (Dass sie auch für Männer wichtiger werden, macht es für Frauen nicht automatisch leichter.)

Das heißt aber nicht, dass der feministische Diskurs sich allein darauf konzentriert. Tatsächlich kenne ich keine einzige wichtige feministische Autorin, die sich ausschließlich mit Körperfragen beschäftigt. Laurie Penny etwa schreibt in ihren Büchern zwar auch über ihre persönliche Geschichte und Essstörungen, aber ist hauptsächlich als Antikapitalistin und Kritikerin rechter und neoliberaler Politik bekannt. Ein recht bekanntes Zitat aus ihrem Buch *Unsagbare Dinge. Sex, Lügen und Revolution* lautet: «Öffentliche ‹Karrierefeministinnen› sind damit beschäftigt, ‹mehr Frauen in die Vorstände› zu bringen, dabei besteht das Hauptproblem darin, dass es schon viel zu viele Vorstandszimmer gibt und keines von ihnen brennt.»[37]

Auch Chimamanda Ngozi Adichie schreibt über persönliche, körperliche Fragen, etwa wenn sie erzählt, dass sie anfangs, als sie sich Feministin nannte, immer noch hinzufügte, dass sie aber eine «glückliche afrikanische Feministin» sei, die Männer nicht hasse und gern Lipgloss und High Heels trage, aber für sich selbst und nicht für Männer.[38] Sie schreibt aber – viel mehr – über die Machtstrukturen, die Frauen von bestimmten Tätigkeiten ausschließen, sei es im nigerianischen Restaurant oder in amerikanischen Businessmeetings, und wie wir die Erziehung von Mädchen und Jungs ändern müssen, um diese Strukturen abzuschaffen.

Ein Vorwurf, den Fleischhauer nur streift, der aber dem modernen Feminismus auch gelegentlich gemacht wird, ist die Akademisierung der Bewegung: Eine Elite bleibe unter sich. Dagegen lässt sich einwerfen, dass bestimmte feministische Themen, wie etwa Körperfragen, besonders anschlussfähig sind, unabhängig vom Bildungsgrad. Es ist wahnsinnig einfach, sich über die «Bodypositiv»-Idee lustig zu machen, aber es versteht eben auch jeder Mensch, dass man freier ist, wenn man weniger Lebenszeit darauf verwendet, sich den Kopf über Fett und Falten zu zerbrechen. Über Körper zu sprechen schließt es nicht aus, über Macht und Politik zu sprechen. Manchmal ist es, im Gegenteil, der Anfang einer solchen Diskussion.

Dass hingegen einige Männer dann schon nicht mehr zuhören, weil sie abgelenkt werden von der Tatsache, dass da junge Frauen über ihre Körper reden – das glaube ich. Aber das werden die Männer dann auch noch lernen müssen.

FRAUEN SIND GAR KEINE
RUDELTIERE
DEZEMBER 2015

Dieser Text handelt von Hashtag-Aktionen oder kollektiven Aussagen zum Thema Gewalt und entstand knapp zwei Jahre vor #MeToo. Er hat leider wenig an Aktualität eingebüßt.

Maria aber bewahrte alles, was geschehen war, in ihrem Herzen und dachte darüber nach», heißt es im Weihnachtsevangelium. Super, Maria. Nachdenken ist gut. Aufgeschrieben haben es aber andere. Wahrscheinlich wäre es eine andere Geschichte geworden, wenn die Gottesmutter sie erzählt hätte. Maria aber war im Mutterschutz.

Wer nicht für sich spricht, für den sprechen andere. Oder niemand.

Manchmal passiert dieses Sprechen im Internet. Es gab mal wieder eine dieser Hashtag-Aktionen auf Twitter, ähnlich wie der #Aufschrei, bei dem es darum ging, Alltagssexismus sichtbar zu machen. Diesmal hieß der Hashtag «Why I said nothing»: Frauen und Männer schrieben darüber, warum sie nicht offen über eine erlebte Vergewaltigung oder andere Formen sexualisierter Gewalt sprechen konnten oder es immer noch nicht können.

Mal schwiegen sie aus Angst vor dem Täter, mal aus Unwissenheit, ob es sich wirklich um eine Straftat handelte, mal aus dem Bedürfnis, zu verdrängen, was passiert war, oder aus der Erwartung, nicht ernst genommen zu werden.

Aktionen wie #Aufschrei oder #WhyISaidNothing werden von Unbeteiligten oft belächelt oder nervig gefunden. Diejenigen, die mitmachen, werden belästigt oder bedroht und müssen die immer gleichen Vorwürfe hören: Sie würden bloß Aufmerksamkeit wollen – was sicher nicht ganz falsch ist, denn es geht ja unter anderem darum, auf Probleme hinzuweisen, also Aufmerksamkeit zu schaffen –, oder sie würden sich Taten ausdenken oder das falsche Forum wählen: Bestimmte Dinge solle man doch privat oder juristisch klären, aber bitte nicht im Internet; man müsse ja wohl nicht aus allem ein Politikum machen.

Auffallend ist, dass solche kollektiven Aktionen wie #WhyISaidNothing oder #Aufschrei besonders oft von Frauen initiiert und getragen werden.

«Wir haben abgetrieben!», die *Stern*-Titelseite von 1971, war ein ähnlicher Fall, wobei es sich hier nicht um Opfer von Belästigung oder Gewalt drehte, sondern um Frauen, die erklärten, gegen geltendes Recht verstoßen zu haben. Immer aber geht es um ein Tabuthema, das angesprochen wird.

Im November 2015 erschien im *New York Times Magazine* eine Geschichte, zu der das Titelbild ganz ähnlich aussah wie das der erwähnten *Stern*-Ausgabe: «The Women of Hollywood Speak Out» hieß der Text, in dem haufenweise Filmemacherinnen über Sexismus in der Branche sprachen.

«Toller Artikel», kommentierte die Journalistin Lara Fritzsche auf Twitter, «aber: habe den Eindruck, dass sich Berichte über die Lebensrealität von Frauen zunehmend über Zahl der Betroffenen legitimieren. Erinnere mich aber nicht an eine geäußerte Männerwahrnehmung, für die es 63 Zeugen brauchte.»

Einige Monate zuvor waren im *New York Magazine* die Stimmen von 35 Frauen versammelt worden, die erklärten, sexualisierte Gewalt durch den Komiker Bill Cosby erfahren zu haben. Einige von ihnen hatten zuvor schon darüber gesprochen – und wurden dafür bedroht, angegriffen oder ihnen wurde schlicht nicht geglaubt.

Es scheint, als würden Frauen, die Probleme ansprechen, oft nur im Kollektiv wahr- und ernst genommen werden. Klar, könnte man sagen: Fünfzig Zeugen helfen mehr als einer, das ist bei Handydiebstählen nicht anders als bei Vergewaltigungen. Aber warum gibt es vergleichbare Kollektiv-Aktionen so selten von Männern? Und wie viele Frauen braucht es, damit ihre Geschichten gehört werden?

«Oft wird einer Frau, die angegriffen wurde, selbst die Schuld gegeben», sagte die US-amerikanische Essayistin Rebecca Solnit kürzlich in einem Interview.[39] «Oder sie wird wie eine Kriminelle behandelt, eine Lügnerin, eine Irre, eine unzuverlässige Zeugin, die nicht wiedergeben kann, was ihr widerfährt.» Solnit beschreibt diese Tatsache fast wie eine Art Kulturgut: «Frauen, die die Wahrheit sagen, werden diskreditiert, seit Gott Apollo Kassandra verfluchte, die ihn zurückgewiesen hatte.»

Warum ist das so? Hängt es womöglich mit unserem Frauenbild zusammen – kann das sein? Ist es vielleicht logisch, der Aussage einer Frau nicht ganz so viel Gewicht beizumessen in einer Gesellschaft, die von Frauen immer noch ein liebliches Lächeln erwartet und ihnen immer wieder übertriebene Emotionalität zuschreibt?

Kein großes Wunder in einer Gesellschaft, die weibliches Leiden ohnehin gerne ins Unsichtbare drängt, mariamäßig: «Bewegt es doch in euren Herzen, Mädels.» Wir leben in einer Welt, in der Frauen auch dann die Hausarbeit erledigen, wenn sie Haupternährerinnen der Familie sind, und in der Kinder sich nicht vorstellen können, dass der Weihnachtsmann eine Frau sein könnte, weil sie sich «im Himmel verfahren» würde, und in der eine große Tageszeitung denkt, man könne Frauen zu Weihnachten eine Freude machen mit einem kabellosen «2in1-Handstaubsauger mit Swarovski-Kristallen veredelt»[40]. So viel zum Ernstnehmen.

Es ist natürlich schön einfach, Frauen, die bei Aktionen wie #WhyISaidNothing oder den anderen mitmachen, zu unterstellen, sie würden das nur aus Aufmerksamkeitsgeilheit tun oder aus der bloßen Unfähigkeit, die richtige Plattform zu wählen. Und natürlich ist es nervig, in einem Forum, in dem Leute am liebsten über «Germany's Next Topmodel», den «Tatort» oder das «Dschungelcamp» sinnieren, plötzlich etwas über Vergewaltigung zu lesen. (Man muss sich das aber auch nicht geben. Dazu gibt es die Mute-Funktion, und die ist gerade im Zusammenhang mit dem «Dschungelcamp» sehr praktisch.)

Doch der Versuch, solche Aktionen auf einzelne Charakterschwächen oder Blödheit zurückzuführen und damit ins Unsichtbare zu drängen, verneint ihr politisches Potenzial. Nicht jede Hashtag-Kampagne ist politisch; die meisten von irgendwelchen YouTubern ausgerufenen Dödeleien sind es nicht. Aber das Öffentlichmachen von häufig verschwiegenen Themen kann ganz genuin politisch sein.

Der Satz «Das Private ist politisch» heißt nicht, dass es reicht, sich um das Private zu kümmern, und alles wird gut – schon gar nicht, wenn es sich um strukturelle Probleme handelt. Niemand ist verpflichtet, sie öffentlich zu machen, aber es ist ein politischer Akt, es zu tun und damit «in die Welt» zu treten, wie Hannah Arendt sagen würde. Und sich als Opfer von etwas zu erkennen zu geben, ist in einer Gesellschaft, in der «Opfer» ein Schimpfwort ist, sehr mutig. Es ist gut und wichtig, dass Leute sich hierzu ein Herz fassen.

Es wäre nur besser, wenn sie auch einzeln gehört würden und nicht nur im Kollektiv. Frauen sind nämlich gar keine Rudeltiere. Im Gegensatz zu Rentieren, zum Beispiel. Frohe Weihnachten.

DES RUDELS KERN
JANUAR 2016

Nach den Übergriffen in der Silvesternacht 2015/16 in Köln und anderen deutschen Städten schrieb ich diesen Text. Im Bereich um den Kölner Hauptbahnhof und Dom kam es zu zahlreichen Sexualdelikten, Diebstahl und Körperverletzung durch Gruppen junger Männer.

Die Debatte um muslimische Migranten hat ihren bisherigen Hysterie-Höhepunkt erreicht. Die Opfer der Übergriffe in Köln, Hamburg, Stuttgart oder Frankfurt sind in dieser Debatte denen, die sich am meisten aufregen, vollkommen egal. Sie sind gerade gut genug für reißerische Beschreibungen von zerfetzter Unterwäsche und Fingern an Körperöffnungen und gut genug als Grund, sich als besorgter Bürger zum edlen Ritter und Frauenbeschützer aufzuschwingen.

Inzwischen wird über die Ausweisung straffällig gewordener Asylsuchender gesprochen, obwohl die Herkunft der Täter bislang nicht klar ist. Dabei ist das noch der vergleichsweise seriöse Teil dieser Debatte. Stumpf vereinfacht gelten die Täter kaum noch als Einzelpersonen, sondern sind nur noch eine diffuse Masse notgeiler Ausländer, die mit Tiervokabeln beschrieben werden: Wie konnte das geschehen, dass sich Männer «zusammenrotten» und «in großen Rudeln über Frauen herfallen», fragt die *Emma*. Von einer «wild gewordenen Männer-Meute aus dem arabischen/nordafrikanischen Raum» wird woanders gesprochen. Auf Twitter ist von «Primaten» und «Affen» die Rede.

«Das rassistische Narrativ ‹schwarzer Mann vergewaltigt weiße

Frau› ist volle Kanne durchgeschlagen», schreibt die Publizis-
tin Antje Schrupp auf Facebook. Des Rudels Kern ist die Vorstellung vom wild gewordenen – wenn nicht schon immer wild
gewesenen – Ausländer, der sich all das nimmt, was andere gern
hätten: Frauen und iPhones.

Denen, die nun darauf hinweisen, dass sexualisierte Gewalt
nicht erst mit den Flüchtlingen nach Deutschland gekommen
ist, wird vorgeworfen, die Vorfälle von Köln zu verharmlosen.
Feministinnen, die seit Jahren und Jahrzehnten über Gewalt
gegen Frauen schreiben, wird erklärt, sie würden nur ablenken
wollen, um die Täter von Köln zu schützen – das ist absurd und
zeigt, wie sehr die Debatte aus dem Ruder gelaufen ist. Es ist,
als würde jemand rufen: «Es brennt in der Küche!» und jemand
antwortet: «Im Wohnzimmer auch!», und dann sagt der Erste:
«Ach was, du willst also nicht die Feuerwehr rufen?»

Aufgebrachte Leser schreiben mir Mails, warum ich mich noch
nicht zu Köln geäußert hätte – man müsse doch jetzt auch als
linke Feministin endlich einsehen, dass es falsch war, diese ganzen Männer ins Land zu lassen.

Nun. Es hätte eine Debatte über sexualisierte Gewalt nach jedem verdammten Oktoberfest, nach jedem Karneval und jeder
WM-Fanmeile geben können. Gab es aber nicht. Weil kaum jemand sich freiwillig mit so hässlichen Dingen beschäftigt und
zugeben will, wie weit verbreitet Übergriffe dieser Art sind. In
einer EU-weiten Studie gaben 55 Prozent der Frauen an, sexuelle Belästigung erlebt zu haben.[41]

Natürlich müssen wir über Geschlechterordnungen in arabischen und nordafrikanischen Ländern sprechen – aber das
reicht eben nicht. Man kann diese Diskussion nicht outsourcen
und zur Ausländerfrage erklären. Es ist natürlich entlastend, es
so zu machen. Aber selbst wenn sämtliche Menschen mit Migrationshintergrund sofort aus Deutschland abgeschoben würden, gäbe es noch massenhaft sexualisierte Gewalt: Belästigun-
gen, Missbrauch, Vergewaltigung. Ein großer Teil dieser Fälle

passiert im nahen sozialen Umfeld der Betroffenen: Die Täter sind Partner, Expartner, Nachbarn, Kollegen, Lehrer.

Es ist so perfide wie dumm, wenn «*Focus Online*-Expertin» Birgit Kelle jetzt fragt, wo denn der Aufschrei bleibe – vor drei Jahren schrieb sie nach der «#Aufschrei»-Debatte allen Ernstes ein Buch mit dem Titel «Dann mach doch die Bluse zu».[42]

Nun erklärt sie angesichts von Köln: «Es waren offenbar Männer mit Migrationshintergrund. Und wohl deswegen bleibt das feministische Netz stumm.» Entweder die Frauen sind schuld, wenn sie belästigt werden – oder man kann «den Ausländer» verdächtigen, dann war der Ausländer schuld. Je weiter unten eine Gruppe in der gesellschaftlichen Hierarchie steht, desto schneller ist das Urteil über sie gefällt. Hauptsache, der deutsche Mann muss nie sein eigenes Verhalten hinterfragen.

In der *Zeit* schafft der Leitartikel von Heinrich Wefing über «die Frauenjagd von Köln» das perverse Kunststück, einerseits zu erklären, dass wir die Flüchtlinge jetzt nicht pauschal verurteilen dürfen für Taten, die sie nicht begangen haben, und gleichzeitig beide Themen so eng parallel zu führen, als wäre es eben doch schon klar, wer schuld ist. Wir wissen nicht, «ob die Kriminellen seit zwei Wochen, zwei Monaten oder zwei Jahren unter uns leben, ob es Flüchtlinge sind, lange schon hier wohnende Migranten oder deutsche Staatsbürger», schreibt Wefing, und es klingt wie: Wir wissen es *noch* nicht – aber *unsere Leute* waren das nicht.

So baut sich jeder nach seinen Mitteln Erklärungen zusammen. Überall werden nun aus besorgten Bürgern edle Ritter, die «unsere» – also «ihre» – Frauen beschützen wollen. Die eigenen Frauen will der gute Deutsche immer noch selbst belästigen dürfen. Und er ist fleißig dabei. Die Studien dazu sind frei verfügbar, aber man müsste sie auch mal lesen.[43]

Im Grunde sagen nach Köln alle nur das, was sie vorher auch schon gesagt haben, nur noch lauter: Wer vorher schon Flüchtlinge abschieben wollte, will sie jetzt noch schneller und härter

abschieben; wer vorher schon Überwachung wollte, will jetzt
noch mehr Überwachung.

Dass es in der ganzen Debatte nicht darum geht, die bisherigen
Opfer zu schützen und weitere Übergriffe zu vermeiden, sieht
man daran, dass wir eben nicht über sexualisierte Gewalt reden.
Hannah Lühmann schrieb auf *Welt Online*, niemand würde verstehen, «dass die leibliche Wucht dieser grauenhaften Situation
am Kölner Bahnhof so stark ist, dass jetzt vielleicht nicht der
Zeitpunkt ist, zur Reflexion über ‹eigene› Sexismen aufzuru-
fen.»[44] Das würde bedeuten, den Hetzer*innen das Feld zu über-
lassen. Nicht so schlau.

Was es bräuchte, wäre ein radikaler Wandel im Umgang mit sexualisierter Gewalt. Sie zu verharmlosen und zu billigen ist eben
auch ein deutsches Kulturgut. Um das zu ändern, wäre vieles
notwendig: Schließung der Lücken im Sexualstrafrecht, sodass
alle Fälle, in denen sexuelle Handlungen gegen den Willen einer
Person geschehen, strafrechtlich verfolgt werden können.*

Außerdem: Handlungsanweisungen für potenzielle Täter – nicht
nur für potenzielle Opfer. Aufklärung über Grenzüberschrei-
tung und Missbrauch im Schulunterricht. Mehr und bessere Be-
ratungsangebote in Ämtern, Behörden, Vereinen. Verbesserter
Zugang zu Psychotherapie für Gewaltopfer. Akute Hilfsangebo-
te bei häuslicher Gewalt (also funktionierende Frauenhäuser).
Einige Schritte wären ganz einfach und sogar kostenlos: Die
Medien könnten sich beteiligen, indem sie aufhören, von «Sex-
Tätern» und «Sex-Skandalen» zu sprechen, wenn es um Gewalt
geht (Oder im «Bild»-Stil: «SEX-MOB»).

Tatsächlich jedoch werden die Opfer der Silvesterübergriffe

---

* Diese Änderung des Sexualstrafrechts wurde ein halbes Jahr «nach Köln»,
im Juli 2016, vom Bundestag beschlossen. Zusätzlich wurde der Straftatbestand
der sexuellen Belästigung geschaffen, worunter auch das Begrabschen fällt, sowie eine Verschärfung bezüglich Taten, die aus einer Gruppe heraus begangen
werden.

jetzt nur kurzfristig benutzt, um den ersten großen Skandal des Jahres zu bebildern. Man wird sie, wie so viele andere, am Ende allein lassen. Es wird weiterhin täglich zu sexualisierter Gewalt in Deutschland kommen, aber das Thema wird gefühlt durch sein. Das ist am Ende eigentlich noch schlimmer, als wenn wir nie darüber geredet hätten.

Nach diesem Text war einiges los. Vor allem der Satz «Die eigenen Frauen will der gute Deutsche immer noch selbst belästigen dürfen» provozierte viele. Nie zuvor bin ich wegen eines Textes so oft beleidigt und bedroht worden.

«Ich bete dafür, dass Sie persönlich einer der Horden in die Hände fallen, für die Sie mit Ihrem Beitrag Nebelbomben werfen!», schrieb jemand per Mail. «Gerate mir nicht unter die Finger, du stinkende linksextreme Fotze», jemand auf Twitter. Und: «Ihr linken Untermenschen.» Auf Facebook schrieb jemand: «Drecksau, kannst gleich mit deinen Araberfreunden nach Hause fahren. Scheinen Dir ja gut zu gefallen.» Ein anderer: «Musste DIR mal andere KERLE zulegen die dich nicht nur in deinen ASCH popen. Dann lernste auch DEUTSCHE Männer kennen die respektvoll mit einer FAU umgeht. Dummes HUHN DU.»

Das mit Fau (wie Pfau) und Huhn ist vielleicht lustig, aber an dem Abend nach dem Text wurde es mir zum ersten und bisher einzigen Mal zu viel mit dieser Art von Kommentaren. Ich sagte einen Fernsehauftritt in einer größeren Sendung erst zu und dann doch ab, weil ich lieber mein Buch schreiben wollte, als noch mehr davon zu kriegen. Eine gute Entscheidung.

In der Zeit «nach Köln» lebte außerdem Herr S. auf, ein ausdauernder Leserbriefschreiber, der sich den «Reichsbürgern» zuordnet. Zwischen Januar 2014 und März 2017 hat er mir 198 Mails geschickt, die meisten Anfang 2016, viele davon gleichzeitig an andere Journalist*innen und Politiker*innen, viele aber auch mit persönlichem Bezug auf meine Texte und Herkunft.

Ein paar Auszüge: «Ihr widerlichen KRIECHWÜRMER (...) Wollt ihr den totalen Bürgerkrieg haben, hä?! Den könnt ihr haben, sofort! (...) Die Rache wird blutig enden! (...) Deutsche bewaffnet euch und wehrt euch! Gemeinsam sind wir stark! (...) Wir werden euch widerlichen, degenerierten, devoten linksgrün versifften Besserwessis ausrotten! (...) Eure Stunde ist längst geschlagen! Rette sich, wer kann! (...) Vaterlandsverräter werden füsiliert werden! STALIN hat es vorgemacht! (...) Lügenpresse halt die Fresse!»

Herr S. ist unter einigen Kolleg*innen bekannt für diese Mails. Die *Welt* hat ihn im Juni 2016 besucht und porträtiert.[45] Er arbeitet als Ingenieur und scheint ein recht einsames Leben zu führen. Ich habe den Link zum Text getwittert mit der Bemerkung, ich hätte auch schon diverse Hassmails von ihm erhalten. Daraufhin schrieb er mir: «Es waren keine Hassmails von mir, denn den ‹Hass› muß sich Frau/Mann erst erarbeiten. Zugegeben, ich war manchmal unhöflich ob Ihrer SPON-Artikel. Aber ich habe auch gelegentlich ‹sachlich-witzig› Ihre Artikel kommentiert. (...) Ich wünsche Ihnen alles Gute für Ihre journalistische Zukunft; bitte legen Sie Ihre rosa-grüne Brille ab, dann werden Ihre Artikel wesentlich besser. Das Talent haben Sie dazu. (...) Für die beleidigenden Vokabeln: ‹Bitch›, ‹Suka›, die ich in früheren E-Mails verwendete, bitte ich hiermit um aufrichtige Entschuldigung.» Ein halbes Jahr später kamen noch ein paar Mails. «Eine verarmte ‹Polin› aus dem verarmten, polnischen Landadel labert! (...) Gute Genesung!» Ich habe ihm auf keine seiner Mails geantwortet.

WER LACHT, GIBT MACHT
OKTOBER 2016

Eklig, hässlich, bitter, hart, schäbig, schmutzig, abstoßend, abscheulich – das waren die Worte, mit denen Donald Trumps Prahlerei mit sexuellen Übergriffen und das darauf folgende TV-Duell zwischen Trump und Hillary Clinton kommentiert wurden.[*] Nun ist es mit Menschen, die sich vor etwas ekeln, so, dass sie entweder ganz schnell wieder weggucken, oder ganz besonders gründlich hingucken.

Im Falle von Trump wäre es einerseits verständlich, sich endgültig angewidert abzuwenden und aus sicherer Entfernung abzuwarten, ob das Niveau von Trumps Auftreten in den wenigen Wochen bis zur Wahl noch weiter sinkt, was wohl nur möglich wäre, wenn er vor laufenden Kameras einem Chihuahua den Kopf abbeißt.

Andererseits würde man dabei übersehen, dass Trump in dem Video, in dem er sich damit rühmt, Frauen einfach drauflos zu küssen oder ihnen zwischen die Beine zu greifen, einen zentralen Aspekt hervorgehoben hat, der in all den Debatten um sexuelle Belästigung und Übergriffe immer wieder vergessen wird: dass es dabei keineswegs hauptsächlich um sexuelle Anziehung geht, sondern um Macht.

In dem aufgezeichneten Gespräch zwischen Trump und dem Moderator Billy Bush gibt es diese Stelle:

Trump: «Just kiss. I don't even wait. And when you're a star they let you do it. You can do anything.»

Bush: «Whatever you want.»

Trump: «Grab them by the pussy.»

[Bush lacht]

Trump: «You can do anything.»

Allein in dem kurzen Satz «When you're a star, they let you do it» steckt viel mehr Wahrheit, als man aus Trumps Mund je erwartet hätte. Trump versucht gar nicht erst so zu tun, als wäre seine Attraktivität ausschlaggebend dafür, dass er sich so viel erlauben kann. Ein Anflug von Klarheit. Er könnte auch sagen: «Ich bin so heiß, die Frauen werden zu Wachs in meinen Händen.» Tut er aber nicht. Er sagt: «Wenn du ein Star bist» – sprich: wenn du Macht hast – «lassen sie dich machen» – sprich: kommst du damit durch.

Diese «sie», die ihn machen lassen, müssen dabei nicht unbedingt die Frauen sein, die er angreift, denn er berichtet zuvor ja auch von einer, die sich erfolgreich seiner erwehrt hat, als er sie beim Möbelkauf besteigen wollte. Diese «sie» können auch einfach die anderen ihn umgebenden Menschen sein, die Gesellschaft, die sich manchmal eben materialisiert in Form eines Moderators, der auf derartiges Alphatiergehabe nicht viel mehr antwortet als: «That's huge news», «Haha», «Whoa! My man!», «Hahahaha».

In der #Aufschrei-Diskussion – aber eigentlich in fast jeder der letzten Diskussionen um Sexismus, Belästigung und Übergriffe – ließ sich das immer gleiche Schema beobachten: Menschen berichten davon, dass ihre Grenzen nicht respektiert wurden. Die zentrale Frage lautete dann aber ganz schnell gar nicht mehr, wie sich diese Grenzen besser schützen lassen. Stattdessen ging es nur noch darum, was denn nun überhaupt noch erlaubt sei und wie man denn eigentlich noch flirten könne.

In der Debatte um Trumps offensichtliches Fehlverhalten in dem Video ging es darum nun überhaupt nicht, weil sehr ein-

---

× Es geht um das Video von 2005, in dem Trump dem Moderator Billy Bush erzählt, wie er mit einer Frau Sex haben wollte. Unter anderem sagte er: «Ich hab versucht, sie zu vögeln. Sie war verheiratet. Ich bin wie verrückt auf sie los, aber es klappte nicht. Und sie war verheiratet. Dann hab ich sie wieder gesehen, sie hat diese großen künstlichen Titten und so.»

deutig war, dass es nicht um Flirtsituationen ging. Denn erstens gab Trump das selbst zu, und zweitens kamen die Anschuldigungen nicht von einer oder mehreren Frauen, denen man nun Hinterhältigkeit oder Übertreibung unterstellen könnte. Die Vorwürfe ergaben sich direkt aus der Szene – von der es dann aber wiederum hieß, es sei ja wohl alles kein Wunder bei jemandem wie diesem Mann, von dem man ja inzwischen wusste, wie er über Frauen und sogar über seine eigene Tochter spricht.

Es hilft ihm wenig, dass Trump nun betont, das Video sei über zehn Jahre alt und nur «locker room talk», woraufhin sich haufenweise Sportler gezwungen sahen zu erklären, dass sie in ihren Umkleidekabinen gar nicht so eine Scheiße reden. Da hatten bereits Zehntausende Frauen ihre Geschichten ähnlicher Übergriffe geteilt: Geschichten von Ärzten, Lehrern, Stiefvätern, Vorgesetzten, die sie unerlaubt anfassten oder sich an ihnen rieben.

Beim Thema Sex höre der Spaß für die Konservativen auf, hieß es in einem Kommentar auf *Zeit Online*. Nur war das Thema in dem Video gar nicht Sex, obwohl Trump darin Sätze sagt wie «Ich habe versucht, sie zu vögeln». Ähnlich wie bei den meisten Vorfällen, die von Medien als «Sex-Skandal» bezeichnet werden, geht es hier nicht um Sex, sondern um Macht, weil ein Mensch sich von einem anderen etwas nimmt, was er eigentlich nur im einvernehmlichen Austausch kriegen sollte.

Selten konnte man so gründlich mithören, wie sich übergriffiges Verhalten im Keim legitimiert – nämlich nicht durch die unsagbare sexuelle Potenz des Täters und auch nicht einfach durch mangelnde Gegenwehr der Opfer, sondern bisweilen einfach durch ein unterwürfiges Höhö-haha-höhö derer, die gern auch mal ganz weit oben wären.

EINE EPIDEMIE DER GEWALT

DEZEMBER 2016

Die Trauer und Wut über den Mord an der Freiburger Studentin sind groß, und sie sind berechtigt.ˣ Es gibt viele Sätze, die man über den Fall sagen kann, die mit «Ausgerechnet ...» anfangen. Ausgerechnet eine junge Frau, die sich in der Flüchtlingshilfe engagierte. Ausgerechnet einer von diesen männlichen, unbegleiteten Flüchtlingen, einer, der doch allem Anschein nach okay untergekommen war. Ausgerechnet das so offene Freiburg. Es wird nicht besser dadurch, dass die «Tagesschau» in den Verdacht geriet, den Fall absichtlich zu verschweigen.

Die Diskussion verläuft jedes Mal auf dieselbe Art, wenn Flüchtlinge mutmaßlich kriminell geworden sind: Es gibt Berichte darüber, als Polizeimitteilungen, in Medien, im Internet. Rassistische Leute fragen, warum die Sache von den «Mainstreammedien» nicht viel größer aufgezogen wird (auch wenn sie ihre Informationen aus einem «Mainstreammedium» haben). Nichtrassistische Leute sagen, doch, es sei schon wichtig, drüber zu reden, aber nicht wichtiger als bei einheimischen Tätern. Rassistische Leute sagen: Seht ihr, ihr relativiert das, so geht Verharmlosung.

Rainer Wendt, der Chef der Deutschen Polizeigewerkschaft, sagte der *Bild*: «Während Angehörige trauern und Opfer unsägliches Leid erfahren, schweigen die Vertreter der ‹Willkom-

---

ˣ Die Studentin Maria L. wurde im Oktober 2016 nachts von Asylbewerber Hussein K. gewürgt und vergewaltigt. Anschließend ließ er sie in einem Fluss ertrinken. K. wurde im März 2018 zu lebenslanger Haft wegen Mordes und schwerer Vergewaltigung verurteilt. Das Gericht stellte die besondere Schwere der Schuld fest und ordnete Sicherungsverwahrung an.

menskultur›. Kein Wort des Mitgefühls, nirgends Selbstzweifel, nur arrogantes Beharren auf der eigenen edlen Gesinnung.» Das ist noch härter als der Vorwurf der Verharmlosung, es ist der Vorwurf der eiskalten Herzlosigkeit an alle Nicht-Rechten.

«Die Tat ist nicht schlimmer, weil sie ein Flüchtling begangen hat», sagte Dieter Salomon, grüner Oberbürgermeister von Freiburg, im Interview. Nun ist «schlimm» so ein Wort, für das es keine festen Standards gibt. Schlimm kann ein Husten sein oder ein Krieg. Für einige Menschen ist eine Tat, die durch einen Flüchtling begangen wurde, gefühlt schlimmer als eine, die durch einen Deutschen begangen wurde, und nicht nur das, sie ist in manchen Köpfen überhaupt dann erst existent.

Der Freiburger Mord wurde erst von so großem, bundesweitem Interesse, als der Verdächtige gefasst wurde, obwohl es auch vorher schon ein grausamer Mord war. Es war insofern ein besonderer Fall, als es im Raum Freiburg drei Wochen nach der Tat noch ein weiteres tödliches Sexualverbrechen an einer jungen Frau gab und die Menschen dort verängstigt waren. Doch solange kein Flüchtling involviert ist, ist Gewalt gegen Frauen zwar ein Problem mit extremen Ausmaßen, aber nicht unbedingt eines, das von denen aufgegriffen wird, die jetzt Empathie mit den Angehörigen des Freiburger Opfers fordern.

Das Bundeskriminalamt hat Ende November eine eigene Auswertung zu Gewalt in Partnerschaften vorgestellt. Bei den rund 127 500 Fällen aus dem Jahr 2015, die in der Statistik auftauchen, geht es um Delikte wie Körperverletzung, Vergewaltigung, sexuelle Nötigung, Bedrohung, Stalking, Mord und Totschlag. Darunter sind männliche und weibliche, deutsche und nichtdeutsche Opfer und Tatverdächtige. In 82 Prozent der Fälle sind die Opfer weiblich. 72 Prozent der erfassten Tatverdächtigen haben einen deutschen Pass. Diese Zahlen so zu benennen bedeutet nicht, die Fälle unter den Tisch fallen zu lassen, in denen Männer das Opfer sind oder Ausländer die Täter. Es bedeutet zu zeigen, dass das Problem kein Flüchtlingsproblem ist.

Es gibt bislang keine Hinweise darauf, dass sich der mutmaßliche Täter von Freiburg und sein Opfer kannten. Also könnte man sagen, der BKA-Bericht hat nichts damit zu tun. Das stimmt. Die Gemeinsamkeit ist eigentlich nur, dass es in beiden Fällen unter anderem um Frauen geht, die getötet wurden.

2015 gab es in Deutschland 331 weibliche Opfer von versuchtem oder vollendetem Mord oder Totschlag durch den Partner oder Expartner. Das ist fast jeden Tag eine Frau. 131 der Opfer starben, 200 überlebten. Würde man die Meldungen darüber jedes Mal in die Abendnachrichten einbauen, würden wir denken, wir leben in einem Land, in dem Gewalt gegen Frauen eine wahre Epidemie ist – und es würde stimmen. Jedes vierte Mal würden wir dabei hören, dass genauso auch ein Mann Opfer durch seine Partnerin oder Expartnerin wurde (84 im Jahr 2015).

Man kann das für eine wahllose Zusammenstellung von Gewalttaten halten – oder für eine Zusatzinformation, die bisher zu wenig Beachtung gefunden hat. Der BKA-Bericht zu Partnerschaftsgewalt war kein so großes Thema, als er veröffentlicht wurde: Er war vielen Medien eher nur kleinere Berichte wert oder gar keine. Die meisten dieser Delikte tauchen, auch wenn es sich um Mord handelt, nicht in der «Tagesschau» auf, obwohl sie auch oft unfassbar grausam und tragisch sind. Sie werden hervorgehoben, wenn es mehrere Tote gibt oder wenn sie so brutal sind wie im November 2016 in Hameln, wo eine Frau von ihrem Ex-Mann angegriffen und anschließend an ein Auto gebunden durch die Straßen gezogen wurde.

Dem BKA-Bericht wurde ein kurzer Beitrag gegen Ende der «Tagesschau» gewidmet. Hätte es einen Aufschrei gegeben, wenn er nicht vorgekommen wäre? Wahrscheinlich nicht.

Nach dieser Kolumne über Gewalt gegen Frauen fühlte sich Herr H. inspiriert. Auf Facebook schrieb er mir: «Du rotes Stück Scheiße gehörst so verprügelt, dass du nie mehr schreiben und deinen versifften sozialistischen Scheiß verbreiten kannst. Ihr Zecken werdet bald brennen. Du Hure. Du verdammtes Stück Dreck bist bald fällig.» Gut eine Woche später ergänzte er: «Du Schlampe gehörst erschossen. Kriegst du nicht genug Schwänze oder was ist los?»

Danke, bin tipptopp versorgt, aber hab dazwischen auch noch Zeit gefunden, ihn mit Hilfe meiner Anwältin anzuzeigen. Das läuft in solchen Fällen oft so, dass der Täter nicht ermittelt werden kann, weil das Internet groß ist und viele Hassnachrichten anonym verschickt werden, aber Herr H. hatte mir unter seinem Klarnamen geschrieben und seine berufliche Webseite über eine deutsche Adresse angemeldet. Weil er aber nicht dort wohnt, sondern im Ausland, verlief die Korrespondenz mit der Staatsanwaltschaft zum Teil über die Mutter von Herrn H., die seine Post entgegennehmen musste und für ihn zur Polizeidienststelle ging. Herr H. schrieb in seiner Erklärung, er sei «politisch sehr aktiv bei Facebook» gewesen, «habe aber nie jemanden öffentlich persönlich beleidigt». Inzwischen habe er sich dort abgemeldet. Und: «Ich bin eine Person der politischen Mitte und auch so erzogen worden vor vielen Jahren.» Die Staatsanwaltschaft sah am Ende von der Verfolgung ab, mit folgender Begründung: «Nach dem bisherigen Ergebnis der Ermittlungen wäre die Schuld des Täters als gering anzusehen. Ein öffentliches Interesse, das die Strafverfolgung gebietet, liegt nicht vor. Maßgebend für diese Bewertung des angezeigten Einzelfalles sind folgende Umstände: Die beanstandeten Äußerungen erfolgten als ‹private Nachricht›, d. h. nicht öffentlich. Der Beschuldigte ist nicht vorbestraft. Weitere Ermittlungen, wie z. B. eine Durchsuchung, stehen vor dem Hintergrund des Tatvorwurfs der Beleidigung und dem Umstand, dass der Beschuldigte inzwischen in (...) amtlich gemeldet ist, außer Verhältnis.»

Ich glaube zwar schon, dass es ein öffentliches Interesse daran gibt, dass Autor*innen Texte schreiben dürfen, ohne dass ihnen erklärt wird, sie sollten verprügelt, erschossen und verbrannt werden, fand aber zumindest erbaulich, dass dieser wohlerzogene Herr der politischen Mitte sich vermutlich vor seiner Mutter rechtfertigen musste, warum er fremde Frauen im Internet anpöbelt.

ES KÖNNTE ETWAS LAUTER WERDEN

OKTOBER 2017

Es ist laut in Hollywood, und es wird immer lauter in anderen Teilen der Welt: Wieder einmal sind die Übergriffe eines mächtigen Mannes öffentlich geworden, und wieder einmal trauen sich Frauen, die Ähnliches kennen, erst nach langer Zeit mit ihren Geschichten an die Öffentlichkeit, weil sie wissen, dass sie nicht allein sind.

Dass ein Typ wie Filmproduzent Harvey Weinstein über Jahrzehnte hinweg Frauen belästigt und einige vergewaltigt haben soll, scheint niemanden zu wundern, der ihn kannte. Wundern kann man sich allerdings darüber, wie ähnlich die Debatten um übergriffige Männer immer wieder verlaufen und wie wahnsinnig langsam Dinge sich ändern.

Wieder sammeln Zehntausende Menschen ihre Erfahrungen unter einem Hashtag – #MeToo – und berichten, wie sie von Fremden, Bekannten, Verwandten, Freunden, Kollegen oder Vorgesetzten belästigt, bedrängt oder vergewaltigt wurden. Ähnliche Aktionen gab es in den vergangenen Jahren mit #aufschrei, #ausnahmslos oder #whyisaidnothing.

Ob es um anonyme Fälle geht oder um berühmte Beschuldigte wie Harvey Weinstein, Donald Trump, Bill Cosby oder Dominique Strauss-Kahn: Die Debatten werden von den immer wieder gleichen Verdrängungs- und Ruhigstellungs-Impulsen begleitet, laut denen die Betroffenen angeblich zu naiv, aufmerksamkeitsbedürftig oder selbst schuld waren und die Täter eben schwierige oder ebenfalls naive Typen, die in dem Moment oder generell nicht wussten, was sie sagten oder taten.

Es ist tragisch, wenn es immer erst eine Flut an Aussagen

braucht, um Opfer von sexualisierter Gewalt glaubwürdig werden zu lassen, und es ist ähnlich tragisch, wie dabei bestimmte
Mythen und Vorurteile immer wieder aufgewärmt werden.

Es wird allerdings schwieriger, diese Mechanismen des Ver-
drängens und Kleinredens aufrechtzuerhalten, je mehr Fälle
von Belästigung, Missbrauch und Vergewaltigung öffentlich
werden. Die Debatten fangen nicht immer wieder bei null an:
Dazu sind die jeweiligen Anschuldigungen zu ähnlich. Dass das
Problem mit sexualisierter Gewalt ein «strukturelles» ist, heißt,
dass bestimmte Erfahrungen, Szenen, Erzählungen sich wiederholen, immer wieder nach denselben Mustern – weil sie durch
bestimmte Umstände begünstigt werden wie zum Beispiel die
Tatsache, dass manche Menschen sich sehr viel erlauben können, ohne dafür belangt zu werden, und andere so wenig Macht
haben, dass sie nicht einmal gehört werden.

Selbst im Fall Harvey Weinstein, bei dem man aufgrund der Be-
weislage davon ausgehen kann, dass er über lange Zeit übergriffig gehandelt hat, gibt es skeptische Stimmen, die etwa fragen,
warum die Frauen, die Weinstein beschuldigen, sich jetzt erst
trauen zu sprechen und ob sie nicht in ihren Karrieren auch davon profitiert hätten.

Der Karriere-Einwand ist besonders perfide: Immer wieder ist
zu hören, die Frauen, die Weinstein beschuldigen, hätten ihm
doch beruflich viel zu verdanken. Das kann sein. Allerdings hat
das mit Weinsteins Tätigkeit als Filmproduzent zu tun und nicht
mit seinen Genitalien: Businessförderung geht auch ohne Belästigung. Es ist kein Zufall, dass die meisten von Weinsteins Opfern
junge Schauspielerinnen waren, die am Anfang ihrer Karriere
standen und von ihm mehr oder weniger abhängig waren.

Und selbst falls es so sein sollte, dass einige der Frauen sich bewusst darauf eingelassen haben, mit einem Typen aufs Zimmer
zu gehen, vor dem schon lange gewarnt wurde und dessen Über-
griffigkeit bekannt schien: Andere hat diese Gewalt zerstört. Sie
wird nicht besser dadurch, dass manche Opfer sie okay wegge-

steckt haben mögen. Hier zeigt sich der alte Versuch des «victim blaming», der Beschuldigung des Opfers, ein Phänomen, das sexualisierte Gewalt zuverlässig begleitet, obwohl es eindeutig nur einen Schuldigen gibt: den Täter.

Als mitschuldig kann man allenfalls diejenigen sehen, die Weinstein so lange gedeckt haben: die Medien, die nicht über seine Übergriffe berichteten, und die mitwissenden Menschen, die weniger von Weinstein abhängig waren und im Falle einer Aussage weniger Risiken getragen hätten.

Mitschuldig sind auch all diejenigen, die im Falle von Sexualstraftätern oder anders gewalttätigen Männer immer wieder davon sprechen, wie nah angeblich Genie und Wahnsinn beieinanderliegen, und die eine stille Faszination hegen für alte, aggressive Männer, die regelmäßig ausrasten. Das ist krank. Wer wie *Bild.de* schreibt, Weinstein sei «auch eine geniale Sau» gewesen, huldigt einem Täter.

Mitschuldig sind immer auch die, die Vergewaltigung oder Belästigung zu Sex umdichten. «Sexskandal weitet sich aus. Nun hat es den Chef der Amazon-Unterhaltungssparte, Roy Price, getroffen», twitterte «ZDF heute». Als müsste man Mitleid mit Price haben. Offenbar kann man auch nicht oft genug sagen, dass es sich hierbei nicht um einen «Sexskandal» handelt. Sex ist nichts Schlimmes. Hätte Weinstein oder ein anderer Täter einfach nur einen starken Sexualtrieb gehabt, hätte er allein in seinem Hotelzimmer masturbieren können wie jeder normale Mensch. Jede Situation, in der andere Leute gegen ihren Willen zur Befriedigung benutzt werden, ist nicht mehr Sex, sondern Gewalt und Machtmissbrauch.

Es ist gut, dass die Oscar-Akademie die Zusammenarbeit mit Weinstein beendet hat und der wichtigste US-Produzentenverband Producers Guild of America ihn rausschmeißen will. Hätte früher passieren können, aber immerhin. Man muss Tätern das wegnehmen, was sie zu Tätern werden ließ: nicht ihren Penis, sondern ihre Macht – und Macht entsteht durch Zusammenarbeit. Kein Mensch kann das allein, er braucht ein System aus mitwissenden und mitspielenden Menschen, die seine Übergriffe mitermöglichen, schönreden oder beschweigen, und Opfer, die zu viel zu verlieren haben, wenn sie sprechen. Übergriffe passieren da, wo die Angst vor den Konsequenzen nicht groß genug ist.

Die Situationen, die solches Verhalten ermöglichen, sind allgegenwärtig, so lange, wie Frauenfeindlichkeit alltäglich ist und sogenannte Genderthemen etwas, das hinter «den wirklich wichtigen Themen» zurückstehen muss. Aber solange die Körper von Frauen weiterhin als Dekorationsobjekte fungieren, solange von Frauen erwartet wird, dass sie lächeln, auch wenn sie keine Lust haben, solange Frauen als übertrieben emotional gelten, solange ihre Worte und auch ihre Widerworte nicht mit exakt demselben Respekt bedacht werden wie die eines Mannes, solange die Sexualität von Männern als etwas Triebhaftes verstanden wird und solange Frauen weniger eigenes Begehren zugestanden wird und sie vermeintlich immer erst rumgekriegt werden müssen, und das zur Not mit Gewalt – so lange wird es immer wieder Täter wie Weinstein geben können.

FRAUEN KÖNNEN DAS AUCH
NOVEMBER 2017

Während weiterhin täglich neue Vorwürfe der Belästigung und Vergewaltigung gegen Politiker, Produzenten, Regisseure, Schauspieler und Uno-Mitarbeiter öffentlich werden, fragen sich immer noch viele Leute, was genau es mit der Sexismussache in ihrer eigenen, kleineren Welt auf sich hat. Die einen wüssten gern, ob sich nun endlich was ändert, und die anderen wissen nicht, warum es so einen Aufstand gibt.

Auch viele von denen, die skeptisch sind, warum jetzt plötzlich so viel über Sexismus geredet wird, sagen, sie würden ja gerne verstehen, was da los ist. Sie hätten gern Erklärungen und Zusammenhänge: Warum bleiben viele Täter unbestraft, warum schweigen viele Opfer, warum hört das alles denn nicht auf?

Es reicht leider noch nicht, dass jetzt so viel über Sexismus geredet wird, wenn nicht auch haufenweise Menschen ihr tägliches Handeln ändern. «Being heard is one kind of power, and being free is another», hat Jia Tolentino im *New Yorker* geschrieben.[46] Wir sind jedoch noch weit entfernt davon, dass das Sprechen über sexualisierte Gewalt dazu führt, dass diese verurteilt wird.

Dabei ist es nicht so, dass auf der einen Seite Frauen stehen, die längst alles wussten, und auf der anderen Seite Männer, die wahlweise widerwärtige Täter sind oder ahnungslose Trottel. Es ist komplizierter. Männer, die das Ausmaß des Problems längst kannten, und Frauen, die es weiterhin leugnen.

Mangelnde Solidarität kennt viele Facetten. Manchmal sind es Männer, die die Sache runterspielen wollen. Männer, die schreiben, dass sie genervt und überfordert sind von der Debatte, weil ihnen jegliche Fachkenntnis fehlt (kleiner Scherz, so schreiben sie das natürlich nicht, aber so ist es wohl). Männer, die Mitleid für die Täter empfinden, wie Woody Allen für Harvey Weinstein. Männer, die sagen, es sei alles nicht so wild, wie Volker Schlöndorff über Dustin Hoffman.

Das ist alles falsch. Und genauso falsch können Frauen es auch. Es ist ein häufig gemachter Denkfehler, dass etwas, was eine Frau tut, nicht sexistisch gegen Frauen sein kann. Es gibt Leute, die sagen, die schlimmsten sexistischen Sprüche über Frauen machen Frauen doch selbst. Ich denke das nicht, aber glaube, dass es besonders auffällt, wenn sie es tun – weil man insgeheim vielleicht doch irgendeine Art von Solidarität erwartet. Aber diese Solidarität ist keineswegs selbstverständlich.

Frauen machen einander oft genug das Leben schwer und beteiligen sich an frauenfeindlichen Ritualen. Oder sie stellen sich in der Debatte um Übergriffe instinktiv auf die Seite von Männern, weil denen Unrecht geschehen könnte.

«Die Unschuldsvermutung hat in diesen Tagen einen schweren Stand», hieß es in einem Text in der *FAZ* von Corinna Budras, als wäre nun der Rechtsstaat aus den Angeln gehoben, weil Menschen über Gewalt sprechen, die ihnen passiert ist. Und als könnten viele Beschuldigte nicht noch jahrzehntelang ihr Tun fortsetzen, seit es die ersten Vorwürfe gibt. Und im *Standard* kommentierte Rechtsanwältin Katharina Braun, Männer stünden inzwischen «unter Generalverdacht, sexuell übergriffig zu sein», und überhaupt, es sei «bald keine normale Kommunikation zwischen den Geschlechtern möglich».

Es gibt Frauen, die über das Aussehen anderer Frauen so oberflächlich und klischeehaft schreiben, dass man sich fremdschämt. Es gibt Frauen, die «drüberstehen», wenn sie belästigt werden, und die das auch von anderen erwarten. Es gibt Frauen, die Trump gewählt haben, obwohl sein Verhalten Frauen gegenüber bekannt ist.

Die meisten frauenfeindlichen Frauenzeitschriften wie *InTouch* oder *Closer*, die daraus bestehen, Mängel an Körpern und im

Liebesleben von weiblichen Prominenten aufzuzeigen, sind von Frauen gemacht. Und in Blowjob-Ratgebern erklären Redakteurinnen ihren Leserinnen, wie sie beim Blasen ihren Würgereiz unterdrücken und warum es sich lohnt, dem Mann einen zu blasen, auch wenn man nicht will (Anerkennung, juhu).

Alle Frauen wachsen mit dem Wissen auf, dass sexualisierte Gewalt möglich ist, aber wir gehen unterschiedlich damit um. «Welche Frau (...) wächst nicht mit dem Dauerhinweis auf, sich zu schützen, aufzupassen?», hat die Soziologin Paula-Irene Villa im Deutschlandfunk Kultur gefragt.[47] Einige internalisieren diese Hinweise so sehr, dass sie finden, man ist als Frau selbst schuld, wenn doch etwas passiert. Als sei Belästigung oder Vergewaltigung eine Lawine, die über eine Frau hereinbrechen kann, wenn sie nicht genügend aufpasst.

Wer die Ursprünge übergriffigen Verhaltens verstehen will, muss es ertragen zu sehen, wie viel von unserem Alltag sexistisch geprägt ist. Das ist kein Rumheulen und keine Gleichmacherei, sondern Analyse und Anklage. Manchmal kommt dabei auch heraus, dass Frauen sich sexistisch verhalten.

Denn Herrschaft hat noch nie so funktioniert, dass sie sich nur durch ein paar einzelne Handlungen von Herrschenden gegen Beherrschte stabilisiert, sondern sie braucht Zusammenarbeit. Wenn sie nicht auf purer Gewalt aufgebaut ist, braucht sie irgendeine Art von Vorteil, den die Beherrschten haben, und sei es die Sicherheit, dass sich so bald nichts ändert am Gewohnten – und die Angst davor, wie ein anderes System aussehen würde (ob man da noch Komplimente bekäme, sich hübsch machen dürfte oder einfach Mutter sein ...).

Die Feststellung, dass Frauen auch sexistisch sein können, darf nicht darin enden zu sagen, dass Frauen an ihrem Elend selbst schuld sind. Alles, was sich daraus ergibt, ist die noch dringlichere Frage, wie die Art von Zusammenarbeit zu beenden ist, bei der Sexisten gehuldigt wird und Frauen sich selbst und einander schaden.

LIEBER NICHT KOPULIEREN
ALS FALSCH
NOVEMBER 2017

Es sind scheußliche Geschichten, die zu hören waren, seit die Sexismusdebatte im Oktober begann. Aber nicht weniger entsetzlich als die Geschichten der Opfer, die sich zu Wort melden, sind die Einblicke in den Geist derer, die nun erzählen, Sexualität sei ja an sich eine Art Kampf. Was für wahnsinnig traurige Vorstellungen von Sex da rauskommen, und das fast nebenbei, wenn Flirt-Retter und Sexismusskeptikerinnen zu erklären versuchen, warum man in der Debatte um Belästigung und Missbrauch nicht übertreiben sollte.

Dabei geht es zunächst eigentlich gar nicht um Sex. Die Erzählungen vom vor Frauen masturbierenden Louis C. K., vom belästigenden und nötigenden Harvey Weinstein und all den anderen Tätern sind keine Anekdoten über schlecht gelaufenen Sex, sondern Beschreibungen von Gewalt. Es gibt den Begriff der «sexualisierten Gewalt» – im Gegensatz zum Begriff «sexuelle Gewalt» –, um zu verdeutlichen, dass es nicht um etwas Sexuelles für den Täter geht, sondern um Machtmissbrauch, der so oder anders passieren könnte und sich in diesem Fall im Bereich Sexualität abspielt.

Aber das reicht schon, um den Diskurs bizarre Blüten treiben zu lassen. Denn wo immer die Themen Macht und Sexualität auf irgendeine Art zusammenkommen, drehen die Leute durch, und Abgründe tun sich auf.

Zuletzt in der *Zeit*-Beilage «Christ & Welt»: Da hat die Redakteurin Christina Rietz sich Sorgen gemacht. «Die Ehre des Flirts ist angekratzt, der Flirt hat Schaden genommen, steht unter Verdacht», befindet sie und fordert deswegen: «Rettet den Flirt!»[48]

Aus der Erfahrung, dass ihr Bäcker sie für einen Flirt stets mit Quarkbällchen belohnt und sie das gern so beibehalten möchte – Tipp von mir: nie hungrig schreiben –, folgert sie, dass man für den kompletten Themenbereich Sex anerkennen müsse: «Sexualität ist der Inbegriff des Übergriffigen, sie ist darauf angelegt, dass jemand sich irgendwann übergriffig verhält.» Das ist das Traurigste, was ich bisher in der gesamten Sexismus-Diskussion gelesen habe, und es macht mich fertig, dass das eine Autorin schreibt, die fast genau gleich alt ist wie ich und nicht ein Plagegeist aus dem 16. Jahrhundert.

Schon die erste Feststellung ist falsch. Dem Flirt geht es gut. Niemand will ihm was. Der Flirt ist, wenn man mal einen aktuellen Begriff benutzen will, ein atmender Rahmen[*]: eine Situation, die sich über eine Weile erstrecken kann und bei der man gelegentlich die Rahmenbedingungen neu anpassen kann. Indem man sich küsst. Oder ein Bett aufsucht. Oder indem man sagt: Nee, doch nicht. Oder was anderes. Niemand auf der Welt will daran etwas ändern, außer religiösen Fundamentalist*innen, und die sind verrückt.

Die Idee aber, dass Sexualität «der Inbegriff des Übergriffigen» sei, die ist nicht nur falsch, sondern auch gefährlich – wenn damit nicht die eher philosophische und sicher nicht alltägliche Bedeutung von «Übergriff» gemeint ist, dass man in die Sphäre des anderen Menschen «übergreift», wenn man ihn persönlich anspricht. Aber dann könnte man auch «Kommunikation» sagen oder «Austausch», wenn es doch um etwas Schönes gehen soll.

Wenn mit «Übergriff» gemeint ist, dass Sex immer eine Person braucht, die sich denkt, «okay, egal was ist, ich mache das jetzt», dann ist das etwas, von dem ich hoffe, dass kein einzi-

---

[*] Der Begriff «atmender Rahmen» tauchte im Zuge der Sondierungsgespräche nach der Bundestagswahl im Herbst 2017 auf, bezogen auf Obergrenzen in der Flüchtlingspolitik.

ger junger Mensch sich das zu Herzen nimmt. Und kein älterer. Überhaupt niemand. Es stimmt, dass Flirtversuche und sexuelle Sondierungsgespräche sich eine ganze Weile hinziehen können, wenn niemand sich traut, einen Schritt weiter zu gehen, aber verdammt, wie schön kann das sein! Dann dauert es eben länger. Immerhin kann man sich dann sicher sein, keine Grenzen verletzt zu haben. Lieber nicht kopulieren als falsch.

Dieses «keine Grenzen verletzen» wird mitunter als etwas völlig Absurdes dargestellt. Thea Dorn hat in einem Deutschlandfunk-Kultur-Interview gesagt, man müsse Künstlern (wie etwa Kevin Spacey, um den es ging) schon zugestehen, dass ihre «Antriebs-kraft natürlich auch das Abgründige sein muss» und «die Lust daran, über die Stränge massiv zu schlagen» (etwa sich als Er-wachsener auch mal auf einen 14-Jährigen zu legen?). Wer das nicht wolle, sei «spießiger und furchtbarer als der Geist der 50er und 60er». Sie glaubt, «diese Idee, man könne Machtverhältnis-se oder Kränkungen oder Beleidigungen aus der Welt schaffen, das ist ein neuer Totalitarismus, der da heraufzieht, ein mora-lischer, und es schürt ja auch eine fürchterliche Paranoia».[49]

Das ist so lustig und bekloppt. Die Feminist*innen, die ich am besten kenne, sind die ganze Zeit nur am Vögeln. Andererseits ist es aber auch wieder überhaupt nicht lustig, denn aus welcher Ecke der Hölle kommt diese Idee, in einer Welt, in der man ver-sucht, sexualisierte Gewalt zu bekämpfen, bleibe am Ende nicht mehr viel Spannendes übrig? Es ist mir ein Rätsel, wie man den-ken kann, irgendwas würde der Menschheit fehlen, wenn Sexis-mus, Belästigung und Missbrauch wegfallen.

Selbst wenn es so wäre, dass es Künstler gibt, die ihre Schaffens-kraft aus dem Über-die-Stränge-Schlagen ziehen, dann wäre wohl deren Kunst etwas, was man entbehren kann. Wenn das «moralischer Totalitarismus» ist, okay, dann her damit!

HEXEN, ÜBERALL HEXEN?

JANUAR 2018

Auf nahezu magische Art kommen alle, die eine passende Metapher suchen, um zu sagen, dass Männer die eigentlichen Leidtragenden der #MeToo-Debatte sind, auf den Begriff der Hexenjagd. Es scheint akute Hexenjagdsaison zu sein: Schauspieler Liam Neeson sprach davon, dass die Debatte über #MeToo eine Hexenjagd sei. Die *Augsburger Allgemeine* warnte: «#MeToo darf nicht zur Hexenjagd werden». Der Bürgermeister von Bad Hersfeld hat den Regisseur Dieter Wedel verteidigt: «Im Zusammenhang mit den gegen ihn erhobenen Vorwürfen fühle ich mich an eine Hexenjagd erinnert», sagte er. Der Mitarbeiter eines AfD-Abgeordneten, der wegen Vergewaltigung angezeigt worden war, sprach in diesem Kontext von Hexenjagd. In der *Welt* und in Markus Lanz' Sendung wurde der Hexenjagd-Vergleich ebenfalls gezogen.

Und in Österreich wird über den inzwischen verstorbenen Skifahrer Toni Sailer diskutiert, der 1974 eine Frau schwer verletzt und vergewaltigt haben soll. Der Fall ist besonders brisant, weil die damalige Regierung daran beteiligt gewesen sein soll, das Verfahren gegen Sailer einzustellen. Natürlich schreibt auch hier irgendwer in den Kommentaren: «(Nicht nur) für mich ist das inzwischen eine Art Hexenjagd geworden.» Ja, nicht nur für dich.

Eine kleine Verwechslung passierte dabei in der *Abendzeitung* aus München. In einem offenen Brief zur #MeToo-Diskussion von Catherine Deneuve und anderen französischen Frauen wurde die Hexenmetapher anders verwendet, denn da hieß es, Frauen würden – wie Hexen – in der Debatte zu bloßen Objek-

ten gemacht. Die *Abendzeitung* machte daraus «Catherine Deneuve warnt vor Hexenjagd» und bezog das auf die Täter, die
angeblich verfolgt würden, denn inzwischen ist man offensichtlich daran gewöhnt, dass die Hexen in der aktuellen Hexenjagd
ausschließlich Männer sein können.

Der Vergleich trifft allerdings bei weitem nicht nur vermeintliche Belästiger und Vergewaltiger. In der *taz* schrieb Nora Bos-
song im Zuge der Debatte um Simon Strauß von einer «Hexenjagd auf Nassrasur», Horst Seehofer sah wegen der Debatte um
Diesel- und Benzinmotoren eine «Hexenjagd gegen das Auto»,
die *NZZ* beklagte eine «Hexenjagd-Atmosphäre» an US-amerikanischen Unis, in der *Welt* imaginierte Birgit Kelle brennende
Scheiterhaufen für sich selbst, weil sie als islamfeindlich kritisiert wurde. Bekanntermaßen erklärte auch Donald Trump
schon vielfach, es laufe eine Hexenjagd gegen ihn.

Mein Kollege Sascha Lobo hat über die Hexenjagdmetapher als
Teil einer beginnenden reaktionären Revolte geschrieben und
darauf hingewiesen, dass da so einiges schiefläuft: Immer wieder wird der Begriff «Hexenjagd» benutzt, um eine Täter-Opfer-Umkehr vorzunehmen und Täter als wirkliche Leidtragende
darzustellen.[50]

Das ist richtig, aber ich würde sagen, es ist darüber hinaus noch
schlimmer. Die Feststellung der Täter-Opfer-Umkehr lässt noch
außer Acht, dass nicht nur von irgendeiner Jagd, sondern von
«Hexenjagd» die Rede ist und es dafür ein reales historisches
Vorbild gab.

Verrückt genug, dass der Begriff Hexenjagd heute ohne jegliche
Distanzierung oder Anführungszeichen verwendet wird, so als
hätte es jemals wirklich Hexen gegeben und nicht einfach Frau-
en, die aus dem Rahmen fielen oder für ungeklärte Phänomene
als Sündenböcke herhalten mussten: Witwen, alte, arme, behinderte oder kranke Frauen, Frauen mit Kenntnissen zu Heilung,
Verhütung und Abtreibung, Prostituierte oder einfach Frauen,
die zur falschen Zeit am falschen Ort waren.

Aber vor allem ist das, was damals passierte, in keiner Weise vergleichbar mit heutigen Debatten. Wer im Zusammenhang mit der Aufklärung von Verbrechen von Hexenjagd spricht, muss entweder zugeben, sich mit der tatsächlichen Hexenverfolgung keine drei Minuten beschäftigt zu haben, oder bewusst schwerste Gewalt gegen Frauen zu bagatellisieren.

Es gab und gibt übrigens auch männliche Opfer in diesen Prozessen, es gibt entsprechend auch den Begriff der Zaubererverfolgung, aber bezeichnenderweise machen sich diejenigen, die den Begriff der Hexenjagd benutzen, nicht mal die Mühe, sich so weit zu informieren. Stattdessen instrumentalisieren sie in einer völlig perversen Verdrehung real stattgefundene Gewaltverbrechen, deren Opfer zum Teil heute immer noch nicht als solche anerkannt wurden: Die Rehabilitierung der Opfer dauert an. So hat etwa Bernau bei Berlin erst 2017 die Opfer der Hexenverfolgung gewürdigt – als erste Kommune in Brandenburg.

Die Häufigkeit der Hexenjagdmetapher steht in eklatantem Widerspruch zum verbreiteten Wissen über die sogenannten Hexenverfolgungen. Die Fehler beginnen dort, wo die Verfolgungen im Mittelalter angesiedelt werden, obwohl sie hauptsächlich später stattfanden, in der frühen Neuzeit. (Als Höhepunkt der Verfolgungen gilt die Zeit um 1560 bis 1630.) Und es geht da weiter, wo Leute, die Angst vor Rufmord haben, sich mit Hexen vergleichen.

Man muss es wohl doch noch mal sagen: Hexenverfolgung bedeutete nicht, dass es da Frauen gab, über die man schlecht redete und die dann womöglich ihren Job verloren. Sondern dass Frauen gefoltert und grausam ermordet wurden. Viele von ihnen verbrannten bei lebendigem Leib auf Scheiterhaufen. Es gab auch Frauen, die in ihren Häusern eingesperrt und verbrannt wurden. Und solche, die ertränkt wurden. In Lateinamerika, Südostasien und Afrika werden bis heute Menschen wegen vermeintlicher Zauberei verfolgt und ermordet. In Brasilien wurde im Herbst 2017 eine Puppe, die Judith Butler darstellen sollte, stellvertretend als Hexe verbrannt.

Es mag einer rhetorischen Faulheit und trotteligem Nachplappern geschuldet sein, dass jetzt so viele Menschen, die versuchen, potenzielle Sexualstraftäter zu schützen, ausgerechnet die Hexenjagd-Metapher bemühen. Es ist schlimm genug, wenn Leute ihre Täterschutzreflexe stärker werden lassen als den Wunsch nach Gerechtigkeit für Opfer von Übergriffen. Wenn sie diese Reflexe aber auch noch mit schrägen historischen Vergleichen zu Gewalt gegen Frauen untermalen wollen – dann wird es vollends würdelos.

KAPITEL SIEBEN

FÜR RECHTE

ES IST NICHT DIE MAGISCHE MUMU
APRIL 2014

Was ich von der Quote halte, so als junge Feministin? Furchtbar! Ich finde es asozial und unmodern, wenn Menschen nur nach ihrem Geschlecht beurteilt werden und nicht nach ihrem Können oder wie sie sonst so drauf sind. Ich bin da ganz auf CDU-Linie. Also fast.

Kurt Lauk, Präsident des CDU-Wirtschaftsrats, hat mir quasi das Wort aus dem Mund genommen. Geschlecht, hat er gesagt, kann «kein Ersatz für Qualifikation sein, das gilt für Männer und Frauen». Jawoll! Meine Meinung.

Herr Lauk muss aufgeregt gewesen sein, als er das sagte. Er hat nämlich erklärt, dass er deswegen – und jetzt kommt der blöde Verdreher, der ihm rausgerutscht sein muss – *gegen* die Frauenquote ist, die Ministerin Manuela Schwesig vorgeschlagen hat. Hoppla! Da ist jetzt etwas durcheinandergekommen. Wer will, dass Menschen im Berufsleben nicht mehr nach ihrem Geschlecht beurteilt werden, muss *für* eine Frauenquote sein. Und dementsprechend gegen die Männerquote, die leider meistens nicht so genannt wird und sich nur in Umschreibungen findet wie «homosoziale Reproduktion», auch bekannt als «Yo, der Typ ist wie wir, lass uns den nehmen».

Einer wie Herr Lauk müsste das wissen. Wo der schon überall saß! Bei der Boston Consulting Group als Vizepräsident, bei Audi, beim E.on-Vorgänger Veba und bei DaimlerChrysler im Vorstand. Wenn man da heute guckt, findet man: in der Boston-Consulting-Führung sieben Männer und zwei Frauen, im Vorstand von Audi sieben Männer, bei E.on sechs Männer, bei Daimler sechs Männer und eine Frau.

Das erklärt vieles. Wer so wenig auf Frauen trifft, vergisst womöglich, dass es die überhaupt gibt. Frauen, das sind die mit den Schuhen. Schuhe mit Absatz, nacktes Bein obendrüber. Müssen Sie mal drauf achten. Jetzt, wo wieder über Quoten berichtet wird, werden die Schuhfotos wieder rausgeholt.

Ich habe einen Tipp gelesen für Männer, die mit Polinnen flirten wollen. Wenn ihnen nichts einfällt, sollen sie sagen: «Fajne buty.» Tolle Schuhe. Die Nachrichtenagentur *dpa* macht das genauso. Auf den ersten 80 Fotos zum Thema Frauenquote gibt es 23 Fotos von Schuhen.

Natürlich ist die Frauenquote blöd. Sie ist so ärgerlich wie der Gips, den man tragen muss, wenn man sich den Arm gebrochen hat. Es wär viel mehr Heißa-hopsasa ohne Gips. Aber wenn alles heile ist, kann der Gips weg.

Bis dahin wird viel gemotzt werden. Frauen, wird es heißen, buhu, sie werden bevorzugt, böse Quote. Nein. Sie kriegen nur auch eine Chance. Was glaubt ihr denn, ihr kleinen Skandalgeier? Es ist nicht die magische Mumu, die Frauen Stellen verschafft. Es ist die Qualifikation. Es gibt nur sehr wenige Berufe, in denen eine Vagina reicht, um eine Stelle zu kriegen. Sehr wenige und nicht unbedingt schöne.

Immerhin geben einige offen zu, dass sie eine Welt ohne Frauen besser fänden. *Focus Online* berichtet: «Pisa-Studie: Mädchen und Migranten verschlechtern deutsches Ergebnis». Schlimm! Die kleinen Arier hätten allein so gut abgeschnitten. Aber wo es nun mal Frauen, Mädchen und Migranten gibt: Machen wir das Beste draus.

KLOS FÜR ALLE
APRIL 2016

Wenn jemand mich fragen würde, was meine Grundbedürfnisse sind, würde ich sagen, essen, trinken, schlafen, Sex, ein Dach über dem Kopf und so weiter, und wahrscheinlich würde ich anfangen, über Whisky oder Zimtschnecken zu reden, lange bevor mir einfiele, dass es auch ein Grundbedürfnis ist, in Ruhe pinkeln zu gehen. Es würde mir erst spät einfallen, weil es selbstverständlich für mich ist. Weil ich nicht trans bin.

In North Carolina gibt es ein neues Gesetz, das trans Personen vorschreibt, welche öffentlichen Toiletten sie benutzen dürfen: nämlich nur diejenigen für das Geschlecht, das in ihrer Geburtsurkunde steht. Das heißt, selbst wenn sie womöglich seit Jahrzehnten als Frau leben, sollen sie trotzdem aufs Männerklo, oder andersrum. Sie sollen in Kauf nehmen, sich dort zutiefst unwohl zu fühlen und dass man sie beschimpft, belästigt, verprügelt oder rausschmeißt, denn das passiert in solchen Fällen. Die einzige legale Alternative ist es dann, so lange nicht aufs Klo zu gehen, bis eine private Toilette in Reichweite ist. Bruce Springsteen, Ringo Starr und Pearl Jam haben ihre Konzerte in North Carolina abgesagt, aus Protest gegen das Gesetz.

Toiletten sind das Beispiel, das immer wieder herangezogen wird, um zu zeigen, wie entsetzlich kompliziert alles wird, wenn man sich plötzlich um all die Minderheiten kümmern muss, die irgendwas mit «trans» oder «inter» heißen oder was mit «genderqueer»: So schlimm, diese Leute, nicht wahr? Sogar beim Toilettengang machen sie Stress.

Und plötzlich wird so etwas wie der Gang zur öffentlichen Toilette zum Privileg. Sollte es eigentlich nicht. Fühlt sich auch faktisch nicht so an. Menschen finden es blöd, wenn man sie privilegiert nennt und sie nicht gerade ein Champagnerglas in der Linken und ein Lachshäppchen in der Rechten halten. Dann denken sie: Was, ich? Gestern erst eigenhändig den Müll runter-gebracht. Aber so ist das mit den Privilegien: Wenn man sie hat, sind sie kein Problem, und wenn man sie vorgeworfen kriegt, wird man bockig.

Dabei gehen wir alle in der Bahn oder im Flugzeug auf eine All-Gender-Toilette, und weil es so banal ist, fällt es uns noch nicht mal auf.

Es könnte so einfach sein: Klos für alle. Menschen haben so viele unterschiedliche Bedürfnisse und Wünsche und Ziele, und es ist okay, wenn es darüber Streit gibt. Aber in Ruhe aufs Klo zu gehen sollte eigentlich nichts sein, was man verhandeln muss.

Es muss noch nicht mal irgendwas umgebaut werden dafür. Man kann die Schilder ändern in «stehend» und «sitzend» oder «mit / ohne Urinal».

Doch kaum hat man das Wort Unisex- oder All-Gender-Toilette nur ausgesprochen, steht irgendwo ein Martenstein und erklärt, die Leute sollen einfach lügen, wenn man ihnen vorwirft, auf dem falschen Klo zu sein: «Das, was die deutschen Inter- und Transsexuellen für ihr Land tun können, lässt sich am besten in dem Satz ‹Das andere Klo ist kaputt› zusammenfassen.»[51] Genial, Mann. Dass ausgerechnet einem preisgekrönten Journalisten nicht einfällt, dass sich im Zweifel leicht nachprüfen lässt, ob das andere Klo kaputt ist, und dass man auch fürs Lügen auf die Fresse kriegen kann, ist vielleicht ganz illustrativ für die Igno-ranz, die viele Leute bei allem überfällt, wo das Wort Gender vorkommt.

Die Meldung, dass nun auch Pearl Jam ihr Konzert in North Ca-rolina abgesagt haben, kommentierte ein Facebook-Nutzer auf der Seite von *Spiegel Online* so: «Vielleicht haben die Leute auch einfach keine Lust mehr, jeden blöden Modetrend mitmachen zu MÜSSEN? Sowohl PC als auch dieses Gender haben in den

USA ihren Ursprung.» Ganz ähnlich wie dieses Facebook, übrigens. Ein anderer schrieb: «Sorry, aber mal grundlegend, was soll das Gesetz? Schniedel = Herrentoilette, kein Schniedel = Damentoilette ...»

Die Botschaft ist dieselbe, egal ob bei Martenstein oder den Kommentatoren: Wenn *bei mir* doch alles gut läuft, warum soll sich dann etwas ändern?

Wie kann man so denken? Wollen solche Menschen auch, dass der Supermarkt alles aus dem Sortiment nimmt, was *sie* nicht brauchen? Dass keine Filme mit Untertiteln in ihrer Sprache gemacht werden, weil *sie* ja wohl alles verstehen? Dass das Geld für Straßenbeleuchtung gespart wird, weil *sie* gerade nicht aus dem Haus müssen?

Auf jedem einzelnen Snickers ist heute fett hervorgehoben, dass da Erdnüsse drin sind. Wie viele Leute haben eine Erdnussallergie? 0,5 bis 1 Prozent der Kinder in Deutschland, sagt die Stiftung zur Behandlung von Erdnussallergien. Wenn wir damit klarkommen, dass unsere Schokoriegel minderheitenfreundliche Beschriftungen kriegen, warum nicht auch unsere Klos?

Wissen Leute, die sich über Unisex-Toiletten aufregen, dass trans Personen signifikant häufiger Opfer von Gewalttaten werden, Depressionen haben und Suizid begehen? Und zwar nicht, weil die Natur es so will. Je häufiger sie Ablehnung durch ihre Umgebung erfahren, desto wahrscheinlicher ist es, dass sie versuchen, sich zu töten.

Wenn man das weiß und trotzdem findet, dass es alberner Schnickschnack ist, öffentliche Klos für alle zu fordern, dann weiß ich ehrlich gesagt nicht, wie man beim Händewaschen nach seinem privilegierten Pinkeln überhaupt noch in den Spiegel gucken kann.

NIMM DIE HAND AUS DER HOSE, WENN ICH MIT DIR REDE

MAI 2016

Auf die allermeisten Hassnachrichten, die ich für meine Texte bekomme, antworte ich nicht. Manchmal dann doch, weil ich in der Stimmung bin oder noch mal nachfragen will. So auch bei Ruven. Ein Brief an den Hater.

Du antwortest mir nicht mehr im Facebook-Chat, dabei hatte ich dich gefragt, warum genau du mir den Tod wünschst, Ruven. So heißt du wohl, oder auch nicht. Schöner Name.

Auf *Baby-Vornamen.de* steht, dass dein Name bedeutet: Seht, ein Sohn. Als würden deine Eltern fortwährend jubilieren, dass es dich gibt, und vielleicht ist es auch so. Aber was macht dieser Sohn? Er schreibt fremden Frauen auf Facebook, dass sie sterben sollen: «Hallo Dummsau. Ich hoffe, du ertrinkst in einem deiner Transgender-Klos.» Das war dein, nun ja, Leserbrief, zu meiner vorletzten Kolumne. Und weil das nicht reicht, schickst du noch hinterher: «Fuck you.» Wohl um sicherzugehen, dass ich den Tonfall richtig verstehe.

Ich hatte dann gefragt, was dich treibt. «Sehr geehrter Herr [Nachname], warum genau hoffen Sie das? Viele Grüße, Margarete Stokowski» – und darauf hast du zumindest kurz geantwortet. «Weil mir dein Geplapper schon lange zum Hals raushängt. Und jetzt, so höflich, willst du meine Freundin auf FB werden? Nur wenn du Nacktbilder schickst!»

Tja, Ruven. Es gibt so schöne Fotos von mir. Aber das war nicht unser Thema, hm? Nimm die Hand aus der Hose, wenn ich mit dir rede. Ich hab noch ein zweites Mal gefragt, was genau dich so schlimm stört, dass ich sterben soll. Was geht mit deinem Frauenbild, Ruven? Ist das alles, was du zu bieten hast im Umgang mit Frauen, deren Meinung dir nicht passt? Dass sie wahlweise sterben sollen oder dir zur Wichsvorlage dienen? Das ist wenig, Ruven! Wo ist der Sohn, über den deine Eltern sich so gefreut haben? Schreibst du Männern, die nicht deine Meinung haben, dasselbe? Hast du Jakob Augstein nach Nacktfotos gefragt?

Es würde dir gut ins Weltbild passen, wenn ich dich hasse, aber ich kann damit nicht dienen. Selbst wenn ich alle negativen Emotionen, die ich gerade habe, zusammenkratze, kommt da kein Hass raus. Ich habe Fotos von dir auf Facebook gesehen und auch gelesen, dass du gesundheitliche Probleme hast. Gute Besserung, Ruven. Ich wünsche dir Zufriedenheit, ganz unironisch. Und zwar nicht, weil ich einen Hippie gefrühstückt hab. Sondern weil du auf den Fotos unglücklich aussiehst.

Ich glaube nicht, dass es eine gute Lösung für irgendwas ist, im Internet rumzuhassen, vor allem nicht auf Kosten anderer Leute. Heute kriegst du Aufmerksamkeit dafür, aber das ist morgen schon wieder vorbei. Es ist einfach kein gutes Konzept. Ich habe gelesen, dass du einen Herzinfarkt hattest, Ruven. Stell dir vor, du hast noch einen, und das Letzte, was du getan hast, war eine kleine, hässliche Nachricht zu schicken, die vielleicht nie gelesen wird.

Natürlich hast du es nicht verdient, dass ich mich so lang mit dir beschäftige. Pures Glück, Ruven. Du bist auch, offen gestanden, gar kein so besonderer Fall. Es gibt andere, die schreiben mir härter und öfter als du. Sie schreiben, dass ich von einer großen Gruppe Araber vergewaltigt werden soll und dann erst sterben. Oder sie schreiben von blutiger Rache und kompletter Vernichtung. Du schreibst mir nur, dass ich ertrinken soll, in einem Klo. Es ist wohl wahrscheinlicher, dass ich von Jan Böhmermann auf einem Segway überfahren werde, als dass ich in einem «Transgender-Klo» ertrinke, aber die Gedanken sind frei.

Schon Einstein hat Marie Curie geraten, keine Onlinekommentare zu lesen, sozusagen. Natürlich ging es nicht ums Internet. Aber die Botschaft war klar: «Wenn der Pöbel sich weiter mit Ihnen beschäftigt, dann lesen Sie diesen Quatsch einfach nicht.»[52] Bist du der Pöbel, Ruven? Ich schreibe dir, weil ich mich frage, warum Menschen solche Hassnachrichten verschicken. Ich schreibe dir sicher auch, weil ich deinen Vornamen hübsch finde, der vielleicht gar nicht dein Vorname ist.

Und weil ich in der Stadt, in der du wohnst, mal im Urlaub war. Eine beeindruckende Stadt, die davon geprägt ist, dass da Menschen mit verschiedenen Religionen sehr nah beieinander leben. Weiß Gott nicht immer friedlich. Aber die meiste Zeit kriegen sie es hin. Geht es dir auf den Sack, Ruven? Dass Leute mit unterschiedlichen Weltbildern parallel existieren? Mir wird das manchmal vorgeworfen: Dass ich es nicht aushalte, dass Leute andere Meinungen haben. Die Wahrheit ist, dass ich es ganz gut aushalte und praktisch sogar davon lebe.

Vielleicht würdest du jetzt sagen: Wer austeilen kann, muss auch einstecken können. Das stimmt sogar. Punkt für dich, Ruven. Aber ich glaube, der Spruch ist so gemeint, dass man Meinungen für Meinungen und Ohrfeigen für Ohrfeigen aushält und nicht Todeswünsche für Meinungen.

Warum, Ruven? Warum wünschst du mir den Tod, oder war das eine Metapher? Wofür? Ich hab mal einen Roman gelesen, da hieß die Hauptfigur wie du, und dieser Ruven spielte Geige, ein unglaubliches Talent, aber am Ende auch ein völlig zerstörter Mensch. Spielst du auch ein Instrument, Ruven? Arschgeige zählt nicht. Liest du gern Romane? Oder lieber Sachbücher? Oder hast du keine Zeit für Bücher, weil du Kolumnen lesen musst? Ärgerlich. Zwingt dich deine Mutter dazu?

Kennst du diese Untersuchung vom *Guardian*, wo sie 70 Millionen Onlinekommentare analysiert haben?[53] Obwohl beim *Guardian*, wie eigentlich überall, die meisten Meinungstexte von weißen Männern geschrieben werden, sind unter den zehn meistbeleidigten Autor*innen acht Frauen und zwei schwarze

Männer. Die Themen, bei denen die meisten Kommentare geblockt werden mussten, waren Israel/Palästina, Feminismus und Vergewaltigung. Die Themen mit den meisten okayen Kommentaren waren Kreuzworträtsel, Kricket, Pferderennen und Jazz.

Ich weiß, dass mir noch viel mehr Leute wie du schreiben würden, Ruven, wenn ich zum Beispiel ein Kopftuch hätte. «Ich habe keine Lust mehr, Putzfrau der Nation zu sein», hat Kübra Gümüşay auf der re:publica gesagt, «den Gedankendreck anderer zu putzen, immer und immer wieder.» Man kann Leute auszehren, indem man ihnen Hassbotschaften schickt. Aber das Paradoxe ist, und jetzt pass auf, Ruven: Wenn man in diesen Nachrichten nicht argumentiert, sondern nur rumpöbelt, dann ändert sich gar nichts. Es ist die dümmste Art zu reagieren. Heute ist der einzige Tag in deinem Leben, an dem ich mir Zeit nehme für dich, und guck, du hast es komplett verspielt, ich bin immer noch Feministin und für «Transgender-Klos». Das ist doch blöd. Es wär deine Chance gewesen, Ruven, so klein sie auch war.

Ruven schrieb dann direkt noch mal: «Hallo Dummsau. Es sind dir ja direkt 14 Absätze eingefallen, obwohl du hier nicht viel sagst. Was soll ich dir auch schreiben, du willst doch alles zweimal hören. Worüber soll ich mit dir denn diskutieren? Du bist eine Dummsau! Und dass dir Gruppenvergewaltigungen und ‹totale Vernichtung› gedroht werden, das wünscht du dir so. Sonst hättest du mir nicht so viel geschrieben. Also, wenn Berlin das erste Transgender-Klo aufmacht, dann kannst du gleich einen Ortsbesuch im Badeanzug machen. Diese Bilder nehme ich dann auch gerne an.»

Darauf ich: «Ich hätte gedacht, es kommt noch ne Begründung. Na ja. Danke für das Gespräch.»

Ruven: «Jetzt beruhig dich mal wieder, Kleine. Klar gehört dir die Welt. Sie wird dir immer gehören – bis du mal wieder aufs Maul kriegst. Dummsau!»

WÄRE DIE VAGINA DOCH EIN AUTO

APRIL 2016

Dieser Text entstand, bevor die Bundesregierung im Juli 2016 die Verschärfung des Sexualstrafrechts beschloss. Auch die im Text erwähnte Istanbul-Konvention (das Übereinkommen des Europarats zur Verhütung und Bekämpfung von Gewalt gegen Frauen und häuslicher Gewalt) ist in Deutschland inzwischen ratifiziert und im Februar 2018 in Kraft getreten.

Schön, wie die zutiefst merkwürdige Rückständigkeit in Heiko Maas' Gesetzesentwurf rauskam, als der Bundestag über eine Reform des Sexualstrafrechts debattierte. Denn das, was die Regierung da nun endlich als Entwurf auf den Weg gebracht hat, ist so dürftig, dass es peinlich ist, dass da das Jahr 2016 drübersteht. Es haben schon einige Juristinnen und Autorinnen erklärt, warum die Änderung nicht genug ist und warum auch nach den Verbesserungen, die die Regierung plant, das Portemonnaie eines Menschen in Deutschland immer noch besser geschützt ist als seine sexuelle Selbstbestimmung.[54] Es schließen sich Bündnisse zusammen, die dagegen protestieren, dass laut Maas' Vorhaben das «Nein» eines Menschen nicht ausreicht, wenn es um Sex gegen seinen Willen geht; dass wir also unser Recht, nicht vergewaltigt zu werden, nicht bloß verbal, sondern körperlich verteidigen müssen. Wie ein Tier. Schön also, dass fraktionsübergreifend alle sieben Rednerinnen und zwei Redner, die im Bundestag zu dem Thema gesprochen haben, fanden, dass das Prinzip «Nein heißt Nein» im Strafrecht festgeschrieben werden muss. Außer eben dem Justizminister.

Die Gegenargumente und Befürchtungen sind immer wieder dieselben: Entweder es heißt, ein «Nein» sei nicht eindeutig genug, weil Frauen in echt «Ja» meinen, oder ein bloß gesprochenes «Nein» sei nicht belegbar, oder es wird erklärt, es sei absurd, «Nein heißt Nein» juristisch festzuschreiben, weil dann jede Frau nach jedem Sex ihren Sexualpartner anzeigen könne, einfach wenn sie sich im Nachhinein überlegt, dass sie den Sex doch irgendwie nicht wollte.

Eine Sprecherin des Justizministeriums erklärte hierzu, die Sache mit dem «Nein» des Opfers sei schwer zu handhaben, weil ein «Nein» kaum nachzuweisen sei und Falschanzeigen drohten. «Sozialübliche Verhaltensweisen zu Beginn einer Beziehung könnten kriminalisiert werden.» – Was ist das bitte für ein Gedankengang?

Zunächst: ein ganz gewohnter. Es hat eine lange Tradition, immer dann, wenn Frauen dabei sind, sich ein neues Stück Gerechtigkeit zu erkämpfen, laute Befürchtungen darüber zu äußern, dass sie ihre neuen Rechte womöglich missbrauchen werden – zum Schaden der Männer, natürlich. Als würden sie nur darauf warten. Als könnten Frauen nicht mit Freiheit umgehen. Und als sei es besser, sie sicherheitshalber an der kurzen Leine zu halten, bevor diese labilen Wesen sich noch sonstwas ausdenken.

Hegel erklärte in den *Grundlinien der Philosophie des Rechts*, Frauen und Politik passten schlecht zusammen: «Stehen Frauen an der Spitze der Regierung, so ist der Staat in Gefahr, denn sie handeln nicht nach den Anforderungen der Allgemeinheit, sondern nach zufälliger Neigung und Meinung.»[55] Als Frauen zu Beginn des 20. Jahrhunderts für das Frauenwahlrecht kämpften, befürchtete man, sie würden sich nicht mehr um den Haushalt kümmern, ihre Kinder verelenden lassen und ihre Männer knechten. Als Frauen in den siebziger Jahren für das Recht auf Abtreibung kämpften, warf man ihnen unter anderem vor, sie wollten nur «durch die Betten hüpfen». Und als es vor kurzem in Deutschland darum ging, ob die Pille danach als Notfallverhütung rezeptfrei erhältlich sein sollte wie in vielen anderen Ländern auch, erklärte der gesundheitspolitische Sprecher der CDU, Jens Spahn, dass solche Pillen «nun mal keine Smarties» seien, ganz so als würden Frauen anfangen, sich davon zu ernähren, sobald sie frei in der Apotheke verfügbar wären.

Die Frau, das irrationale Wesen, das Freiheit nicht verträgt und sogar vor sich selbst beschützt werden muss – so weit, so traditionell und frauenfeindlich.

Aber es ist eben nicht nur das. Die Idee, es könnte nach einer Erweiterung des Sexualstrafrechts massenhaft zu Falschbeschuldigungen kommen, zeigt, wie sehr wir daran gewöhnt sind, zuerst an Männer zu denken.

Und das, obwohl die Lage so klar ist. Jede siebte Frau in Deutschland erlebt schwere sexualisierte Gewalt. Die allermeisten Frauen, die vergewaltigt werden, zeigen die Tat nicht an (je nach Studie 85 bis 95 Prozent), und in den meisten Fällen, in denen eine Tat angezeigt wird, kommt es nicht zu einer Verurteilung. Es gibt also offenbar erstens das Problem, dass sexualisierte Gewalt sehr verbreitet ist, und zweitens das Problem, dass Frauen, die solche Gewalt erleben, sehr häufig erfahren müssen, dass sie rechtlich nicht hinreichend geschützt sind. Als Falschbeschuldigungen werden in Deutschland laut einer Studie der London Metropolitan University aus dem Jahr 2009 gerade einmal drei Prozent der Anzeigen eingeschätzt.[56]

Und *trotzdem* ist der erste – und letzte – Gedanke vieler, die von einer Verschärfung des Sexualstrafrechts hören: Ja, aber ist das nicht blöd für die Männer?

Im Ernst? Ich weiß, es ist schwer. Uns allen hat das Patriarchat tief ins Hirn geschissen, dass Männer mehr wert sind als Frauen, und es ist unglaublich schwer, sich das alles wieder aus dem Kopf zu kratzen. Aber es gibt Situationen, bei denen es nicht darum geht, wie man die Welt für Männer noch gemütlicher machen kann. Und dabei geht es gar nicht um abgedrehte Utopien von Radikalfeminist*innen, sondern schlicht darum, offensichtliche Lücken zu schließen und den Verpflichtungen der Istanbul-Konvention von 2011 nachzukommen, so wie andere Länder das auch hinkriegen.

Nicht zuletzt würde das der Intuition entsprechen, dass man mit Leuten, die sagen, dass sie keinen Sex wollen, eben keinen Sex haben sollte. Eigentlich ein sehr schlichter Gedanke. Und im Übrigen einer, der woanders schon gilt, wie Halina Wawzyniak (Linke) im Bundestag erklärte: Wer gegen den Willen des Berechtigten ein Kraftfahrzeug fahre, mache sich strafbar. So einfach kann es sein. Ach, wär die Vagina doch ein Auto, sie wär jetzt schon in Deutschland angenehm sicher.

WAS HEISST NEIN?

JULI 2016

Zwei Tage vor der absehbaren Verschärfung des Sexualstrafrechts erschien dieser Text.

Sie winden sich, die Expert*innen, die gegen eine Reform des Sexualstrafrechts sind. Es ist ihnen too much, die Sache mit der sexuellen Selbstbestimmung so ernst zu nehmen, dass Gesetze umgeschrieben werden müssten. Trotzdem wird der Bundestag wahrscheinlich für die Reform stimmen. Es geht dabei um mehrere Änderungen, unter anderem um die Frage, wann etwas eine Vergewaltigung ist.

Die Kritiker*innen dieser Reform fahren so schauerliche Klischees von Männern, Frauen, Sex und Gewalt auf, dass es zwar bitter ist, das anzuhören, aber eine Untersuchung lohnt, zumal sie sich an entscheidenden Stellen widersprechen.

Einer der Kritiker ist Bundesrichter Thomas Fischer, der in seiner *Zeit Online*-Kolumne eine gewisse Freude daraus zu schöpfen scheint, anderen zu erklären, dass sie keine Ahnung von seinem Fachgebiet haben. So schön es ist, wenn jemand sein Wissen teilt, so tragisch ist es, wenn diese Kompetenz durch frauenfeindliche Polemik getrübt wird oder gar in ihr versinkt, was ihm leider ab und zu passiert.

Fischer, der schon 2015 empfahl, man solle «das Sexualstrafrecht endlich einmal in Ruhe lassen» (hat keiner drauf gehört), schreibt nun über eine Journalistin, die auf *Brigitte.de* etwas Falsches zum Fall Gina-Lisa Lohfink geschrieben hat, dass «die simpelsten Einsichten des Verstands bei ihr nicht mehr wirken»,

und er «fürchtet», das komme «irgendwie aus den Hormonen».[57]
Aus welchem Körperteil diese Vermutung bei ihm kommt, sollten mal Biolog*innen klären.

Dass Expertise im Strafrecht nicht zwingend mit Expertise zu
Frauen einhergeht, zeigt auch Fischers Exegese der Sehnsüchte
und Ängste «der deutschen Frau»: «Kaum trippelt man selbst-
bestimmt im kurzen schwarzen Spitzenkleidchen übers Parkett
[...] – da starren frech schon wieder: *Männer.*» Man kriegt richtig Bock, mit so jemandem mal zusammenzuarbeiten.

Anders als Fischer suggeriert, ist Vergewaltigung allerdings keine «Frauenfrage». Es werden erstens auch Jungs und Männer
vergewaltigt und missbraucht (die meisten Missbrauchsopfer
in der katholischen Kirche sind männlich), und zweitens gehört
zu jedem Fall, in dem eine Frau von einem Mann vergewaltigt
wird, eben auch dieser Mann. Vergewaltigung als Frauenthema
zu sehen heißt, Männer, die zu Opfern werden, zu verschweigen,
und Männer, die zu Tätern werden, als unhinterfragbare Natur-
gewalt hinzustellen.

Am Fall Gina-Lisa Lohfink sind für Fischer, apropos Natur, vor
allem die Brüste der Angeklagten interessant und die Einkünfte,
die sie ihr – seines Erachtens – quasi im Alleingang verschaffen.
Er erklärt beleidigt, dass ihr Einkommen «plausibel ist, denn als
Mensch mit dem Beruf ‹Vorzeigen-von-dicken-Silikonbrüsten›
sollte man schon deutlich mehr verdienen als der Präsident eines Obersten Bundesgerichts». Große Worte für einen, dessen
Beruf man als «Deuten von dicken Büchern» beschreiben könnte. Abgesehen davon, dass man Lohfink auch «Model, Schauspielerin, Sängerin» nennen könnte, wenn man den Respekt für
Menschen nicht an der chemischen Zusammensetzung ihrer
Oberweite festmachen würde. Aber Fischer macht sich lieber
lustig über die «kaum noch beherrschbare Welle von Sexualdelikten, die Deutschland bekanntlich überschwemmt». Ich weiß
nicht, ob es eine zynischere Art gibt, Opfern von Sexualstraftaten so richtig auf die Fresse zu geben.

Ein Nein, das dazu dienen soll, eine Vergewaltigung zu verhindern, ist für Fischer nur mittelmäßig bedeutsam: «Wie jede andere Aussage in jedem anderen Zusammenhang kann das ‹Nein› oder ‹Hör' auf› ganz ernst, halb ernst oder gar nicht ernst gemeint sein [...]. Was denn sonst?» Das sonst: Man könnte die Worte von Personen, die man zu penetrieren oder lutschen gedenkt, auch einfach mal ernst nehmen und nachfragen, was sie wollen.

So sinnlos er die Reform findet, so sehr weiß Fischer, dass sie kaum zu vielen neuen Verurteilungen führen wird, denn natürlich bleibt die Beweisbarkeit weiterhin schwierig: Es gibt von den wenigsten Vergewaltigungen Videos oder Zeugen, und die Unschuldsvermutung bleibt bestehen.

Das hindert allerdings eine andere Kritikerin der Reform nicht daran, das Schlafzimmer nun für «gefährlich» zu erklären.[58] Sabine Rückert ist stellvertretende Chefredakteurin der *Zeit* und dort meist redaktionell für Fischers Kolumne zuständig.[×] Sie schreibt über die «unnötige und verhängnisvolle Verschärfung des Sexualstrafrechts», die «durchgepeitscht» werden soll: «Was leidenschaftliche Liebesnacht und was Vergewaltigung war, definiert die Frau am Tag danach.»

«Durchpeitschen», na ja. Es geht um eine Reform, die Feministinnen seit langem fordern, die seit Jahren fällig ist und im Grundsatz fraktionsübergreifend befürwortet wird. Rückert findet das verheerend: «Das Intime gerät in Verdacht, das Schlafzimmer wird zum gefährlichen Ort.» Gefährlich für diejenigen, die potenziell Täter oder Täterin werden könnten. Für potenzielle Opfer hingegen war das Schlafzimmer bisher schon «ein gefährlicher Ort»: Im Jahr 2004 gaben in einer repräsentativen Studie in Deutschland 25 Prozent der Frauen an, körperliche

× Nicht mehr. Die *Zeit* beendete die Zusammenarbeit mit Thomas Fischer im März 2018 nach einer Auseinandersetzung über die Berichterstattung des *Zeit Magazins* zu Missbrauchsvorwürfen gegen den Regisseur Dieter Wedel.

und / oder sexualisierte Gewalt durch den Partner oder Expartner erlebt zu haben.[59] Längst nicht alle zeigen die Taten an.

Das mag für Rückert wenig glaubwürdig klingen, die empathisch den Fall eines wegen Nötigung verurteilten Professors beschreibt («Er ist ruiniert»), während sie zum Fall Lohfink sagt, dass das Model «vergewaltigt worden sein will», obwohl «die Opfereigenschaft des Partygirls mehr als nur fragwürdig ist». Für sie scheint das ganze Thema eine glasklare Sache: «Was *Gewalt* ist, wissen Täter und Opfer. Sie lässt sich außerdem durch Hämatome und zerrissene Kleidung, aber auch durch ein herrschendes Klima der Angst (...) nachweisen.» You wish.

So begründet also Thomas Fischer seine Ablehnung der Reform damit, dass ein Nein alles Mögliche heißen könne, beim Sex nun mal vieles unklar ist, und es sich bei der Reform um «symbolischen Aktionismus» handele; und Sabine Rückert begründet ihre Ablehnung damit, dass Gewalt ja wohl klar nachweisbar sei und sich wegen der Reform nun jeder Mann in Acht nehmen müsse, dass er nach einer «leidenschaftlichen Liebesnacht» nicht doch plötzlich angezeigt wird. Dabei gibt es keinen Beleg dafür, dass absichtliche Falschbeschuldigungen im Bereich der Sexualstraftaten häufiger vorkämen als bei anderen Delikten. Und selbst eine Falschbeschuldigung führt eben längst nicht zur Verurteilung.

An diesen beiden Beispielen zeigt sich nicht nur, dass Frauen ein ebenso elendes Frauenbild haben können wie manche Männer, sondern auch, dass die Strafrechtsreform nur ein winziger Teil dessen ist, was sich im Umgang mit Sex und sexualisierter Gewalt ändern muss: Genau so wichtig sind Aufklärung, Rollenbilder und Information.

Während es für Thomas Fischers Welt stimmen mag, dass «in den letzten zwanzig Jahren in Deutschland über *kein Thema* so viel [...] gesprochen wurde wie über das Sexualstrafrecht», sind vielen Leuten die Begriffe und ihre eigenen Rechte absolut unklar. Im Vernehmungsprotokoll von 2012 soll Gina-Lisa Lohfink gesagt haben: «Vergewaltigung, das ist so ein großes Wort», und: «Wie nennt man das, wenn man Sex nicht will?»

Und es ist nicht zuletzt ein Frauenbild wie das von Thomas Fischer gezeichnete – die überemotionale, leicht reizbare Frau –, das auch Frauen internalisiert haben und das sie ihre eigenen Grenzen in Frage stellen lässt. Eine Autorin, die fürs *Zeit Magazin* einen sexuellen Übergriff in der Bahn beschreibt, überlegt kurz bevor sie von Fußballfans betatscht und mit Bier begossen wird: «Ich denke, vielleicht muss ich toleranter werden.»[60]

Als würde Toleranz für übergriffige Menschen irgendetwas besser machen.

Thomas Fischer ließ es sich nicht nehmen, außerhalb seiner wöchentlichen Kolumne auf meinen Text zu antworten. Auf *Spiegel Online* schrieb er einen Gastbeitrag mit dem Titel «Das Winden der Wörter – Ja heißt Nein» (08.07.2016).

Darin heißt es: «Frau Margarete Stokowski ist eine ehrenwerte Frau. Sie schrieb kürzlich den Jahrzehnttext ‹Wäre die Vagina doch ein Auto›. Danach, dachte ich, könne nichts Abgedrehteres mehr kommen. Nun aber hat sie geschrieben, sie habe richtig Bock darauf, mit mir zusammenzuarbeiten. Damit ist eine Schwelle überschritten, die ein ernstes Wort erfordert. (...) Mein Problem an der von Frau Stokowski gewünschten ‹Zusammenarbeit› ist (...) nicht sexueller Natur. Vielmehr habe ich Bedenken hinsichtlich der ‹Expertise›. Die Bewerberin hält, soweit ich erkennen kann, ‹Strafrecht›, ‹Auto›, ‹Vagina› und ‹Frau› allen Ernstes für Beschreibungen von Wissenschaftsrichtungen. (...) Ihr ‹Bock› also in allen Ehren, und der Jugend eine Gasse, und so weiter: Aber bevor Sie mit mir zusammenarbeiten könnten, müssten Sie die Nase zwingend noch in das eine oder andere Buch – oder auch nur den Wind – stecken. (...) Zur Rechtsreform fällt der Experten-Kritikerin außer fachfernem Geschwurbel nichts ein. (...) Nun mag man einer 1986 geborenen Expertin fürs Frau-Sein nicht übel nehmen, schon die allerersten Grundzüge etwa der menschenfreundlichen Kunst von Robert Crumb nicht verstanden zu haben. Es ist aber sehr anstrengend, sich mit solchen Menschen unterhalten zu müssen.»

Schade! Ich hingegen habe mich ganz gut unterhalten gefühlt, wenn auch etwas bizarr. Das mit dem Bock war ironisch gemeint gewesen, aber ich hatte ja schon mal festgestellt (vgl. S. 47), dass Ironie in Kolumnen nicht immer funktioniert. Die Reaktionen auf Fischers Replik waren sehr unterschiedlich. Einige schrieben, Fischer habe mich in seiner Replik «niedergestreckt», «hingerichtet», «geschlachtet», «zusammengefaltet», «zerlegt», «seziert». Andere fanden – ähnlich wie ich –, Fischer habe sich mit seiner Antwort keinen Gefallen getan. *Meedia.de* schrieb: «Hier hätte der Richter besser einmal geschwiegen. Wie üblich mit kunstvoll gedrechselten Sätzen (...) versucht er der SPON-Kolumnistin derart offensichtlich eins auszuwischen, dass er selbst am Ende dabei als Verlierer dasteht. Fischer mag in sachlichen, fachlichen Dingen tatsächlich recht haben. Aber dass er sich darüber echauffiert, dass Stokowski von Biologinnen schreibt statt korrekterweise von Humanmedizinerinnen oder Psychiaterinnen, dass er ihr ihr Lebensalter vorwirft und ihr Studium der Philosophie – das alles wirkt in dieser Ballung nur noch kleinkariert. Dass Fischer hier über sich selbst in der dritten Person schreibt, lässt tief blicken und macht die Sache nicht besser.»[61]

Süß ist allerdings: In einem Interview wurde Thomas Fischer später, Anfang 2017, gefragt: «Die *Spiegel*-Kolumnistin Margarete Stokowski hat sich öffentlich gegen Ihre sexistischen Äußerungen gewehrt. Darauf haben Sie wiederum reagiert. Macht so was Spaß?»

Fischer: «Frau Stokowski hat sich nach meiner Ansicht nicht ‹gewehrt›, sondern in einer rechtspolitischen Frage eine andere Meinung vertreten als ich. Ich habe ihr Buch *Untenrum frei* gelesen und finde, dass es viele richtige Beobachtungen enthält.»[62] – Schön!

Allerdings, weiter im Text: «Ich bin eingeladen worden, mit Stokowski öffentlich zu diskutieren. Das habe ich abgelehnt.» – *taz*: «Warum? Sie hätten sich einen schönen Schlagabtausch auf Augenhöhe liefern können.» – «Was soll das bringen? Ich bin nicht an ‹schönen Schlagabtauschen› interessiert. Frau Stokowski schreibt über sich.

Diese hochpersonalisierte Form finde ich jugendtypisch und problematisch.»

Jugendtypische Grüße an einen, der sich selbst nie so wichtig nehmen würde!

EIN BISSCHEN HOMOPHOB
GIBT ES NICHT
APRIL 2017

Dieser Text hat glücklicherweise an Aktualität verloren durch die Tatsache, dass im Juni 2017 der Bundestag den Gesetzentwurf zur Ehe für alle verabschiedet hat. Aktuell ist der Text allerdings noch in Bezug auf die Frage, wie Diskriminierung durch vermeintliche Zurückhaltung fortbesteht.

Während in Tschetschenien Homosexuelle und Transgender verfolgt werden, sinniert in der VIP-Lounge eines Flughafens in Deutschland ein Finanzminister darüber, ob homosexuelle Menschen es verdient haben, gleichwertig behandelt zu werden. Er weiß es nicht so recht.

Die *Rheinische Post* hat Wolfgang Schäuble interviewt, der CDU-Politiker sei «gut aufgelegt» gewesen, schön, wenigstens einer.[63] Schäuble sagt zur Ehe für alle: «Ich komme aus einer anderen Generation, aber ich habe auch von meinen Kindern gelernt. Wir haben ja eine rechtliche Gleichstellung der eingetragenen Lebenspartnerschaft mit der Ehe. Bei der Frage des Adoptionsrechts will ich mir kein pauschales Urteil erlauben. Es geht also vor allem um den Begriff ‹Ehe›. Ich frage mich schon, ob dieser Begriff, der seit biblischen Zeiten als Gemeinschaft zwischen Mann und Frau angelegt war, unbedingt auch auf andere Formen der Partnerschaft angewandt werden soll.»

Man muss das so lang zitieren, um zu verstehen, was daran falsch ist. Als das Interview veröffentlicht wurde, machten sich viele über den Bezug auf «biblische Zeiten» lustig, der natürlich etwas albern ist. Warum sollte man sich in gesellschaftlichen

Fragen nach einer Zeit richten, in der Steinigung und Kreuzigung okay waren und außerdem Zähne ohne Betäubung gezogen wurden? Aber das sagt Schäuble gar nicht. Er behauptet nicht, dass die biblischen Zeiten der Grund sein sollten, die Ehe für alle zu öffnen, sondern er sagt, er *frage sich*, ob man es tun sollte, das heißt, er ist sich nicht sicher, also spricht er sich lieber nicht dafür aus. Als einen seiner Gründe nennt er sein eigenes nahezu biblisches Alter («komme aus einer anderen Generation»), und sagt, dass er durchaus lernfähig ist, sich aber zum Adoptionsrecht raushält. Dumm nur, dass das gemeinschaftliche Adoptionsrecht der Hauptpunkt ist, in dem sich Lebenspartnerschaft und Ehe unterscheiden.

Was Schäuble hier tut, erinnert stark an die Aussagen von Angela Merkel im Wahlkampf 2013, als sie in der ARD-Wahlarena von einem Zuschauer gefragt wurde, was die Gründe für ihre Ablehnung des Adoptionsrechts für Homosexuelle seien, und sie antwortete: «Ich sag Ihnen ganz ehrlich, dass ich mich schwer tue mit der völligen Gleichstellung. (...) Ich bin mir einfach da nicht ganz sicher, ob wir nicht versuchen sollten, ähm, doch, ähm, dann die Adoption hier nicht so gleichzustellen wie in Paaren von Männern und Frauen.» Und weiter: «Ich mag ja jetzt auch manch einem etwas veraltet daherkommen, das muss ich jetzt einfach aushalten.» Als müsse *sie* etwas aushalten und nicht Tausende Lesben und Schwule.

Wo Schäuble sich «zurückhält» und «sich fragt» ob eine Ehe für alle gut wäre – ein Gentleman fast –, erklärte Merkel, dass sie unsicher ist und das aber auch so bleibt. Keiner von beiden sagte explizit: «Nö, ich finde Schwule und Lesben sollen weniger Rechte haben als ich, Punkt.» Implizit leider schon, nur eben mit der rhetorischen Beigabe, dass sie etwas älter sind und es sich auch nicht leicht machen.

Das Problem ist: Man kann nicht ein bisschen gegen die Ehe für alle sein, ähnlich wie man nicht ein bisschen schwanger sein kann. Auf die Frage «Sind Sie für die vollkommene Gleichstellung von homosexuellen Partnerschaften mit heterosexuellen?» kann man mit Ja oder Nein antworten, und wenn man mit «nicht ganz» antwortet, dann antwortet man mit Nein. Das ist nicht deswegen so, weil es nur Freund und Feind geben könnte, sondern einfach aus dem logischen Grund, dass Gleichstellung Gleichstellung ist und nicht Ähnlichstellung.

Wer «sich fragt», «daran zweifelt», «sich schwertut» oder sogar sich «nicht ganz sicher ist», tut so, als sei es keine politische Frage von Privilegien, sondern eine Übung in Introspektion, bei der manche eben etwas länger brauchen. Schäuble weiß, genau wie Merkel damals wusste, dass es vorgestrig und falsch ist, Homosexuellen nicht die gleichen Rechte zu geben wie Heterosexuellen, deswegen verschieben sie ihre Gründe ins Persönliche und Gefühlige.

Da, wo Schäuble sich in Zurückhaltung übt und sich skeptisch gibt, müssten eigentlich Argumente stehen. Aber vielleicht ahnt er es schon: Es gibt kein einziges sinnvolles Argument gegen ein Adoptionsrecht für homosexuelle Paare. Es gibt keine wissenschaftliche Studie, die gezeigt hätte, dass Kinder aus solchen Partnerschaften irgendwie schlechter aufwachsen als solche aus anderen Partnerschaften, deswegen kann man gegen ein solches Adoptionsrecht nur mit Gründen vorgehen, die entweder offen homophob sind oder eben verdeckt homophob.

Das Verrückte ist, dass die CDU sich überhaupt nicht so schwertun müsste wie Schäuble in seinem Flughafen-Interview. Die Mehrheit der Deutschen – 83 Prozent – ist für eine Ehe für alle.[64] Es wäre spätestens exakt jetzt der Zeitpunkt, während in vielen Ländern der Erde mehr queere Menschen Angst haben müssen, weil Rechte und Rechtsextreme an die Macht kommen, zu sagen: bei uns nicht. Bei uns werden diese Bedingungen besser. In 300 Jahren lachen wir sowieso darüber, wie lange das gedauert hat.

ALLE GEWINNEN
NOVEMBER 2017

Im Herbst 2017 urteilte das Bundesverfassungsgericht, dass der Gesetzgeber in Zukunft neben «männlich» und «weiblich» einen dritten Geschlechtseintrag im Geburtenregister ermöglichen muss. Welchen genau («inter», «divers», «andere», ...), ist im Frühjahr 2018, während ich dieses Buch zusammenstelle, noch nicht klar.

Letzten Winter war ich auf dem Chaos Communication Congress, und als ich einmal zu den Toiletten ging, die mit «Unisex» oder «All gender toilet» ausgeschildert waren, stand ein Mann davor und blickte von einer Tür zur anderen. «Für mich gibt es kein Klo», grummelte er. Ich sagte, doch, er könne auf jedes Klo gehen, und er sagte: «Ach so!»
Mit der Entscheidung des Bundesverfassungsgerichts zur Intersexualität ist es ähnlich. Obwohl einige der Meinung sind, dass nun alles kompliziert wird, weil viele bürokratische Regelungen geändert werden müssen (stimmt, aber ist gut), wird es auch besser, weil die Erkenntnis, dass es mehr als zwei Geschlechter gibt, für alle Leute Freiheiten eröffnet, nicht nur für diejenigen, die in offiziellen Dokumenten für sich «divers» oder «inter» oder die dann möglichen Bezeichnungen wählen können.
Ein intersexueller Mensch, Vorname Vanja, Geburtsjahr 1989, hat dieses Recht für viele andere erkämpft, und das ist sehr gut, aber auch verrückt, denn niemand sollte dafür kämpfen müssen, so grundlegende Rechte zugesagt zu bekommen. Wie viele Leute sich entschließen werden, ihr registriertes Geschlecht in die

dritte Option zu ändern, ist schwer zu sagen, weil die Zahl der Intersexuellen in Deutschland unterschiedlich angegeben wird – zwischen 80 000 und 160 000 – und davon wiederum einige mit der Bezeichnung «weiblich» oder «männlich» zufrieden sind.

Sicher ist, dass einige Leute jetzt – ähnlich wie der Mann vorm Congress-Klo – dazulernen werden. Denn viele finden zwar die Idee richtig, dass Leute wegen ihres Geschlechts nicht diskriminiert werden sollten, aber ihnen fehlt das Wissen, was es heißt, wenn jemand nicht weiblich oder männlich ist: dass es etwa darum geht, dass ein paar Leute sich nicht so «fühlen», sondern dass die strikte Einteilung in zwei Geschlechter schon seit langem nicht mehr dem Stand der Medizin entspricht.

Diese Menschen wurden zum Beispiel bei der Geburt als Mädchen eingetragen, fingen aber in der Pubertät nicht an zu menstruieren wie ihre Freundinnen, weil sie die dazugehörigen Organe nie hatten. Es ist noch kein Allgemeinwissen, dass es solche Menschen gibt. Sie tauchen selten in öffentlichen Debatten auf und bleiben bisher oft unsichtbar, auch wenn Gender-Themen in den letzten Jahren wieder präsenter geworden sind. Wer könnte, ohne zu googeln, drei bekannte Menschen aufzählen, die weder männlich noch weiblich sind?

In der *NZZ* hieß es, es sei «sehr deutsch», zu glauben, man bräuchte «ein staatlich sanktioniertes Symbol im Pass für eine gesunde Persönlichkeitsentwicklung».[65] Ich glaube nicht, dass es typisch schweizerisch ist, sich keine Sekunde mit denjenigen auseinanderzusetzen, über die man schreibt, aber auf jeden Fall ist es eigenwillig ignorant, darüber zu urteilen, welche sinnlose Diskriminierung ein Mensch in Kauf nehmen muss. Leute werden schon fuchsig, wenn man sie fälschlicherweise als Bayer statt als Franke bezeichnet, da kann man sich vorstellen, wie unangenehm es bei einer so viel intimeren Kategorie ist, ständig falsch einsortiert zu werden.

Zudem geht es auch um ganz grundlegende körperliche Gesundheit: Bei vielen Intersexuellen wird schon kurz nach der

Geburt versucht, sie operativ auf ein Geschlecht festzulegen. Eltern denken oft, dies würde ihrem Kind helfen, aber tatsächlich leiden viele Betroffene ihr Leben lang unter diesen Maßnahmen. In einer Umfrage vom Deutschen Ethikrat von 2012 hatten nur zwei Prozent der befragten Intersexuellen keine operative oder hormonelle Behandlung erfahren.[66]

Nun mag die Entscheidung des Bundesverfassungsgerichts wie ein Minderheitenthema wirken, aber tatsächlich weist sie weit darüber hinaus: Denn die Einteilung von Menschen in weibliche und männliche ist auch für diejenigen eine Einschränkung, die zwar körperlich eindeutig zu einem Geschlecht gehören mögen, aber sich jenseits vorgefertigter Rollen bewegen. Sei es, weil sie als Mann gerne Schmuck tragen oder lieber Cocktails als Bier trinken oder als Frau boxen und Bäume fällen und Experimentalphysik machen und sich «trotzdem» die Nägel lackieren. Oder bei der Frage, ob eine bestimmte Sorte Whisky «eher ein Männerwhisky» ist (immer: nein). Vieles im Feminismus hat damit zu tun, solche Entweder-oder-Fälle aufzulösen: Frau / Mann, homo / hetero, richtiger / nichtrichtiger Sex.

Das Schöne: Es wird niemandem etwas weggenommen, wenn es eine Option mehr gibt. Alle, die an ihrem Leben nichts ändern wollen und froh sind, eindeutig und traditionell Mann oder Frau zu sein, müssen nichts ändern. Die einzige Forderung, die sich aus der neuen Anerkennung einer dritten Option ergibt, ist, dass sie anderen mit demselben Respekt begegnen, den sie für sich einfordern: dass sie einfach sie selbst sein können.

Damit läuft die Forderung nach einer dritten Geschlechter-Option bestimmten gesellschaftlichen Entwicklungen zuwider: Sie ist erstens auch ein wichtiges Signal in einer Zeit, in der rechte Gruppierungen versuchen, alles als «Genderwahn» zu stigmatisieren, was nicht in ihr beschränktes Blickfeld passt, und zweitens läuft sie in eine andere Richtung als vieles, was derzeit im Bereich Produktmarketing passiert: In den vergangenen Jahren hat sich zunehmend die Absurdität verbreitet, dass es Dinge, die eigentlich für alle da wären, in einer Jungs- oder Mädchen- beziehungsweise Männer- oder Frauensorte gibt.

Es gibt in Männlich-/Weiblich-Varianten bereits Grillwurst, Chips, Tee, Zahnpasta, Badezusatz, Wattestäbchen, Klopapier, Taschentücher, Ohrenstöpsel, Überraschungseier, Parkscheiben (wobei die pinkfarbene für Frauen nicht StVO-tauglich ist), Schreiblernbücher, Windeln. Sogar Trinkwasser für Kinder gibt es inzwischen in rosa und hellblauer Ausführung. Wenn diese perversen Auswüchse des Kapitalismus für mehr Leute zunehmend absurd wirken – umso besser. Außer die Marketingfüchse überlegen sich jetzt, dass Intersexuelle alles in Gelb oder Grün brauchen. Dann gute Nacht.

UNTENRUM UNFREI
NOVEMBER 2017

In Hamburg hat ein Bagger ein Beton-Hakenkreuz ausgebuddelt, bei Bauarbeiten auf einem Sportplatz. Man war sich wohl ziemlich schnell einig, dass das heute nicht mehr passt, so etwas rumliegen zu haben, und wums, fünf Tage später war das Ding zerstört. Ein anderes Nazirelikt hält sich etwas hartnäckiger, und es sieht nicht danach aus, dass es demnächst entfernt wird: die skandalöse Unfreiheit im deutschen Abtreibungsrecht. Der Straftatbestand des Paragraphen 219a des StGB («Werbung für den Abbruch der Schwangerschaft») hat seine Ursprünge im Paragraphen 219 des Reichsstrafgesetzbuchs, mit dem die Nationalsozialisten sich im Juni 1933 jeden potenziellen Nachwuchs sichern wollten. Noch immer treibt diese Idee Unfug mit den Uteri.

Es gibt einen einzigen positiven Aspekt an der erstinstanzlichen Entscheidung des Gießener Amtsgerichts, das am 24. November 2017 die Frauenärztin Kristina Hänel zu einer Geldstrafe von 6000 Euro verurteilte, weil sie angeblich «Werbung» für Abtreibungen gemacht hat. Man wundert sich fast, dass die Strafe in Euro gezahlt werden soll und nicht in Reichsmark, so unzeitgemäß ist dieses Urteil. Das Positive ist: Jetzt wird darüber geredet. Und ironischerweise ist es genau das, was das Gericht verhindern wollte. Die Vorsitzende Richterin begründete das Urteil mit den Worten: «Der Gesetzgeber möchte nicht, dass über den Schwangerschaftsabbruch in der Öffentlichkeit diskutiert wird, als sei es eine normale Sache.»

Süß, eigentlich. Ab wann auch immer etwas als «normale Sache» gilt – selten hört man so konkret, dass der Staat wünscht, etwas möge ein Tabu bleiben. Man würde meinen, das Recht, über den eigenen Körper zu entscheiden, sei eine «normale Sache». Leider nein. Oder nur so lange, bis man ungewollt schwanger ist. Dann ist es in Deutschland immer noch so, dass Abtreibung rechtswidrig ist, aber in bestimmten Situationen straffrei bleibt, nämlich wenn sie – in Fällen, wo keine medizinischen oder kriminologischen Gründe vorliegen – in den ersten zwölf Wochen nach der Empfängnis durchgeführt wird und die Schwangere eine dreitägige Zwangspause verstreichen lässt, nachdem sie sich in einer staatlich anerkannten Stelle hat beraten lassen.

Die Beratung muss stattfinden, egal wie sicher die Frau sich ihrer Sache ist: In dem Moment, in dem sie entscheidet, ob sie eventuell (noch) ein Kind bekommen will, wird sie selbst behandelt wie eine dumme Göre, die zur Strafe in die Ecke muss. Nicht mal alle Beratungsstellen finden diese Regelung sinnvoll.

Das Gießener Urteil und die dazugehörige Botschaft an Frauen werden noch bizarrer, wenn man sich anschaut, wie die «Werbung» auf der Webseite der Frauenärztin ausgesehen hat. Wir reden nicht von einer «Heute wieder Abtreibung»-Leuchtschrift im Praxisfenster oder von Stempelkarten, mit denen man jeden zehnten Abbruch kostenlos bekommt. Wir reden über eine PDF-Datei, in der die Unterschiede zwischen medikamentösem und chirurgischem Schwangerschaftsbruch erklärt werden und welche Nebenwirkungen die Methoden haben.

Da stehen Hinweise wie: «Beim chirurgischen Abbruch mit Vollnarkose dürfen Sie 6 Stunden vorher auf keinen Fall essen, trinken oder rauchen.» Oder: «Sie sollten bequeme Kleidung tragen sowie Damenbinden, Socken und ein Badehandtuch für Ihren Aufenthalt im Ruheraum mitbringen.» Eine Skizze erklärt, wo von der Arztpraxis aus das nächste Parkhaus ist. Man hat schon schlimmeres Teufelszeug gesehen.

Doch diese Informationen an die Frau zu bringen, mit Verweis auf das eigene Leistungsspektrum als Ärztin, war dem Gericht zu viel. Das ist verrückt. Die ohnehin schon absurde Rechtslage wird dadurch vollends zur Farce. Jede gute Arztpraxis oder Klinik erläutert heute auf ihrer Webseite, welche Leistungen sie erbringt, und üblicherweise kann man sich behandeln lassen, egal wie man in die Lage gekommen ist, dass man die Behandlung braucht.

Ich kann als Mutprobe rückwärts einen Berg runterrodeln und mir legal alle Körperteile eingipsen lassen, die ich mir dabei breche. Ich kann auf LSD versuchen, mit dem Schnellkochtopf Suppe zu kochen, und wenn das schiefgeht, wird jedes Krankenhaus mich behandeln. Aber wenn beim Sex das Kondom kaputtgeht oder die Spirale versagt, oder was auch immer passiert, und es dabei zur Befruchtung kommt, erlaubt sich der Staat zusätzlich einen vormodernen moralischen Zeigefinger: So einfach machen wir es euch nicht! Als müsse man Frauen, wenn man ihnen Rechte gibt, immer noch ein bisschen erziehen oder sie vor ihrem eigenen emanzipatorischen Übermut schützen.

Es ist kein Wunder, denn bei jedem Recht, das Frauen für sich erstreiten, läuft es so. Jede Freiheit, jedes bisschen neue Selbstbestimmung wird von warnenden Stimmen begleitet, die sagen: Na, wenn das mal gut geht! Als Frauen arbeiten und wählen wollten, wurden sie gewarnt, doch bitte nicht ihre Kinder und Ehemänner verhungern und verlottern zu lassen. Als die Pille danach in Deutschland rezeptfrei erhältlich wurde (wie in fast jedem anderen EU-Land), wurde der CDU-Politiker Jens Spahn nicht müde zu behaupten, das sei gefährlich, denn: «Das sind keine Smarties.» Auch hier: In einer Situation, in der Frauen die Möglichkeit bekommen wollen, Notfallverhütung anzuwenden, um den Zeitpunkt ihrer Fortpflanzung selbst zu bestimmen, labert ihnen jemand aufs peinlichste mit dämlichen Kindersüßigkeiten-Vergleichen rein.

Der Staat sollte sich aus dem Uterus raushalten. «Gebärmutter» ist nicht die Funktionsbeschreibung eines ganzen Menschen, sondern ein Organ. Jede Frau hat das Recht, sich für oder gegen eine Schwangerschaft zu entscheiden, und vielleicht ist das die intimste Entscheidung, die sie je treffen wird. Trotzdem hat so gut wie jeder und jede eine Meinung dazu oder zumindest eine Befürchtung: Sind Frauen, die abtreiben, nur zu blöd zum Verhüten? Nein, denn kein Verhütungsmittel, außer Enthaltsamkeit, ist sicher. Wenn Abtreibungen leichter zugänglich werden, treiben dann ganz viele Frauen ab? Nein. Kanada hat Schwangerschaftsabbrüche bereits 1988 entkriminalisiert, und es treiben dort seitdem nicht mehr Frauen ab – aber sie tun es stressfreier und sicherer. Sind Abtreibungen nicht trotzdem für jede Frau ein Trauma? Nein. Je besser die Versorgung, desto weniger Komplikationen gibt es bei den Eingriffen. Es gibt Frauen, die den Eingriff körperlich und psychisch sehr gut wegstecken. Dass es Frauen gibt, die Jahre später noch leiden, ist kein Grund, ihr Recht einzuschränken: Es ist immer noch ihr Körper.

Auch der Deutsche Juristinnenbund und der Deutsche Ärztinnenbund fordern inzwischen die Abschaffung des Paragraphen 219a im Strafgesetzbuch. Alle, die daran zweifeln, ob das gut ist, können sich etwa ansehen, dass es in anderen Ländern auch funktioniert – und wie erbärmlich es den Frauen geht, deren Abtreibungsrechte eingeschränkt werden, siehe Polen. Um einschätzen zu können, was die eigenen Möglichkeiten sind, braucht man Zugang zu Informationen. Das gilt für Abtreibungen genauso wie für politische Meinungen.

KAPITEL ACHT GEGEN RECHTE

DIE TROTTEL HÖREN ZU
OKTOBER 2015

Mein Kolumnenkollege Sascha Lobo hat über die Extremisierung in sozialen Medien geschrieben.[67] Er sieht einen «deutschen Frühling» des Rassismus, dem man entgegentreten muss: «überall, jederzeit, entschlossen und unerbittlich». Die Entschlossenheit ist vielleicht noch nicht ganz da. Oder vielleicht ist sie da, aber gleichzeitig ist etwas anderes da: die große Belustigung.

Wir lachen darüber, wie die bekloppten Nazis ihre Hakenkreuze falsch rum malen und wie Björn Höcke von der AfD bei Günther Jauch seine Deutschlandflagge verkehrt herum aufhängt. Was für ein Vogel, nicht mal das kann er.

Wir amüsieren uns über Bilder von Graffiti und Kommentaren, auf denen dämliche Nazis «Sigh Heil» schreiben, «Hi Hitler» und: «die scheinasylanten können doch nur kinder machen und rumschnurren.» Wie geil: Schnurren statt schnorren. Miau, miau. «Erst Henriette Reker, dann André Stahl», steht an einer Wand, eine Drohung gegen den Bernauer Bürgermeister Stahl. Und wir bemerken: Wenigstens haben die Trottel das Akzentzeichen über dem e richtig gesetzt. Wir lachen auf Facebook, und wir lachen auf Twitter. «Wenn man diese Pegida Trottel sieht, fragt man sich wie eine Pisa-Studie der DDR in den 70ern wohl ausgesehen hätte?!», schreibt jemand. «Selbst mit dem addierten IQ aller Pegida-Trottel hätte eine Kuh noch Mühe, Ihre Blasenfunktion zu regulieren», jemand anderes. Und «Grumpy Merkel» motzt über einen Fake-Galgen bei Pegida: «Wenn die den Gabriel da dranhängen, bricht das Ding doch eh ab. Diese Pegida-Nazis sind so dumm.»

Nun soll man alberne Kommentare im Internet ja nicht immer so ernst nehmen. Es ist aber auch kein reines Social-Media-Phänomen. Rechtsextreme als Idioten zu zeigen ist eine Satireform für sich. «Spaziergänger findet Hirn von Akif Pirinçci», schreibt *Welt Online* in einem Satire-Artikel. «Kaum gebraucht» sei es gewesen und habe zum Auslüften draußen gelegen. Und Carolin Kebekus schreibt Sarah Connors Lied «Wie schön du bist» um: «Ich schäm' mich / für all deine Fahnen und deine Narben / Hinter der Mauer, ja in Dresden (...) Weißt du denn gar nicht, wie blöd du bist?» Und sie empfiehlt: «'n Duden würde dir gut steh'n, denn dann könnt man dich versteh'n.»

Es ist die alte «Darf man über Hitler lachen?»-Frage in Neuauflage. Darf man über Nazis, Rassist∗innen, Pegida lachen – und wenn ja, wie?

Ganz bestimmt ist Humor in scheußlichen Situationen ein Mittel zum Überleben. Und manchmal ist Humor auch ein Mittel, um diejenigen auf seine Seite zu holen, die noch nicht ganz überzeugt sind. Es ist trotzdem, so einfach und verlockend es ist, kein geschickter Move, an Rechtsextremen ausgerechnet ihre Rechtschreibung und ihren IQ zu kritisieren. Wir haben keine Rechtschreibkrise – oder zumindest ist das kein drängendes Problem. Die intelligentesten Menschen können Legastheniker sein, und Intelligenz ist auch gar keine Bedingung dafür, als Mensch in Ordnung zu sein.

Und vor allem sind weder Klugheit noch psychische Gesundheit oder Rechtschreib- und Grammatikfähigkeiten Bedingungen für politisches Handeln. Schönheit übrigens auch nicht. Es ist egal, wenn Rassist∗innen hässlich sind. Sie werden nicht ungefährlicher, wenn wir sie dafür auslachen. Man muss keinen IQ-Test machen, bevor man auf eine Demo geht. Und man braucht kein Abitur, um ein Messer zu benutzen.

An der Berichterstattung zu Akif Pirinçci kann man derzeit sehen, wie Pathologisierung schiefgehen kann. Die *Hamburger Morgenpost* nennt Pirinçci nach seiner Pegida-Rede einen

«Hass-Hohlkopf», die *Titanic* veröffentlicht ein Gespräch mit ihm, nennt ihn «vollkommen irre» und vermutet, er sei «während des Gesprächs bestimmt total betrunken» gewesen. Und hier auf *Spiegel Online* wird darüber nachgedacht, «wie man ihm helfen kann», weil er eben ein «verwirrter Mann» sei.

Natürlich wollen jetzt alle wissen, wer dieser kranke Typ ist. Allein während ich diese Kolumne schreibe, klettert Pirinçcis neues Buch von Rang 44 auf 31 in den Amazon-Charts – immer noch weit hinter Daniela Katzenberger und den Minions – und von Platz 7 auf 4 in der Kategorie «Politik und Geschichte». Für den verwirrten Mann ein ziemlicher Erfolg.

Der Attentäter, der die Kölner Oberbürgermeisterin Henriette Reker einen Tag vor ihrer Wahl mit einem Messer angegriffen hat, soll «voll zurechnungsfähig» sein. Was wäre anders, wenn er es nicht wäre? Außer dass er weniger schuldfähig wäre – wäre es irgendwie weniger schlimm? War Hitler zurechnungsfähig? Es hilft nichts und es ändert nichts. Es bleibt die Pointe in einer Demokratie, dass man nicht in Diskursethik promoviert haben muss, um am Diskurs teilzuhaben und mitzubestimmen.

2006 hatten wir Partypatriotismus und haben uns gefragt, wie okay die ist, diese Begeisterung. Jetzt ist die Party vorbei (und wir ahnen: Sie war mutmaßlich gekauft), und der Patriotismus ist dort, wo er im Dunkeln wuchern konnte, ein hässliches Gewächs geworden, das wir lieber nicht anfassen wollen. Vielleicht weil wir hoffen, dass Pegida sich selbst gegen die Wand fährt. Vielleicht weil wir denken, es ist nicht so gefährlich, wenn viele derer, die da mitlaufen, auf dem Niveau von 14-Jährigen sind, für die die Worte «Hitler» und «Penis» die gleiche Pointe haben. Die bleiben vielleicht wieder zu Hause, wenn es langweilig wird. Oder sie zünden auch mal etwas an, gerade weil es langweilig wird.

«Der Mob hasste die Gesellschaft, aus der er ausgeschlossen, und das Parlament, in dem er nicht vertreten war», schreibt Hannah Arendt in *Elemente und Ursprünge totaler Herrschaft*.

«Er ist das Volk in seiner Karikatur und wird deshalb so oft mit ihm verwechselt.»[68] Pegida ist weiterhin eine Minderheit, das darf man nicht vergessen. Aber eine Minderheit, deren Hass größer wird, je minderer sie sich fühlt. Und an diesen Gefühlen arbeiten wir mit.

Vielleicht sind nicht alle «Pegida-Trottel» verloren. Wir müssten mit ihnen sprechen, um das herauszukriegen.

Doch für Verständigung müssen zwei grundlegende Dinge gegeben sein. Wir müssen uns klar sein, worüber wir reden: das Thema, über das wir sprechen, und die Tatsachen, zu denen wir uns verhalten. Und wir müssen – zweitens – einander als Gesprächspartner anerkennen und uns zutrauen, dass wir uns zu dem Thema überhaupt äußern können.

Pegida sägt von sich aus an der ersten Säule, weil man dort zum Beispiel der «Lügenpresse» nicht mehr glaubt. Ein Pegida-Anhänger wird verletzt, Pegida sagt: Einer von uns wurde verletzt. Ein Reporter wird geschlagen, Pegida sagt: Wir glauben Ihnen nicht. Das ist ein Problem für die erste Bedingung: Es ist unklar, was überhaupt wahr ist. Die zweite Säule, das gegenseitige Anerkennen als Gesprächspartner*innen, geht kaputt, wenn wir nur noch von Pegida-Trotteln sprechen. Dann bleibt jeder in seiner Blase, und dann bleibt nicht mehr viel Kommunikation, dann bleiben nur Geräusche – und am Ende Sprachlosigkeit.

Wenn wir Menschen, die rechts sind, immer wieder ihre kognitiven Fähigkeiten absprechen, passieren zwei Dinge: Erstens versuchen wir nicht mehr, mit ihnen zu sprechen. Und zweitens: Die kriegen das mit. Und selbst wenn sie das Wort «kognitiv» nicht kennen, genau wie sie bei Den Ärzten «Attitüde» nicht kennen – das Wort «Trottel» kennen sie.

Ein Leser, Herr H., schrieb mir dazu:

«Sehr geehrte Frau Stokowski. Leider verfüge ich nicht über den Vorteil einer akademischen Ausbildung, wie es bei Ihnen wohl der Fall zu

sein scheint. Mehr oder weniger, bin ich in Ihren Augen wahrscheinlich nur ‹Pack› oder eine ähnliche Verbalinjurie. (...) Nachdem ich vor
3 Wochen die Nachricht gelesen habe, dass am helllichten Tage um
15 Uhr 44 ein Mädchen in Dresden, von zwei Asylanten vergewaltigt
wurde, habe ich mich entschlossen, bei PEGIDA mitzugehen!!! Und da
komme ich zu meiner Frage an Sie. Warum vergleichen Sie meinen IQ
mit dem einer inkontinenten Kuh??? (...) Falls Sie sich herablassen, mir
zu antworten: auf Sätze wie ‹Sie persönlich habe ich nicht gemeint›
kann ich verzichten!!!! mfG»

Ich schrieb zurück:
«Sehr geehrter Herr H., danke für Ihre Mail.
Zwei Anmerkungen dazu: Ich selbst habe Ihren IQ nicht mit dem einer
Kuh verglichen – das war ein Zitat. Ich wollte mit meiner Kolumne
ja gerade ausdrücken, dass es keinen Sinn macht, die Leute von Pegida immer nur für bekloppt zu erklären. (...) Es ehrt Sie, dass Sie sich
gegen Vergewaltigung engagieren wollen. Ich glaube jedoch, es gibt
da bessere Vereine, wenn man sich in die Richtung betätigen will. Die
Gerüchte, dass Flüchtlinge mehr Frauen vergewaltigen als Deutsche,
sind ja widerlegt. [Link zu NDR-Recherche, Ben Bolz & Johannes
Jolmes: «Deutsche Frauen: Bedroht von ‹lüsternen Flüchtlingen›?»,
daserste.ndr.de, 8. Oktober 2015] Zitat: ‹Flüchtlinge und Ausländer sind
bei Sexualdelikten nicht auffälliger als Deutsche. Daran haben auch
die vielen Flüchtlinge in Deutschland nichts geändert. Das bestätigt
der Bund der Kriminalbeamten.›
Viele Grüße, Margarete Stokowski»

Antwort:
«Sehr geehrte Frau Margarete Stokowski ... à la bonne heure!!!! Sie haben Rückgrat und Arsch in der Hose bewiesen, da Sie mir antworten!!!
Das kann ich von Herrn Tillich, Herrn Gauck, Herrn Gabriel und von
Frau Dr. Merkel nicht behaupten!!! Es wird Sie nicht wundern, wenn
ich (bezüglich der Statistiken der Vergewaltigungs-Zahlen [schlim-
mes Wort!!]) andere Zahlen und Meinungen habe wie Sie. Nun, den

Vorwurf mit der ‹inkontinenten Kuh› nehme ich hiermit in aller Form zurück!!! (...) Wir steuern definitiv auf einen BÜRGERKRIEG zu!!!!!! Ich kenne die Zeichen, ich habe das schon mal erlebt 1989!!! (...) Alle Tatsachen und Fakten müssen auf den Tisch ... und ich sehe Sie, als Journalistin, in vorderster Front!!!! Nochmals ... CHAPEAU!!! für Ihre mutige Antwort!!!!»

Wir schrieben insgesamt ein paar Mails hin und her. Es freut mich, wenn Leute, die politisch anscheinend ganz woanders stehen als ich, den Austausch suchen, auch wenn sie sich nicht unbedingt überzeugen lassen. Oft scheint sich an ihrem Bild von vermeintlich elitären Journalist*innen schon in dem Moment etwas zu ändern, wo sie eine Antwort bekommen und sehen, dass man sie ernst nimmt.

EINE ANDERE ART VON
NOTWENDIGKEIT
NOVEMBER 2015

Angst verbreitet sich leichter als Hoffnung. Es ist die billigste Variante von Politik, Menschen Angst zu machen und ihnen dann vermeintliche Lösungen anzubieten. Aber Angst ist ein schlechter Ratgeber.

Wir reden über Transitzonen und wie sie aussehen sollen, wie man Menschen zwingt, da durchzugehen, wie frei sie sich dort bewegen dürfen und ob man sie da auch festhalten darf. Und wie die Zonen am besten heißen sollen. «Einreisezentren» klingt nicht abschreckend genug für die Union. Und abschreckend sollen sie ja sein, soll ja nicht nach Urlaub klingen. Wie viele da eigentlich abgeschreckt werden sollen, ist auch erst mal nicht so wichtig. In den Transitzonen sollen Menschen aus sogenannten sicheren Herkunftsländern schneller zurückgeschickt werden können. Das sind inzwischen vergleichsweise nicht besonders viele. Egal.

Und in so einer Situation kommt vonseiten der AfD der Vorschlag, dass man im Zweifel auch mal schießen sollte. Nur in die Luft, natürlich. «Die Verteidigung der deutschen Grenze mit Waffengewalt als Ultima Ratio ist eine Selbstverständlichkeit», sagt der nordrhein-westfälische AfD-Landesvorsitzende Marcus Pretzell. Ultima Ratio. Es wird nicht besser durch Latein. Letzte Möglichkeit – bevor was genau passiert? Egal.

Wer so spricht, der redet einen Kriegszustand herbei, der nicht da ist. «Ultima ratio regis» stand auf den preußischen Kanonen. Das letzte Mittel des Königs. Menschen, die vor Krieg geflohen sind, durch Schüsse abhalten – man hat schon Empathischeres gehört.

Und zwar Empathischeres für beide Richtungen. In Richtung der Flüchtlinge, weil Schüsse, auch in die Luft, das Perverseste sind, was man sich ausdenken kann für Menschen, die vielleicht schon von Hubschraubern oder Krankenwagensirenen Panik kriegen. Und in Richtung der eigenen Bevölkerung ist es genauso falsch, weil es Ängste schürt vor Menschen, die trotzdem kommen werden. Und je unwürdiger man sie behandelt, desto traumatisierter kommen sie. Wir reden über Menschen, eingepfercht in Gehege, draußen, wie Tiere. «Wie Vieh treiben sie uns durch die Felder», sagt ein Mann in einer Reportage auf *Zeit Online*. So jemand braucht keine weitere Abschreckung.

«Wann, in Anführungsstrichen, amortisiert sich denn dann so 'n Flüchtling?», fragt ein N24-Moderator. Nach fünf bis sieben Jahren bringt ein Flüchtling dem Staat Geld, sagt ein Experte, und das klingt vielleicht alles ein bisschen kalt und unglücklich, wie Werbung für ein Blockheizkraftwerk, aber es ist immerhin ein Blick nach vorne.

«Ich glaube, dass die Menschheit nur durch Mitgefühl überleben kann», hat Swetlana Alexijewitsch gesagt, die dieses Jahr den Literaturnobelpreis bekommen hat. Wir entfernen uns davon, im Moment. Je mehr wir über Zauntypen und Zonen vs. Zentren reden und Schüsse zur Abschreckung. Wie mitfühlend wird man mit Menschen umgehen, die man sich vorher vom Hals halten wollte wie eine Horde Krimineller?

Das Zitat von Alexijewitsch ist aus einem Interview, in dem die Autorin von einem japanischen Filmteam spricht, das zu ihr nach Minsk kommt und in ihrem Garten die Löwenzahnblüten wieder aufrichtet, die es runtergedrückt hat.[69] Das wirkt ein bisschen albern und hippiemäßig, vielleicht, wenn man über Katastrophen und Kriegszustände spricht. Aber vielleicht auch gerade nicht.

«Empathie bedarf des Wissens um die eigene Unwissenheit», schreibt Leslie Jamison in ihrem Buch *Die Empathie-Tests*. «Empathisch zu sein bedeutet nicht nur, zuzuhören, sondern auch, überhaupt erst die Fragen zu stellen, die dann Antworten hervorbringen, die man anhören muss.»[70] Die Fragen werden weniger werden, je mehr Kriegsrhetorik jetzt aufgefahren wird.

Wer hier ankommt, wird sich für lange Zeit merken, wie die ersten Reaktionen der Menschen hier waren. Wahrscheinlich ein ganzes Leben. Manchmal reicht ein Satz, eine Geste, ein Blick, damit jemand sich willkommen oder nicht willkommen fühlt. Das ist eine andere Art von Notwendigkeit als Wohnraum und Essen und Trinken, aber immer noch Notwendigkeit, weil wir über Menschen reden.

Als meine Familie Anfang 1988 von Polen nach Berlin kam, war einer der ersten Sätze, die meine Mutter von einer fremden Deutschen hörte, die Frage: «Musste das sein?» Wir zogen damals erst mal zu meinen Großeltern in eine Zwei-Zimmer-Wohnung in Berlin-Neukölln, Gropiusstadt. Mein Bruder war vier, ich knapp zwei und meine Mutter war schwanger mit meiner Schwester. Mein Bruder und ich waren zu laut für die dünnen Hochhauswände, die Nachbarin von unten kam hoch, sah uns Kinder, sah den dicken Bauch meiner Mutter und fragte: «Musste das sein?» Meine Mutter konnte im Gegensatz zu meinen Großeltern noch gar nicht genug Deutsch, um zu verstehen, was die Frau sagte, aber sie sah ihren vorwurfsvollen Blick auf ihren Bauch, mit dem noch ungeborenen Kind, auf das sie sich freute und für das sie sich eine gute Zukunft wünschte. Und der Satz brannte sich ein: «Musste das sein?»

Und es musste ja gar nicht. Alles nicht. Wir hätten gar nicht da sein müssen in diesem Land. Man hätte es schon aushalten können in Polen. Klar. Polen ist nicht Syrien. Es war kein Krieg. Es war nur ziemlich aussichtslos, oft unwürdig und anstrengend und dreckig und man musste für jede Rolle Klopapier stundenlang anstehen und für ein Auto jahrelang.

Meine Mutter ließ meinen Bruder und mich dann ohne Hausschuhe rumlaufen, in Socken, damit wir die deutschen Nachbarn nicht stören. Meine Großeltern ließen uns draußen lieber nicht mehr polnisch reden. «Wir wurden behandelt wie Asoziale», sagt meine Mutter heute. Und das Gefühl ging nur schwer wieder weg. Fast 28 Jahre später erinnert sie sich, wie sie sich freute, als eine türkische Frau, die auch Kinder hatte, sie anlächelte und nach ihrem Entbindungstermin fragte.

Es sind solche Kleinigkeiten, die am Ende genauso zählen wie Wohnen, Essen, Trinken. Vielleicht braucht es manchmal Überwindung, sich um so etwas zu kümmern: lächeln, Fragen stellen, all das. Diese Hürde wird größer, je mehr Angst jetzt geschürt wird. Angst ändert nichts, sie macht es nur anstrengender. Für alle. Und es den Deutschen schwer zu machen ist etwas, was eigentlich nicht einmal die AfD wollen kann.

Ein sehr schöner Kommentar kam von einem Herrn B. auf Facebook:

«Sehr geehrte Frau Stokowski, ich muss Ihnen danken. Ich schäme mich, denn aus einem ehemals toleranten Menschen ist ein Angstbürger geworden. Sie haben recht, Angst ist ein schlechter Ratgeber, und macht alles im Leben schwerer. Wir würden vermutlich nie einer (politischen) Meinung sein, aber Ihr Kommentar im *Spiegel* vom 5. 11. hat in mir zumindest etwas bewegt. Ich habe auf Ihren Kommentar zumindest einen Anfang gemacht und Pegida entliked. Einen schönen Abend noch.»

DIESE LASCHEN HOBBYMÄRTYRER
JANUAR 2016

Wovon man nicht sprechen kann, darüber muss man schweigen.» Ein bekanntes Zitat von Wittgenstein. So weit, so logisch. Nun ist das Können so eine Sache und fällt manchmal mit dem Dürfen, dem Wollen oder dem Sollen ziemlich nah zusammen. Ungefähr hundert Jahre nachdem Wittgenstein seinen bekannten Satz schrieb, scheint es eine andere Regel zu geben, die immer häufiger zur Anwendung kommt: Wovon man angeblich nicht sprechen darf, darüber soll man sich ständig empören – und es am Ende trotzdem sagen.

Es tut mir leid für das Wort «empören». «Empören» ist ein nerviges Nullwort geworden: Überall wird sich empört. Im Grunde könnte man die ganze Bibel, den *Zauberberg* und alle Grimm-Märchen umschreiben und jedes Mal «empörte» statt «sprach» und «sagte» einsetzen, und niemand würde es merken.

Bei Wittgenstein war das Unaussprechliche das Mystische. Das heute Unaussprechliche ist das, von dem man so tut, als dürfe es nicht gesagt werden. Und das ist so einiges. «Darf man bei uns noch alles sagen?» war das Motto bei «Hart aber fair», und schon in der ersten Minute gab Frank Plasberg die Antwort: «Ja, man darf.» Selten so etwas Schlaues von ihm gehört. Es folgte dann trotzdem über eine Stunde Diskussion über gefühltes Nichtdürfen, Lügenpresse und Berichterstattung zu Flüchtlingen.

Gefühltes Nichtdürfen ist ein Trend. Kein völlig neuer, aber ein starker. Und kein guter. Wenn es tatsächlich so viele Tabus gäbe, wie nun allenthalben vermeintlich gebrochen werden, müsste man sich ein paar ernsthafte Fragen stellen über den Geisteszustand, in dem wir die Entstehung solcher Tabus mitangesehen hätten. Haben wir aber vielleicht gar nicht. Was soll das sein, diese unsichtbare Macht, die überall Leute vom Reden abhält? Und was passiert in dem magischen Moment, in dem sie doch sprechen?

Angeblich ist es ein Tabu, zu behaupten, dass unter den Millionen Flüchtlingen, die nach Europa kommen, auch Arschlöcher sind, im Sinne von Kriminellen oder potenziellen Kriminellen. Was für ein Gedanke. Natürlich sind da Arschlöcher dabei. Unter jeder Gruppe von Menschen sind Arschlöcher, und eine Gruppe ist man ab drei Leuten, also ist bei einer Million Menschen ziemlich sicher der eine oder die andere dabei. Das war jetzt keine geniale Herleitung, aber Herrgott, was soll man da herleiten; der Witz ist, dass am Ende auch Arschlöcher Menschenrechte haben, genau wie alle anderen, und man weder den einen noch den anderen diese Rechte kürzen sollte.

Angeblich ist es auch ein Tabu, zu behaupten, dass es in der Integration von Flüchtlingen manchmal zu Problemen kommt. Muslimische Männlichkeitsbilder und so. Ich würde allerdings jedes einzelne meiner Organe verwetten, dass niemand wirklich im Grunde seines Herzens glaubt, dass es ein Verbot gibt, darüber zu sprechen. Geschlechtsverkehr mit nahen Verwandten ist ein Tabu, aber Probleme mit Flüchtlingen, ernsthaft?

Man muss politisch nicht besonders speziell drauf sein, um mit solchen vermeintlichen Sprechverboten zu hantieren. Man muss noch nicht mal dumm sein. Es ist längst kein stammtischartiges «Man wird doch wohl noch sagen dürfen ...» mehr. So viele Stammtische gibt es gar nicht.

Am 3. Dezember 2015 schrieb Giovanni di Lorenzo in der *Zeit* darüber, «warum im politischen Berlin kaum einer ausspricht, was doch jeder weiß»: dass es anstrengend wird mit den vielen Flüchtlingen. «Alle wissen das, aber nur wenige – und oft sind es die Falschen – wagen es, das Schreckenswort ‹Obergrenze› auszusprechen.»

Am 10. Januar 2016 schrieb Antonia Baum in der *FAS* darüber, wie schwierig es sei, über die Übergriffe in der Silvesternacht von Köln zu sprechen, weil «man» ja gerade jetzt «eigentlich auf gar keinen Fall» über arabische Männer erzählen wolle, dass die irgendwie nicht mit «westlichen Frauen» können, und in einem langen, langen Text fühlte sie sich vorsichtig dazu vor, zu erzählen, wie sie mit genau diesen Männern aber übrigens schon ganz lange ein Problem hat, weil sie ständig von ihnen auf der Straße belästigt würde.

Und am 18. Januar 2016 schrieb Elisabeth Lehmann in der *taz* über ihre Beziehung mit einem «Nordafrikaner» und betonte gleichzeitig, dass sie diesen Text eigentlich nicht schreiben sollte, weil man bei dem Thema angeblich alles nur falsch machen kann. Selbstverständlich schrieb sie ihn trotzdem.

Die Sache mit den gefühlten Tabus hat natürlich einen Sinn. Ich kann es nur küchenpsychologisch erklären, aber dabei gebe ich mir zumindest Mühe. Also, Folgendes.

Es gibt einen Fetisch des imaginierten Regelbruchs, und dieser Fetisch ist vor allem für Leute interessant, die sich nicht trauen, tatsächliche Regeln zu brechen. Sie tun so, als gäbe es ein Tabu – egal ob aus vorauseilendem Gehorsam oder aus rhetorischen Gründen –, und vollziehen dann in einem gefühlten Regelbruch das, was nach außen mutig wirken soll, in Wirklichkeit aber längst mehrheitstauglich ist. Sie denken, das ist Punk, aber es ist kein Punk. Es ist eher Helene Fischer. Wenn sie dann dafür kritisiert werden, müssen sie nicht inhaltlich antworten, sondern können guten Gewissens sagen: Siehst du, man darf das wohl nicht sagen. Ein fast genialer Schutzmechanismus, aber nur fast.

Nun ist aber leider Regelbruch, weder tatsächlicher noch gefühlter, gar kein Wert an sich, sobald man über fünf Jahre alt ist. Und es ist noch viel schlimmer. Rhetorisches Helenefischern führt dazu, dass sich Fronten verhärten und Stimmungen verstärken. Weil aus Menschen mit Unsicherheiten plötzlich Hobbymärtyrer werden, die sich für die Wahrheit meinen opfern zu müssen. Und das ist gefährlich.

ANDERE SPRACHE,
DERSELBE HASS
AUGUST 2017

Am 12. August 2017 gab es in Charlottesville im US-Bundesstaat Virginia einen Aufmarsch von Rechtsextremen, Ku-Klux-Klan-Anhängern und Neonazis. Es kam zu Ausschreitungen mit Gegendemonstrant∗innen und zu einem Anschlag: Ein Teilnehmer der rechten Demo fuhr ein Auto in die Menge der Gegendemonstrant∗innen und tötete dadurch eine Frau.

Scheint die Sonne auch für Nazis?» haben Die Ärzte mal gesungen, und ja, leider zurzeit viel zu wonnig. In Charlottesville konnte man beobachten, was passiert, wenn Rechtsextreme sich zusammenrotten, weil sie glauben, ihre Stunde habe geschlagen. Dass sie das glauben, liegt auch daran, dass es leicht ist, sich ermächtigt zu fühlen, wenn ganz oben Leute sitzen, die ähnlich drauf sind wie man selbst.

Es mag Donald Trump einige Überwindung gekostet haben, sich spät und stumpf vom rechten Terror zu distanzieren oder zumindest ein entsprechendes Stück Text vorzulesen. «Rassismus ist böse», sagte er, und das ist schon eine Leistung für jemanden, dessen Macht zu weiten Teilen auf Rassismus beruht, der sich von Rechtsextremen beraten lässt und der ohne die Leute, die jetzt «Heil Trump» brüllen, wohl nie so weit gekommen wäre. Aber andererseits auch keine so geniale Aussage angesichts der Tatsache, dass die allermeisten Rassisten immer noch einen Satz zustande kriegen, der mit «Ich bin kein Rassist» anfängt.

Trump hat in seinem Statement den Ku-Klux-Klan, Neonazis,

White Supremacists direkt als Rassisten und damit böse bezeichnet, und die dürften nun mitunter verstört sein. Mixed Messages. Hatte doch gerade erst der ehemalige Klan-Führer David Duke erklärt, die rechten Aufmärsche von Charlottesville seien ein Wendepunkt für eine Bewegung, die nun «die Versprechen von Donald Trump» erfüllen werde.

Das Problem ist nicht, dass sich Leute wie Duke jetzt womöglich kurz mal sortieren müssen, sondern dass eine knappe Erklärung von Trump nicht genügen wird zu verhindern, dass sich massenhaft Rechtsextreme zu aggressivem Auftreten legitimiert fühlen, weil sie in den obersten politischen Etagen Gleichgesinnte sehen. Es marschiert sich leichter, wenn man die Macht im Blick hat, und es ist leichter, dem Hass Handlungen folgen zu lassen, wenn er wirkt wie eine Meinung, die man eben haben kann.

Auch wenn die Begriffe, die die Rechten als Selbstbezeichnung für sich wählen, in den USA andere sind als hier, ist rechte Gewalt, die sich von oben gestützt sieht, kein US-amerikanisches Thema. Ob sie sich «Alt-Right» nennen, von «White Power» oder «White Supremacy» sprechen oder ob sie sich als «Identitäre Bewegung» bezeichnen, es sind alles Rassist*innen, die glauben, dass Weiße mehr wert sind als Nichtweiße. Die einen brüllen «you will not replace us», die anderen sprechen von «Umvolkung».

Wenn sie gewalttätig werden, ist der Schritt, ihre Taten als rechten Terror zu bezeichnen, für viele, hier wie da, immer noch ein zu großer. Immer noch wird der Anschlag von München im Juli 2016 oft nur als «Amoklauf» bezeichnet oder als Tat eines Jungen, der gemobbt wurde, obwohl alles darauf hinweist, dass er rechtsextremistisch motiviert war. Und das Fragezeichen in «Waffenhändler des Münchner Amokläufers rechtsextrem?» (eine Überschrift der *Süddeutschen*) ist nicht mehr notwendig, wenn bereits rausgekommen ist, dass besagter Waffenhändler seine Mails mit «Heil Hitler» signierte.

Wenn in Deutschland im September der Bundestag neu gewählt wird, entscheidet sich, ob die AfD darin Plätze bekommt.[x] Sie ist vom Regieren weit entfernt, aber wird dann, wenn sie ins Parlament einzieht, so weit oben angekommen sein, dass es für einige verstärkt so wirken könnte, als wäre die rassistische Brühe, die diese Partei mitunter aufkocht, tatsächlich eine gerechtfertigte Meinung, die man eben haben kann.

Als wären Weiße oder Christ*innen oder Heterosexuelle ernsthaft vom Aussterben bedroht, nur weil andere auch Menschenrechte haben wollen, und als hätten sie deswegen das Recht, sich zu verteidigen gegen die vermeintliche Bedrohung. Als wären völkisches Denken, Hetze gegen Minderheiten und Ungleichbehandlung nach Herkunft, Religion oder Sexualität eben Dinge, die man in einer Demokratie schon mal aushalten muss. Muss man nicht. Man kann über alles reden, aber nicht alles ist verhandelbar.

Das ist nicht so leicht zu vermitteln in einer Zeit, in der allenthalben von «Denk-» und «Sprechverboten» die Rede ist und Linken vorgeworfen wird, überheblich zu sein und sich stets auf der moralisch richtigen Seite zu wähnen. Nun ja. Mitten in einem schleppend anlaufenden Wahlkampf, in dem bisher eigentlich alle halbwegs linken Parteien sich so geschickt anstellen wie Besoffene beim Topfschlagen, kann man vielleicht schon mal anmerken, dass es kein arroganter Move ist, Rechten die Aussicht auf die oberen Plätze zu versperren. Überheblich ist es, sich als Vertreter*innen einer von wem auch immer auserkorenen Herrenrasse zu wähnen.

Ich weiß nicht genau, warum, aber kurz nachdem dieser Text online ging, schrieb mir Hanni R. eine sehr kurze Nachricht auf Facebook:

---

[x] Leider passiert.

«armes einfältiges Mädchen aus Polen». Hmm. Ich hab ein Gedicht daraus gemacht:

> Einfältiges Mädchen aus Polen
> So arm, bei dir ist nichts zu holen
> Oh und guckst du manchmal Arte
> Baby, ich bin nackt und warte.

Ebenfalls auf Facebook schrieb mir Thorsten K.: «Völkisches Denken ist wunderbar. Eine Anmerkung zu Ihrem Artikel im *Spiegel*.» Hab auch das recycelt:

> Völkisches Denken ist wunderbar
> Wie Durchfall am Morgen
> Und Kotze im Haar
> Wer wird mich im Alter versorgen
> Vielleicht ne Tschechin

ANTIFASCHISMUS
MUSS ALLTAG WERDEN
SEPTEMBER 2017

Dieser Text erschien zwei Tage nach der Bundestagswahl, bei der die AfD mit 12,6 Prozent der Stimmen erstmals in den Bundestag einzog.

Kann schon sein, dass es nicht wirklich 12,6 Prozent Nazis in Deutschland gibt. Vielleicht haben einfach nur 12,6 Prozent der Wähler∗innen kein Problem damit, eine Partei zu wählen, die zum Teil aus Rechtsextremisten besteht. Aber das reicht. Es reicht, um zu sagen, dass wir 87,4 Prozent Antifaschist∗innen brauchen, die sich mit einem angemessenen Betreuungsschlüssel um diejenigen kümmern, denen es nicht peinlich ist, ihre Wehrmachtsphantasien öffentlich zu äußern.

Man sagt «Antifa bleibt Handarbeit», und das heißt, dass wir in den kommenden vier Jahren die Hände voll zu tun haben werden, denen nachhaltig auf die Nerven zu gehen, die versuchen, sich als Konservative zu verkleiden, aber in Wirklichkeit für Rassismus, Nationalismus und völkisches Denken stehen. Gleichzeitig müssen wir denjenigen, die sie gewählt haben, erzählen, dass jeder mal Fehler macht – und dass das einer war. Vielleicht merken sie es selbst, aber sicher ist das nicht. Statt «Kein Fußbreit den Faschisten» gibt es jetzt 94 Stühle für Rechte im Bundestag, 94 Hintern breit, 94 zu viel.∗

Es ist nicht so, dass nicht oft genug erklärt worden wäre, wen

---

∗ Inzwischen sind es 92 AfD-Sitze: Frauke Petry und Mario Mieruch sind kurz nach der Wahl aus der Fraktion ausgetreten.

und was man wählt, wenn man rechts wählt. Es hat nur nicht die richtigen Leute schockiert. Es beschweren sich ja immer wieder Leute, dass sie sich in ihrer Schulzeit gefühlte zehn Jahre nur mit Nationalsozialismus beschäftigen mussten. NSU-Skandal, die Pegida-Hetzer*innen und die Aussicht auf eine braune Fraktion im Bundestag sollten dann allerdings sehr viel mehr Leute aufgeschreckt haben. Sonst stimmt etwas nicht mit den Leuten oder der Schule oder mit allen zusammen.

In Deutschland mögen die Rechtsextremen in Anzügen nicht so offen faschistisch sein wie einige ihrer europäischen Pendants, aber es ist trotzdem klar, in welch zerstörerischer Tradition sie stehen. Manchmal muss man erst geduldig dechiffrieren, warum genau ihre Positionen menschenverachtend sind. Und manchmal ist eigentlich ziemlich schnell klar, was sie für einen unglaublichen Quatsch reden – «Unser Volk zurückholen»?[*] Von wo? Von Malle?

Dabei sind das Problem nicht allein die 12,6 Prozent. Genauso viel Antifa-Arbeit werden weiterhin diejenigen erfordern, die schadenfroh erklären, die Linken und Grünen und Feminist*innen seien schuld am Erfolg der Rechtspopulist*innen, und/oder Merkel, die nicht rechts genug gewesen sei. CSU-Chef Horst Seehofer erklärte nach Bekanntwerden der Wahlergebnisse, seine Partei müsse in der Flüchtlings- und Sicherheitspolitik «eine offene Flanke» auf der rechten Seite schließen. So würde es die Linken-Spitzenkandidatin Sahra Wagenknecht vielleicht nicht formulieren, aber eine ähnliche Stoßrichtung, Merkels Zuwanderungspolitik als «leichtfertig» und blind für Probleme der Integration zu beschreiben, kennt man auch von ihr. Als wäre es ein gutes Mittel gegen rechts, selbst weiter nach rechts zu rücken: Das Ziel ist dann nicht, Rassismus zu bekämpfen, sondern nur, die Stimmen der Rassist*innen beim nächsten Mal selbst

[*] Alexander Gauland, Spitzenkandidat der AfD, sagte nach der Wahl: «Wir werden uns unser Land und unser Volk zurückholen.»

einzusammeln – anstatt denjenigen, die Angst vor Armut, sozialer Ungleichheit oder Gewalt haben, Perspektiven zu geben, die nicht auf Rassismus basieren, sondern auf funktionierenden Modellen für die Zukunft.

Genauso, wie es zu schrägen, nach rechts offenen Allianzen kommt und weiter kommen wird, muss es neue ungeahnte Bündnisse gegen rechts geben. In einem Klima, in dem Hass so gut gedeiht, sind alle, die nicht rechts sein wollen, aufgerufen, sich immer wieder neu zu distanzieren, nicht nur Linke, sondern auch Konservative und Liberale. Ich stimme vielleicht zum ersten Mal im Leben FDP-Chef Christian Lindner zu, wenn er sagt, das Wahlergebnis sei ein «Kampfauftrag». Es wird ein Kampf, der nicht nur im Bundestag stattfindet, sondern überall dort, wo politische Fragen diskutiert werden.

Es ist ärgerlich, dass wir eine rechte Fraktion aushalten müssen, die sich offensichtlich nicht einmal selbst aushält. Sie wird sich teilweise selbst zermürben, und daneben werden wir ihren Zerfall kontinuierlich unterstützend begleiten. Wenn wir uns das in den nächsten Jahren zur Gewohnheit machen, können wir bald auch wieder über schönere Themen reden.

FRAUEN, RECHTE
FEBRUAR 2018

Dieser Text entstand, als die #MeToo-Diskussion (siehe Kapitel 6) schon einige Monate andauerte und mal wieder einige Rechte versuchten, die Debatte für sich zu nutzen.

Es hört nicht auf: Zurzeit vergeht kein einziger Tag, an dem man nicht von neu aufgedeckter sexualisierter Gewalt hört. Es gibt Übergriffsvorwürfe in der Filmbranche, in der Modewelt, im Sport, bei den Vereinten Nationen, im EU-Parlament, in politischen Parteien, in der Bundeswehr, in Familien, Schulen und kirchlichen Einrichtungen. Und mitten in dieser Flut von aufgedeckten Skandalen steht ein Grüppchen rechter oder rechtsextremer Frauen und verkündet tapfer, dass die eigentliche Bedrohung für die europäische Frau vom männlichen Migranten ausgeht.

Die Initiative «120db» wurde aus dem Umfeld der Identitären Bewegung gestartet und will im Namen an die Lautstärke von Alarmgeräten erinnern, die manche Frauen bei sich tragen, um im Falle eines Übergriffs einen Signalton auszulösen. In einem YouTube-Video erklären verschiedene junge Frauen: «Die Täter lauern überall», und meinen damit «junge Männer aus archaischen, frauenfeindlichen Gesellschaften». Die Frauen rufen zum Widerstand «gegen importierte Gewalt» auf, es sei «der wahre Aufschrei», «von Frauen für Frauen». Eines der Ziele der Kampagne ist, dass andere Frauen ihre Erfahrungen mit «Überfremdung, Gewalt und Missbrauch» unter dem Hashtag #120db teilen – ähnlich wie bei #Aufschrei oder #MeToo, aber inklusive Rassismus. Es soll weitere Aktionen geben.

Es ist eigentlich ein maximal schlecht gewählter Zeitpunkt für diese Art von Hetze, denn allein schon in Anbetracht der akuten Nachrichtenlage ist offensichtlich, dass Übergriffe nicht hauptsächlich von Flüchtlingen verübt werden. Studien und Kriminalstatistiken belegen das: Sexualisierte Gewalt und generell Gewalt gegen Frauen sind weit verbreitet, in allen sozialen Schichten.

Einige Gruppen sind besonders gefährdet, zum Beispiel behinderte oder psychisch kranke Frauen, trans Frauen, Prostituierte, Frauen auf der Flucht, Frauen in Trennungs- und Scheidungssituationen. Die allermeisten Fälle von sexualisierter Gewalt passieren im sozialen Nahbereich, das heißt Opfer und Täter kennen sich. Wer aus der Vielzahl von Taten ausgerechnet nur diejenigen herauspickt, in denen die Opfer weiße Frauen sind und die Täter zum Beispiel Flüchtlinge, und so tut, als sei das die Hauptgefahr, verdreht die Realität und lässt die Mehrzahl der Fälle aus. Es gibt Fälle von Gewalt durch männliche Flüchtlinge gegen weiße Frauen, aber diese Fälle bedrohen nicht die europäische oder jeweils nationale Kultur oder Ehre oder was auch immer, weil in diesen Gesellschaften – auch jenseits aller Migration – Gewalt gegen Frauen täglich passiert.

Aber offenbar wirkt die Idee eines völkischen oder nationalistischen Feminismus nicht für alle direkt absurd. In der *Zeit* gab es neulich eine ausführliche Homestory über Ellen Kositza, die mit Götz Kubitschek verheiratet ist.[71] Dort hieß es: «Ellen Kositza lebt auf einem Rittergut, hat sieben Kinder und gilt als Frontfrau der neuen Rechten. Sieht so ein nationalistischer Feminismus aus?» Das ist beachtlich angesichts der Tatsache, dass Kositza selbst sich in ihren Schriften explizit gegen Feministinnen richtet. Im *Zeit*-Text heißt es dann auch weiter, Kositzas Haltung könne man nicht Feminismus nennen, weil – ausgerechnet – die «Differenzen zu Schwarzer und Co. zu groß» seien, aber sie sei doch «eine stramm rechte Stimme auch und gerade für Frauen».

Aber wie glaubhaft können Rechte sich für Frauenrechte einsetzen? Es mag für manche Leute auf den allerersten Blick feministisch erscheinen, wenn Rechte so tun, als wenn sie sich für Frauen engagieren, und bisweilen ist an den Sätzen, die sie dabei verwenden, alles richtig: «Die Freiheit der Frau ist nicht verhandelbar!» stand auf einem AfD-Plakat zur letzten Bundestagswahl. Stimmt so. Aber ist das feministisch?

Die Antwort steht und fällt natürlich mit der Definition von Feminismus. Wenn Feminismus heißt, sich ab und zu *irgendwie* für *irgendwelche* Frauen einzusetzen, dann kann es rechten Feminismus geben, Grüße an Ivanka Trump, aber ansonsten nicht. Wenn Feminismus bedeutet – meine Definition –, dass alle Menschen die gleichen Rechte und Freiheiten haben sollten, unabhängig von ihrem Geschlecht, ihrer Sexualität und ihrem Körper, dann ist diese Haltung unvereinbar mit rechtem Denken.

Und das ist nicht mal nur deswegen so, weil es nur einen wahren Feminismus geben könnte. Aber Feminismus, der nicht auch antirassistisch und antiklassistisch ist, ist widersprüchlich und unglaubwürdig. Es gibt sehr unterschiedliche feministische Strömungen, manche sind marxistisch und manche öko, andere religiös oder hedonistisch oder ganz anders.

Das wird in öffentlichen Debatten selten so wahrgenommen, weil Differenzierungen hier häufig entlang der Form verlaufen und nicht an Inhalte gebunden sind: Dann wird von «Netzfeminismus», «Popfeminismus» oder «akademischem Feminismus» geredet, aber das sind äußerst fragwürdige Kategorien, weil sie oberflächlich bleiben und auch niemand von «Papierfeminismus» redet, wenn es um Bücher geht.

Die Gesellschaft, die Feminist*innen wollen, kann eine parlamentarische Demokratie sein oder anarchistische Kollektive, aber sie kann nie völkisch, nationalistisch, rechtsextrem sein. Das ist einfach logisch nicht möglich, weil diese Haltungen auf Ausschluss basieren und auf der Diskriminierung oder noch härteren Bekämpfung von Minderheiten und allen, die als

Fremdkörper wahrgenommen werden – und Feminismus das Gegenteil will.

Auch unter Rechten gibt es verschiedene Strömungen und bisweilen verschiedene Frauenbilder, aber immer basiert ihr Denken auch auf konkreten Vorstellungen davon, was sich für welches Geschlecht gehört (und wer sich mit wem fortpflanzen soll). Man könnte es sich leicht machen und sagen: Wie attraktiv rechte Positionen für Frauen im Allgemeinen sind, kann man schon erahnen, wenn man sieht, wie viele Frauen in den Reihen der AfD zu finden sind (16 Prozent der Mitglieder, 9,2 Prozent ihrer Bundestagsabgeordneten). Aber das reicht nicht.

Es gibt offensichtlich rechte Frauen (und Männer, ab und zu), die behaupten, sich für Frauen einzusetzen. Würden sie sich #MeToo oder dem Women's March anschließen, müssten sie zugeben, dass Gewalt auch von weißen Männern kommt. Aber das ist längst nicht der einzige Konflikt: Die Liste von Gründen, warum Rechte nicht feministisch oder auch nur «für Frauenrechte» sein können, ist lang.

Rechte und Rechtsextreme wollen, dass Lesben, Schwule und Bisexuelle weniger Rechte haben als Heterosexuelle. Sie erkennen Inter- und Transsexuelle nicht an. Viele von ihnen wollen Abtreibungen, Trennungen, Scheidungen erschweren. Sie wettern gegen Patchwork-Familien, auch wenn sie selbst in solchen Konstellationen leben. Sie kämpfen gegen Aufklärung in der Schule. Sie sprechen von «Gender-Wahn» und «Homo-Lobby», wenn es um Gleichstellungspolitik und Mitbestimmung geht.

Und nicht zuletzt haben sie oft klare Ideen davon, welche unterschiedlichen Aufgaben Männern und Frauen zukommen: Jedes völkische Denken beschränkt sexuelle und politische Freiheit. Wer vom Erhalt der «Volksgemeinschaft» spricht, kann nicht anders, als Frauen aufs Kinderkriegen (mit weißen Männern) festzulegen.

Und wenn es bei Björn Höcke heißt: «Wir müssen unsere Männlichkeit wiederentdecken!», dann heißt das nicht: Wir müssen unsere Potenzprobleme klarkriegen, sondern: Männlichkeit ist Kampf. «Nur wenn wir mannhaft werden, werden wir wehrhaft», hieß es in einer Höcke-Rede, und das heißt im Umkehrschluss: Weiblichkeit muss etwas anderes sein. Passend dazu erklärte Frauke Petry in einem WDR-Interview zur #MeToo-Debatte, sie habe «nichts dagegen, dass Frauen weiterhin das schwache Geschlecht sind».

Das ist fast lustig angesichts der Tatsache, dass eine häufige Kritik von rechts am linken Feminismus ist, dass er Frauen zu weinerlichen Opfern mache, anstatt auf starke Frauen zu setzen. (Und das muss man sich von Leuten erzählen lassen, die Angst haben, dass ihr Volk untergeht, wenn hier Flüchtlinge wohnen.)

Dabei müssen Frauen im Feminismus gar nicht stark sein. Sie können schwach oder stark sein, sie können alles sein, was sie wollen. Nur wenn sie Rechte sind, können sie nicht gleichzeitig Feministinnen sein. So viel Grenze muss sein.

WIE MAN MIT DER MISTGABEL ARGUMENTIERT

JANUAR 2016

Nachdem es in Köln zum Jahreswechsel 2015/16 zu zahlreichen Übergriffen auf Frauen gekommen war, eskalierte der Streit um Bleiberecht und Frauenbild geflüchteter Männer aus dem arabischen Raum, aus dem viele der Täter stammten. Weil immer wieder gesagt wurde, «nach Köln» müsse dieses und jenes geschehen, nannte ich die vermeintlich neue Ära «Postcolognalismus».

Seit knapp zwei Wochen befinden wir uns in einem neuen Zeitalter: dem Zeitalter des Postcolognalismus. Es ist eine Ära, in der Logik nicht mehr gilt, weil sie schlicht nicht mehr angewendet wird, und Besonnenheit untergeht, weil es überall zu laut ist. Ruhig geführte Diskussionen können schön sein, allein es ist nicht mehr ihre Zeit. Doch auch der Postcolognalismus hat seine Regeln. Hier sind sie.

- **Oberste Regel:** Argumente sind nicht gut. In «Argument» steckt das Wort «arg». Daran sieht man schon alles. Weg damit. Argumente diskriminieren Menschen, die es sich nicht leisten können zu denken. Lassen Sie deswegen in Ihrer Rede sämtliche logischen Herleitungen und nachvollziehbaren Begründungen weg und gehen Sie auch nicht auf die Argumente anderer Menschen ein. Wir sind hier nicht an der Elite-Uni. Wir müssen nicht reflektieren. Im Gegenteil: Reflektieren blendet. (Reine Physik.)

- **Zweite Regel:** Kennen Sie das «Prinzip der wohlwollenden Interpretation»? Nee? Egal. Es besagt, dass man Aussagen von anderen Leuten nicht durch den Dreck zieht, sondern erst mal im bestmöglichen Licht betrachtet und dann erst auf Grundlage dieser Betrachtung interpretiert und kritisiert. Aber das ist total veraltet. Irgendwelche Heiligen im Mittelalter haben sich das ausgedacht und weltfremde akademische Vögel in den Fünfzigern (!) haben das dann nachgemacht. Auf Englisch heißt es «Principle of Charity». Haha, Charity. Das ist was für reiche Promis, die Schulen für Zebras in der Sahara bauen, aber nicht für uns Otto Normalverbrauchers. Apropos: Dieses Jahr wird nach dem chinesischen Horoskop das Jahr des Affen. Benehmen Sie sich entsprechend.

- **Dritte Regel:** Wenn Sie mit jemandem diskutieren wollen, lassen Sie sich nicht beirren. Es ist nicht so wichtig, ob Ihr Gegenüber das auch will. Gehen Sie Ihren Weg! Achten Sie zunächst auf äußere Merkmale: Wie sieht die Person aus? Gehört sie einer Minderheit an? Suchen Sie sämtliche potenziellen Schwachstellen, hässlichen Körperteile (gucken Sie auch hinten) und Gerüchte über die Mutter der Person zusammen. Verlieren Sie dabei nicht zu viel Zeit. Überprüfen Sie keine Vermutungen. Jede Information ist brauchbar, und Niedertracht ist ein hohes Gut. Fangen Sie an, die Person zu beleidigen. Versuchen Sie dabei, Ihr Niveau Stück für Stück zu senken, bis Sie den Boden fühlen. Ruhen Sie sich dort kurz aus. Dann fangen Sie erst richtig an. Immer drauf. Aber bleiben Sie unten! Unten ist es am sichersten.

- **Vierte Regel:** Glauben Sie generell nichts, was Sie in gedruckten Medien lesen. Sobald es gedruckt ist, ist es falsch. Glauben Sie höchstens ironisch dran. Als Witz. Die heiligen drei Ausnahmen sind die Kolumnen von Harald Martenstein, die Aldi-Werbeprospekte und der *Cicero*. Der Rest ist Lügenpressehaltdiefresse. Schreiben Sie Leserbriefe an die Lügenpresse – viele! Für jede Verletzung aus Ihrer Kindheit schreiben Sie zehn Leserbriefe. Am Tag.

- **Fünfte Regel:** Kennen Sie Hannah Arendt? LOL, müssen Sie nicht. War nur ein Test. Ob Sie noch an Leute aus dem vergangenen Jahrhundert glauben. Glauben Sie nie an Intellektuelle! Wenn Sie schon an irgendwas glauben müssen, glauben Sie an YouTuber*innen und die «Junge Alternative». Die haben mehr Zukunft. Es gab mal einen Typen, der hat geschrieben, «wie man mit dem Hammer philosophiert». Machen wir nicht! Wir argumentieren mit der Mistgabel.[*]

- **Zwischendurch kurz eine Atemübung:** Atmen Sie doppelt so lange ein wie aus. (Yoga-Idioten machen es andersrum, aber Sie sind kein Yoga-Idiot.) Spannen Sie dabei Ihre Kiefermuskulatur und die Kniekehlen an. Bleiben Sie so.

- **Sechste Regel:** Dass Sie keine Argumente verwenden sollen, heißt nicht, dass Sprache egal ist. Weit gefehlt. Achten Sie darauf, möglichst viele kurze Wörter mit «z» zu benutzen. Das gibt Ihnen etwas Zackiges. Zensur! Hetze! Nazi! Es ist egal, wo im Wort das «z» steht. Hinten reicht. Furz, zum Beispiel. Wenn Sie Frauenschützer sind, verschaffen Sie sich eine Aura der Seriosität, indem Sie möglichst oft «Fotze» sagen. Nennen Sie sich bei Twitter ZornigerAtze3000. Benutzen Sie Großbuchstaben, Ausrufezeichen und das Bomben-Emoji, um Ihre Autorität zu unterstreichen.

- **Siebte Regel:** Überhaupt, Twitter: geil. Gehen Sie da hin! Machen Sie sich am besten gleich mehrere Profile, denn viel hilft viel. Außerdem können Sie sich dann gegenseitig Like-Herzchen geben. Wenn Ihnen bei so viel Geklicke keine Zeit bleibt, ein Profilbild rauszusuchen, lassen Sie einfach das voreingestellte Ei drin.[**] Das ist sowieso am besten. Bleiben Sie ein

---

[*] Die Dresdner Pegida-Frontfrau Tatjana Festerling rief auf einer Kundgebung im Januar 2015: «Wenn die Mehrheit der Bürger noch klar bei Verstand wäre, dann würden sie zu Mistgabeln greifen und diese volksverratenden, volksverhetzenden Eliten aus den Parlamenten, aus den Gerichten, aus den Kirchen und aus den Pressehäusern prügeln.»

[**] Früher war auf den voreingestellten Profilbildern für neue Twitter-Accounts ein Ei abgebildet. Das Ei wurde inzwischen abgeschafft und durch einen stilisierten Kopf ersetzt.

Ei. Eier sind unangreifbar. Nehmen Sie Humpty Dumpty aus *Alice hinter den Spiegeln* oder, wie er in einer deutschen Übersetzung heißt: Plumpsti Bumsti. Ein Eiervorbild wie aus dem Bilderbuch, vor allem in Sachen Diskussionskultur. «Wenn ich ein Wort verwende», erklärt er Alice einmal, «dann bedeutet es genau, was ich es bedeuten lasse, und nichts anderes.» Alice findet das merkwürdig, Humpty Dumpty nicht: «Die Frage ist, wer die Macht hat – und das ist alles.» Nehmen Sie sich die Macht. Wenn Sie lieber Facebook benutzen als Twitter: kein Problem. Auch dort gelten die Regeln des Postcolognialismus. Erste Politikerinnen fangen bereits an, Netiquetten für die neue Ära zu veröffentlichen.

- **Achte Regel:** Betonen Sie immer, wenn Sie etwas sagen, dass das jetzt die Wahrheit ist. Das ist wichtig. Alle, die das nicht machen, lügen. Siehe Lügenpresse. Gewöhnen Sie sich Floskeln an wie «Ich breche jetzt mal ein Tabu» oder «Mal ganz naiv gefragt» und vor allem «Das ist jetzt nicht politisch korrekt, aber ...». Beenden Sie alle Monologe/Dialoge/Tage mit «Einer muss es ja sagen» oder wahlweise mit «Armes Deutschland». Vor dem Schlafengehen sagen Sie: «Gute Nacht, Deutschland.» Bringen Sie das auch Ihren Kindern bei.

- **Neunte Regel:** Widersprechen Sie sich. Das hat was mit Dialektik zu tun. Es verwirrt Ihr Gegenüber, so gewinnen Sie Zeit. In der gewonnenen Zeit lesen Sie *Focus Online*. Versuchen Sie, alles zu lesen, was auf *Focus Online* steht. Fortgeschrittene machen gleichzeitig die oben beschriebene Atemübung. (Tun Sie ansonsten nie etwas, was Ihnen von oben befohlen wird. Die da oben sind Verbrecher.)

- **Zehnte Regel:** Meinen Sie nichts, wirklich nichts ironisch. (Achtung: Das widerspricht Regel vier, stört aber nicht, Widersprüche sind gut! Siehe Regel neun.) Ironie wird nicht mehr verstanden. Ironie tötet. Irgendein Trottel wird Sie immer ernst nehmen – und dann gute Nacht, Deutschland.

WER NICHT ZUHÖREN WILL
AUGUST 2016

Es gibt keine genauen Zahlen dazu, wie viele Frauen in Deutschland aus religiösen Gründen Vollverschleierung tragen oder im Burkini schwimmen gehen. In diesem Sommer gibt es ganz besonders ungenaue Zahlen, weil unter jedem Nikab und in jedem Ganzkörperbadeanzug auch eine Reporterin mit einer besonders frischen Idee stecken könnte: ein Selbstversuch und ein mutiger dazu. Bei 30 Grad! Die geniale Idee, den Gesprächs-stoff des Sommers einfach mal anzuziehen, hatten unter ande-rem die *Welt*, die *Zeit*, *stern.de* und das *Flensburger Tageblatt*.

«Wie fühlt man sich in einem Burkini?», fragte die Titelseite der *Welt kompakt*. Antworten auf diese Frage kriegt man, indem man Frauen fragt, die einen Burkini tragen – oder indem man für ein paar Stunden selbst einen anzieht. So weit, so logisch.

«Ich trage einen Ganzkörperbadeanzug und sehe aus wie ein Lycra-Spermium im Kleidchen», stellt die *Welt*-Reporterin fest. Sie fühlt sich alt im Burkini und ist gar nicht begeistert: «Der Burkini ist ein misanthropes Stück Stoff. Denn er steht zwischen einem selbst und dem Leben.» Ziemlich angetan ist dagegen die Autorin der *Zeit*: «Ich gehe ins Wasser und merke nicht, wie kalt es überhaupt ist. Verdammt, das Ding ist genial.» Und die *Stern*-Mitarbeiterin stellt – in auffallend ähnlichen Sätzen wie die *Zeit*-Autorin – fest, dass die Haare unter der Burkini-Kapuze irgendwie nerven.

Ähnliche Versuche gab es auch schon mit Nikab statt Burkini: Fürs *Flensburger Tageblatt* lief eine Reporterin im Nikab durch die Stadt und stellte fest, dass Eis essen nicht so einfach ist am ersten Tag mit Schleier, und für «Galileo» testete eine Reporterin die volle Packung: erst einen Nikab («Man kriegt kaum Luft») und dann einen Burkini («Man ist sehr weg von seinen Sinnen und sehr eingeschränkt»). Das «eingeschränkt» fühlt man direkt mit.

Zwei Dinge sind interessant, wenn es um ungewohnte Kleidungsstücke geht: Wie fühlt sich das an? Und: Wie sieht das aus, wie reagieren die Leute? Die zweite Frage lässt sich durch einen journalistischen Selbstversuch noch halbwegs beantworten, bei der ersten ist es schwieriger. «Unsere Reporterin Inga Wessling wollte mal wissen: Wie fühlt man sich eigentlich unter diesem dunklen Tuch?», so wird bei «Galileo» der Beitrag angekündigt, aber ehrlicherweise müsste es natürlich heißen: «Wie fühlt man sich eigentlich unter diesem dunklen Tuch als nichtmuslimische Journalistin, die in dem Ding noch komplett unbeholfen ist und die ihrer Redaktion eine lustige Story mitbringen muss, in der geil geschwitzt wird?»

Die Frage «Wie fühlt man sich als Autofahrer?» würde man am ehesten beantworten, indem man viele verschiedene Autofahrer fragt oder einen Führerschein macht und eine Weile Auto fährt – und nicht, indem man eine einzelne Fahrstunde nimmt und feststellt, wie kompliziert so eine Gangschaltung ist. Aber beim Nikab oder Burkini gelten andere Regeln. «Daher, dass das jetzt das erste Mal für mich im Burkini ist, bin ich schon sehr aufgeregt», erzählt die Kollegin auf *bz-berlin.de*, komplett egal, sie hätte sich den Trubel auch sparen können und direkt ein paar Burkiniträgerinnen fragen können, dann wäre weniger peinlicher Journalistinnen-Fasching dabei rausgekommen.

Der Philosoph Thomas Nagel hat mal einen Aufsatz geschrieben mit dem Titel «Wie ist es, eine Fledermaus zu sein?».[72] Die Antwort: Das weiß nur die Fledermaus. Wir können alle möglichen Informationen über Fledermausgehirne und den Körperbau von Fledermäusen sammeln, wir können nachts aufbleiben, Insekten essen und kopfüber in einer Höhle hängen – wir werden immer nur wissen, wie es sich *für uns* anfühlt, das alles zu tun, und nie, wie es für die Fledermaus ist. An dieser Stelle ist unserer Erkenntnis eine Grenze gesetzt, Fledermäuse sind, wie Nagel schreibt, eine «grundsätzlich fremde Form von Leben».

Doch genauso fremd wie Fledermäuse scheinen die muslimischen Frauen zu sein, die in den Beiträgen über Nikab und Burkini kaum vorkommen. Natürlich macht es faktisch einen Unterschied, ob eine Frau einen Nikab oder einen Burkini trägt – verhandelt werden beide sehr ähnlich: ohne die Trägerinnen. Die *Flensburger Tageblatt*- und «Galileo»-Reporterinnen treffen immerhin noch tatsächliche Nikabträgerinnen. Bei den anderen Medien scheint man es lehrreicher zu finden, eine Reporterin ein paar Stunden in einen Badeanzug zu stecken, als die Menschen zu fragen, die seit langem und aus nichtjournalistischen Gründen Burkini tragen und die wahrscheinlich mehr zu erzählen hätten als «es zwickt bisschen am Kopf», weil für sie das alles nicht «Selbstversuch» und «Experiment» ist, sondern Leben.

Es ist nicht nur ein Denkfehler, wenn man meint, man müsse eine blonde Journalistin in einen Burkini stecken, um zu erfahren, wie es ist, einen zu tragen, es ist sicher auch eine berechtigte Neugier: Wie nass wird man? Ist es kalt oder warm? Aber um einen gewissen Rassismusverdacht kommt man nicht herum. Die Frauen, die das tragen, können doch alle reden. Niemand muss so tun, als seien sie unnahbar und als müssten sich jetzt aufgeregte Reporterinnen in das ungewohnte Stück Stoff hüllen, wie die sechs Teilnehmenden der Nasa-Studie, die ein Jahr lang unter Mars-Bedingungen am Hang eines Vulkans auf Hawaii lebten – die mussten das machen, die konnten nicht einfach ein Marsmännchen interviewen.

Wenn ich mir vorstelle, dass jemand einen Tag lang meine Kleidung trägt und dann eine Reportage schreibt, wie sich das anfühlt, fühle ich mich komplett verarscht. Das einzig Gute für die Burkiniträgerinnen ist, dass sie wahrscheinlich bald günstig auf eBay einen Zweitburkini shoppen können: Kaum Gebrauchsspuren, nur einmal kurz aus beruflichen Gründen getragen.

DAS GEFÜHLTE ZEITALTER

DEZEMBER 2016

Im Dezember 2016 gab die Gesellschaft für deutsche Sprache das Wort des Jahres 2016 bekannt: «postfaktisch».

Nichts an dem Wort «postfaktisch» ist schlauer als das morgendliche Kopfschütteln und «Alles Trottel»-Murmeln, wenn im Radio die Nachrichten kommen. Das Wort des Jahres mag das Wortnachschubbedürfnis derer stillen, die gerne «exorbitant» statt «doll» sagen, aber so viele sind das ja auch wieder nicht. Für etwas anderes ist das Wort «postfaktisch» nicht gut. Es ist sogar schädlich, weil sich in ihm die selbstmitleidige Hybris derer spiegelt, die glauben, es gäbe eine tapfere Minderheit von Wahrheitskriegern, die mit nichts als der ehrenvollen Waffe der nackten Wahrheit kämpfen. Oder auch die naive Nostalgie derer, die denken, es hätte mal eine Zeit gegeben, in der mit bloßen Händen geschürfte Fakten das Fundament der Gesellschaft gebildet hätten.

Das Wort «postfaktisch» wurde vom Verein «Gesellschaft für deutsche Sprache» (GfdS) zum Wort des Jahres gewählt, weil es auf einen «tiefgreifenden politischen Wandel» verweise, der darin bestehe, «dass es in politischen und gesellschaftlichen Diskussionen heute zunehmend um Emotionen anstelle von Fakten geht». Es gebe immer mehr Menschen, die bereit seien, «Tatsachen zu ignorieren und sogar offensichtliche Lügen bereitwillig zu akzeptieren». Es sei dabei betont nicht von «kontrafaktisch» die Rede, sondern von «postfaktisch», weil es nicht nur um Irrtümer, sondern um eine ganz neue Epoche gehe.

Es gibt Leute, die benutzen den Begriff «postfaktisch» ironisch anstelle des Wortes «gelogen» oder «falsch», so wie man sture Leute manchmal «beratungsresistent» nennt. Andere aber meinen es mit «postfaktisch» ganz ernst, und paradoxerweise wird die Idee dadurch fast ein bisschen richtig: Wer glaubt, wir befänden uns in einem postfaktischen Zeitalter, ignoriert zumindest ganz postfaktisch die Tatsache, dass es in der Politik immer schon um Dinge ging, die nicht einfach «wahr» oder «falsch» sind, sondern sehr viel mit Emotionen zu tun haben.

Angst, Enttäuschung, Hoffnung, Wut, Solidarität, Sehnsucht, Rache- und Sicherheitsbedürfnisse sind alle ziemlich subjektive und doch wirksame Dinge. Sie alle haben seit jeher Politik am Laufen gehalten, und zwar am Laufen in einem grundlegenden Sinne und nicht in dem Sinne, dass ein paar rationale kühle Köpfe vor einer Horde dämlicher Zombies weglaufen, die Fake News auf Facebook gelesen haben.

Wissen Sie noch, damals, als wir vor den Wahlen noch die Parteiprogramme aller zur Wahl stehenden Parteien durchgearbeitet haben? Als wir alle Zahlen und Begriffe, die uns in den Nachrichten irgendwie verdächtig vorkamen, in dicken Enzyklopädien und verzweigten Archiven nachschlugen, um zu verifizieren oder zu widerlegen, was geht? Wissen Sie noch? Ich auch nicht.

Auch vor dem postfaktischen Zeitalter haben Menschen die Münzen, die der Automat nicht nimmt, an selbigem gerieben, sie haben Horoskope gelesen und Zahnpasta gegen Pickel benutzt. Das ist alles nicht besonders politisch, aber eben auch nicht der Stein der Weisen. Viele der Fakten, die wir für gesichert halten, sind Annahmen, die wir nie überprüft haben. Ich muss Leuten einfach glauben, dass es eine Stadt namens New York gibt, wenn ich noch nie da war und mir noch nie Mühe gegeben habe nachzuforschen, ob es nicht alles eine riesige Verarschung ist.

Die wichtigste Frage der Politik ist die Frage, wer die Macht hat, und wenn es dabei nicht nur darum geht, wer die meisten Panzer und die krassesten Drohnen hat, dann geht es immer auch um Erzählungen: darüber, wie die Macht erlangt wurde, aufrechterhalten wird und worauf sie sich stützen kann. Und wo erzählt wird, kann gelogen werden. Es kann zurechtgeschoben, verdrängt und rationalisiert werden.

Wenn man sich durch die politische Ideengeschichte liest, verbringt man viel Zeit damit, Leuten dabei zuzusehen, wie sie sich Dinge entweder schönreden oder wie sie an der Dummheit oder Verlogenheit der anderen verzweifeln. Rationalität und wasserdichte Faktenkenntnis waren nie die primären Merkmale von Politik oder der allgemeinen Mentalität. Die Vertreter*innen des Positivismus haben versucht, eine solche Weltsicht zu etablieren – und entsprechend bekannt ist diese Denkrichtung heute: Keine Sau kennt sie.

Dementsprechend ist das, was «postfaktisch» genannt wird, zwar da, denn die Leute halten sich auch an andere Dinge als die Wahrheit. Aber neu ist es nicht. Was Theodor W. Adorno in seinen *Studien zum autoritären Charakter* von 1950 schrieb, könnte auch von heute sein: «Alle modernen faschistischen Bewegungen, einschließlich der Praktiken der gegenwärtigen amerikanischen Demagogen, haben es auf die Unwissenden abgesehen; sie stutzen die Tatsachen bewusst in einer Weise zurecht, die nur bei denen zum Erfolg führt, welche mit ihnen nicht vertraut sind. Die Unkenntnis der heutigen komplexen Gesellschaft führt zu einem Zustand von allgemeiner Unsicherheit und Unruhe, der den idealen Nährboden für reaktionäre Massenbewegungen modernen Typs abgibt. Solche Bewegungen sind immer ‹völkisch› und hämisch anti-intellektuell.»[73]

– Das war 66 Jahre vor Trump.

Wenn der Soziologe Max Weber in dem Vortrag *Politik als Beruf* 1919 über die englischen Parlamentarier spricht, dann sieht er eine «Gegenwart, wo vielfach rein emotional mit Mitteln, wie sie auch die Heilsarmee verwendet, gearbeitet wird, um die Massen in Bewegung zu setzen.» Er kommt zu dem Schluss, dass man den bestehenden Zustand eine «Diktatur, beruhend auf der Ausnutzung der Emotionalität der Massen» nennen könnte.

– Das war 97 Jahre bevor die GfdS feststellte, «dass es in politischen und gesellschaftlichen Diskussionen heute zunehmend um Emotionen anstelle von Fakten geht».[74]

Wer noch weiter zurückgehen will, findet bei Niccolò Machiavellis *Der Fürst* von 1513 die Beobachtung: «Die Menschen sind so einfältig und hängen so sehr vom Drucke des Augenblicks ab, dass derjenige, der sie hintergehen will, allemal Jemand findet, der sich betrügen lässt. [...] Die ganze Welt ist voll von Pöbel, und die wenigen Klugen kommen nur zu Worte, wenn es dem großen Haufen, der in sich selbst keine Kraft hat, an einer Stütze fehlt.»[75]

– Das war 503 Jahre vor Fake News.

Wenn wir denken, es sei neu, dass Leute glauben, was ihnen passt, verlieren wir die Möglichkeit, aus dem zu lernen, was längst da ist. Denn irgendwo zwischen der Idee, 2016 sei ein verfluchtes, Unglück bringendes Jahr, und der damit verbundenen abergläubischen Hoffnung, irgendetwas würde besser werden, sobald die Zeichenfolge 2-0-1-6 von der Datumsanzeige verschwindet, und der Idee, wir würden uns in einer neuen, nie dagewesenen Ära befinden, in der neue Regeln der Irrationalität und Verwirrung gelten – irgendwo zwischen diesen beiden Ideen liegt die vielleicht ganz brauchbare Vorstellung, dass manche Dinge sich ändern und andere nicht. Und dass man aus dem, was in der Vergangenheit schiefgelaufen ist, entweder lernen kann oder eben nicht.

DIE TOLLEN SIND SELTEN LAUT
AUGUST 2017

Aus Anlass meiner 100. *Spiegel Online*-Kolumne – Stößchen – habe ich mir gedacht, ich rede nicht nur selbst, sondern lasse diejenigen zu Wort kommen, die mir jede Woche in mein postmodernes Poesiealbum schreiben, in Form von Onlinekommentaren. Diese Kommentare haben einen schlechten Ruf. Bei mir auch, ehrlich gesagt, deswegen lese ich sie meistens nicht. Aber weil man ja raus soll aus seiner Wellnessblase, habe ich mir in den letzten Tagen 1000 Onlinekommentare zu meinen Kolumnen reingezogen. Muss sagen: gar nicht so schlecht und für jeden was dabei.

Die meisten Menschen, die ich kenne, haben mit Onlinekommentaren ungefähr denselben Umgang wie mit Sonnenfinsternissen: Schon faszinierend, aber man sollte nicht hingucken, weil es ernsthafte Schäden geben kann. Dabei sind das eigentlich Schlimme in Onlineforen niemals die Onlineforen. Das eigentliche Übel sind die Menschen. Es sind immer auch ganz tolle dabei, aber halt auch andere, und die tollen sind selten laut.

Wenn man sich in der Bahn oder in der Kneipe neben irgendwelche Leute setzt und denen zuhört, dann ist das auch ziemlich oft ziemlich bekloppt. Und entsetzliche Sachen merkt man sich leichter als ganz okaye, und harte Kritik fällt mehr auf als knappe Zustimmung. Ich merke es mir selbst auch mehr, wenn in einem Blog jemand über mich schreibt, ich sei eine «philosophische Labertitte» oder «Spiegel Online-Überlesbe Margarete Stokowski». Ein Mirko W. schrieb mir auf Facebook, «du siehst aus wie eine Plastiknutte zum Aufziehen auf schwerer Droge».

Leider ist das Gehirn ja so beschaffen, dass so etwas mehr hängenbleibt als ein «Guter Text, weiter so!».

Und leider sind Menschen so beschaffen, dass sie lange Texte eher selten zu Ende lesen, und vielen Kommentaren merkt man an, dass sie über die Überschrift nicht hinausgekommen sind. Ich könnte mich drüber aufregen, aber andererseits habe ich mir beim Lesen im Forum auch eher die kürzeren Kommentare rausgesucht, weil ich genau gleich faul bin. So nah am Leser!

Zu einer Kolumne schrieb «medium07», ich sei mit schuld am Aufstieg der Rechtsextremen. «Auch Ihre in der Komfortzone verfassten Kolumnen haben zum Hass auf der ‹anderen› Seite beigetragen, da Sie das Gesetz von Kraft und Gegenkraft sträflich außer Acht gelassen und so zur Polarisierung beigetragen haben. Zudem sollten Sie sich in puncto Ausgrenzung nicht aufs hohe Ross setzen.» Okay. Ich versuche, mich aufs niedrige Ross zu setzen und dabei alle physikalischen Gesetze zu beachten.

Spiegel Online hat ein Transparenz- und Reflexions-Projekt am Laufen, «*SPON* Backstage». Ich schließe mich an, auch wenn ich nicht Teil der Redaktion bin, sondern von zu Hause arbeite, im Bademantel und mit Prinzessinnenkrone üblicherweise. Es gibt viel Unklarheit darüber, wie Kolumnen entstehen, was auch der Tatsache geschuldet ist, dass sie von sehr unterschiedlichen Leuten geschrieben werden; manche haben eine Stelle in der Redaktion, manche keine. Ich hab keine. (Will auch keine.)

Der normale Kolumnenentstehungsprozess geht bei mir so: Ich überlege mir bis Montagnachmittag ein Thema, rufe meinen Redakteur an, wir reden drüber, dann schreibe ich in der Nacht zu Dienstag einen Text, und irgendwann mittags oder nachmittags ist der Text online. Dazwischen wird er redigiert und von der *Spiegel*-Dokumentation gecheckt. Der Text hat eine Überschrift, die oft von mir ist, aber manchmal nicht, und einen Teaser, der eigentlich nie von mir ist, aber manchmal mit mir abgesprochen wird. (Wenn ich ihn unpassend finde, beschwere ich mich.) Deswegen ist es ein bisschen weird, wenn Leute schon kommentieren, wenn sie nur Überschrift und Teaser gelesen haben, aber was will man machen.

Die Kommentare schalten Leute in der Redaktion frei – oder auch nicht –, nie ich selbst. Ich hab mal vorgeschlagen, dass Leute, bevor sie einen Text kommentieren dürfen, drei Verständnisfragen zum Text beantworten müssen. Warum denn nicht? Einfache Multiple-Choice-Fragen. Wer alle drei richtig beantwortet hat, kann mitdiskutieren. Ist das elitär? Antworten Sie gerne, ich lese heute oder morgen alle Kommentare zu dieser Kolumne und antworte auch.* Äußern Sie sich gerne auch zu meiner Idee, eine Dating-Plattform ins *Spiegel Online*-Forum einzubinden, ich habe jedenfalls beim Lesen einige potenzielle Paare entdeckt.

Ein wiederkehrender Vorwurf ist, dass das alles hier nur Provokation ist. Forumsmitglied «p11» klagt an: «Wie immer, provokante Fragen und Vorschläge, die nur Klicks produzieren aber keine Substanz.» Idealerweise würde ich gern beides herstellen, aber eins von beiden ist auch schon gut. Im Großen und Ganzen versuche ich, nur da Staub aufzuwirbeln, wo es eh schon die ganze Zeit dreckig ist. Saubermachen kann ich es nicht alleine, aber mal draufzeigen ist ein Anfang. Also ungefähr das Gegenteil von dem, was von einer Polin in Deutschland erwartet wird, Zwinkersmiley.

Ein weiterer wiederkehrender Vorwurf ist der der Abgehobenheit. «hockeyversteher» schrieb mal zu einer Kolumne: «Da ist kein Fünkchen Selbstzweifel, irgendwie daneben liegen zu können, (...) Echt Frau Stokowski – derartig selbstgerecht durchs Leben zu laufen ist auch irgendwie beeindruckend.» Danke, danke! So was kam lustigerweise nie, als ich noch die *taz*-Ko-

---

* In einem Buch kann man nicht kommentieren, aber Ihnen soll kein Nachteil daraus entstehen, das Buch gekauft zu haben! Es ist auch möglich, Briefe oder Mails an Verlage und Redaktionen zu schicken, sie werden üblicherweise an die Autor*innen weitergeleitet (sofern sie keine Drohungen enthalten etc.).

lumne hatte, aber vielleicht bin ich auch echt eklig geworden mit der Zeit, das kann man ja selbst immer so schlecht beurteilen. Ich denke natürlich bei vielen Texten, die ich schreibe, dass ich recht habe. Wär ja auch blöd ansonsten. Niemand würde jede Woche einen Text lesen wollen, wo steht: Ist mir zu kompliziert, kann ich nichts zu sagen. Oder? Würden Sie lieber mehr Zweifel lesen? Hab ein paar, aber so viele dann doch nicht.

Darüber hinaus hat man die Wirkung eh nicht in der Hand. Es gibt ein paar Texte, die ich mit Depressionen geschrieben habe, zu denen Leute gesagt haben: Das war dein lustigster Text bisher. Es gab Texte, die ich betrunken geschrieben habe, und Leute fanden: So viel Klarheit. Und dann gab es welche, an denen habe ich tagelang gebrütet, und Leute sagen: irgendwie wirr. Einmal hab ich gekifft, hat keiner gemerkt.

Dass das Genderthema so oft vorkommt in meinen Kolumnen, ist nicht meine Schuld, also fast nicht. Die Welt ist so. Wenn ich mal eine feministische Kolumne schreibe und alle im *SPON*-Forum stimmen mir zu, suche ich mir ein neues Thema. Einmal schrieb ein Nutzer namens «joergimausi» zu einer Kolumne übers Ehegattensplitting: «Es wird immer abstruser, was Sie so schreiben. (...) Ich sag Ihnen jetzt mal woran es liegt, dass manche Frauen das Gefühl haben, dass es so etwas wie ein Patriarchat gibt. Setzen Sie sich aber vorher, das wird jetzt hart, Achtung jetzt kommt es: Manche Frauen haben es einfach nicht drauf. Die würden sich auch von einem Gänseblümchen herumkommandieren lassen. Richtige Frauen hingegen haben noch nie unter irgendjemand gelitten oder sich von irgendjemand Vorschriften machen lassen.» Danke, joergimausi! Für Leute wie Sie mache ich weiter. Schätze, noch 'ne Weile.

«Sara.Ihlo» schrieb im SPON-Forum: «Bitte schreiben Sie weiter in dieser nervigen Art über Themen, die für einige Leser einer Darmspiegelung gleichkommen.» So rührend.

EINE FRAU IST KEIN HULK
MÄRZ 2018

Frauen können heute fast alles werden. Vielleicht nicht gerade Papst oder «Kundin» auf einem Sparkassenformular, aber Monstertruck-Fahrerin und auch das meiste andere.[×] Schön. Der Fortschritt der Emanzipation bemisst sich aber nicht allein daran, was Frauen heute alles erreichen können, sondern auch daran, mit welcher Selbstverständlichkeit sie es tun können: Ob es normal ist, dass wir sie an bestimmten gesellschaftlichen Positionen sehen, oder ob immer irgendein Dödel kommentieren muss, wie verrückt es ist, dass sie da sind. Oder ob immer wieder dieselben Frauen dafür herhalten müssen – Merkel Merkel Merkel –, dass heutzutage ja wohl offensichtlich alles möglich ist. Und dann ist es manchmal doch ein bisschen traurig oder auch komplett verrückt, zu sehen, *was* alles für manche Leute nicht normal ist.

Im *Spiegel* (13/2018) gab es einen Text über eine Psychologin, darin hieß es: «Wenngleich klein von Gestalt und eher zart von Statur, hat Benecke ihre Klienten fest im Griff.» Ich bin kein Profi, aber nach allem, was ich weiß, arbeiten Psychologinnen eher mit Psyche als mit Muskelkraft oder Körpergewicht, demnach wäre es eigentlich kein Widerspruch, dass eine Frau trotz Klein- und Zartheit in diesem Beruf arbeitsfähig ist.

× Die 80-jährige Marlies Krämer zog im März 2018 vor den Bundesgerichtshof, um in Sparkassen-Formularen nicht als «Kunde» oder «Kontoinhaber» bezeichnet zu werden, sondern als «Kundin» oder «Kontoinhaberin». Das Gericht wies die Klage ab. Krämer kündigte an, den Fall bis vors Bundesverfassungsgericht bringen zu wollen.

Bei *Focus Online* hat man sich vor einigen Jahren umgehört und festgestellt: «Trotz ihrer Größe von 155 cm gilt Kylie für viele Männer als das Sexymbol.» Das *Hamburger Abendblatt* porträtierte eine Fernfahrerin, die in ihrem Beruf arbeitet und 40-Tonner-Diesel fährt, in dieser Männerwelt – «trotz ihrer zierlichen Gestalt», die sich allerdings auf dem Foto als ziemlich durchschnittliche Figur verrät. Halt kleiner als Hulk.

Es ist eine Art Virus. Journalist*innen schreiben Texte über Frauen, die irgendwas auf die Reihe bekommen, und schaffen es traurig oft nicht, ihre Verwunderung darüber geheim zu halten, dass diese Frauen nicht aussehen, wie Leute sich eine durchgedopte ukrainische Kugelstoßerin vorstellen.

Die *NZZ* stellte 2014 fest: «Eine zierliche Powerfrau regiert Schottland.» Dabei ist Regieren nun wirklich etwas, was man auch ohne einen Zwei-Meter-Körper tun kann, auch in Schottland, wo man schon länger aus der Braveheart-Phase raus ist. Auch die *Deutsche Presse-Agentur* schrieb über die Kölner Oberbürgermeisterin Reker zu Beginn ihrer Amtszeit: «Die zierliche Politikerin steht vor gewaltigen Baustellen. Köln ist milliardenschwer verschuldet. Die To-do-Liste ist lang – in puncto Wohnungsbau, Verkehr, Bildung, Wirtschafts- oder Kulturförderung.» Und das mit einem zierlichen Körper, Wahnsinn!

Die *Südwestpresse* betitelte das Porträt einer Bankenaufseherin mit den Worten «Zierlich, aber unerbittlich». Die *Schweriner Volkszeitung* porträtierte eine Bernsteinfischerin: «Trotz ihrer zierlichen 1,55 Meter Körpergröße ist sie eine von wenigen Frauen, die sich der anstrengenden Schatzsuche nach dem Gold der Ostsee verschrieben haben. Denn um richtig brauchbare Brocken zu finden, muss sie hüfttief rein ins Wasser.»

Und bei den *Köln-Nachrichten* schafft man das Kunststück, festzustellen, dass bei einer Unternehmerin «trotz ihrer zierlichen Figur und hinter dem mädchenhaften Charme» auch eine «Mischung aus Neugier und schneller Auffassungsgabe» vorhanden ist, was weniger über das Gehirn der Unternehmerin sagt als über das der schreibenden Person. Das ist ähnlich schlüssig wie der Text in der *Bunten*, in dem es neulich über eine Schauspielerin hieß: «Sie spielt die attraktive, aber ehrgeizige Judith Silberstein.»

Der *Tagesspiegel* schrieb über Sahra Wagenknecht mal: «Obwohl sie zierlich ist, sieht es bei Fernsehauftritten oft aus, als throne sie.» Ja, weil das geht. Man kann auch als zierlicher Mensch auf einem Thron sitzen oder so tun. Man sollte es vielleicht nicht als Kommunistin tun, aber okay, anderes Thema.

Das Magazin *Galore* schrieb über die promovierte Meteorologin Insa Thiele-Eich, die sich auf die Arbeit als Astronautin vorbereitet: «Während sie mit grazilen Händen Sushi greift, berichtet sie hochbegeistert und humorvoll von Kometen, russischen Raketen und echten Ängsten sowie von der Verantwortung, möglicherweise die erste deutsche Frau im All zu sein.»

Auch dass Sportlerinnen nicht allesamt aussehen, als hätten sie seit dem zweiten Lebensjahr Proteinpulver gelöffelt, ist kein Allgemeinwissen. Eine Judo-Trainerin versprüht «trotz ihrer zierlichen Statur» eine «immense Energie». Eine Handballerin setzt sich «trotz ihrer Größe von nur 168 Zentimetern» gegen die anderen durch. Und beim *Hessischen Rundfunk* stellt man fest, dass die zweifache Weltmeisterin im Armdrücken «zierlich, aber stark» ist. Wunder über Wunder!

Schön, wenn Erwachsene noch staunen können, aber irgendwann muss es aufhören. Wir leben in einer Gesellschaft, in der sich Männer und Frauen für gleichberechtigt halten. Und trotzdem wundern sich Menschen noch immer öffentlich, dass Frauen, die etwas auf die Reihe kriegen, so aussehen, wie Frauen eben oft aussehen.

Das Phänomen beschränkt sich aber nicht auf Journalist*innen. Wenn Leute meine Texte kennen und mich dann persönlich kennenlernen, ist unter den Kommentaren, die sich nicht direkt auf meine Arbeit beziehen, mit Abstand der häufigste: «Ich dachte, du wärst viel größer.» Geschätzt 50-mal gehört in den vergangenen paar Jahren. Ohne je in einem Text behauptet zu haben, ich sei 1,80.

Leute, die was Witziges und Böses über Feministinnen sagen wollen, bemühen manchmal das Charles Bukowski zugeschriebene Zitat: «Feminismus existiert nur, um hässliche Frauen in die Gesellschaft zu integrieren.» – Klar. Ein fast richtiger Satz, nur dass das «nur» ein «auch» sein müsste. In einer Gesellschaft, in der komplett unförmige und hässliche Männer problemlos ganz oben hocken können, ist es natürlich ein Ziel des Feminismus, dass Frauen mit jedem Körper jede gesellschaftliche Position erreichen können.

Ein weiteres Ziel ist es, Menschen den festsitzenden ideologischen Restdreck aus dem Kopf zu scheuern, laut dem weiblichen Körpern im Normalzustand eine Schwäche innewohnt. Bis sie sich nicht mehr wundern, dass starke Frauen nicht notwendigerweise aussehen wie Wonder Woman.

Die Lebenserwartung für Neugeborene liegt für Mädchen aktuell bei 83 Jahren und zwei Monaten und ist damit vier Jahre und zehn Monate höher als bei Jungs. So ein Frauenkörper ist in dieser Gesellschaft eine außerordentlich haltbare Sache. Wir werden das schon noch erleben, dass eines Tages geschrieben steht: «Sie trägt bei ihrer Arbeit im Vatikan die weiße Soutane, die auch schon ihre Vorgängerinnen trugen.»

CHICO, SPIEGEL DER MENSCHLICHEN SEELE

APRIL 2018

Im April 2018 wurden in Hannover eine Frau und ihr Sohn von einem Staffordshire-Terrier-Mischling namens Chico totgebissen. Knapp 300 000 Menschen unterzeichneten eine Onlinepetition, in der sie forderten: «Lasst Chico leben!» Doch die Veterinärbehörde entschied, ihn einzuschläfern. Dagegen protestierten rund 80 Menschen bei einer Mahnwache mit Schildern: «R.I.P. Chico – ermordet von: Medien, Politik und Inkompetenz» und «Für die Welt warst du nur ein Hund. Für uns aber warst du die Welt.»

Moderatorin: Guten Tag, meine Damen und Herren, herzlich willkommen bei «Talk im Tierhimmel». Mein Name ist Anne Krill. Ich begrüße Sie zu unserer heutigen Sendung zum Thema: «Darf man Menschen totbeißen?» Das sind unsere Gäste:
Chico. Er hat kürzlich seinen menschlichen Halter sowie dessen Mutter, eine Rollstuhlfahrerin, totgebissen. Kurz darauf wurde er eingeschläfert. Er sagt: Ich bereue nichts.
Bruno JJ1. Der Braunbär kam ursprünglich aus einem italienischen Naturpark und wanderte über Österreich nach Deutschland ein. Der sogenannte Problembär wurde zum Abschuss freigegeben. Heute sagt er: Hätte ich gewusst, was sie mit mir vorhaben, hätte ich ihnen richtige Probleme gemacht.
Doretta. Der Ganter wurde als «Kanzlergans» bekannt, nachdem Gerhard Schröder darauf verzichtete, ihn zu essen. Er wurde Therapieganter für alte Menschen, die er manchmal biss, und starb Jahre später einen natürlichen Tod. Doretta findet: Menschen sind nur gut zu dir, wenn du ihre Zwecke erfüllst.

Außerdem bei uns: **Schreddi**, das Eintagsküken. Er wurde kurz nach dem Schlüpfen getötet und sagt: Als Mann hast du in diesem System kaum eine Chance.

Und unser letzter Gast: **Paul.** Der Krake wurde als Fußball-Orakel weltberühmt und sagt heute: Menschen sind solche Trottel, ich würde sie jederzeit wieder verarschen.

Es ist ein Thema, das die Massen bewegt: Ein Hund wird jahrelang von Menschen misshandelt und wehrt sich schließlich gegen sie. Chico, was war das für ein Moment für Sie, als Sie entschieden haben, Ihren Halter und seine Mutter zu töten?

Hund Chico: Wie Hühnchen.

Moderatorin: Wie?

Chico: Na, wie Hühnchen, vom Geschmack.

Schredderküken Schreddi: Wie bitte?!

Chico: Ich sag, wie es ist.

Moderatorin: Nun ist es so: Es wurde eine Petition gestartet, damit Sie nicht getötet werden. Später gab es Mahnwachen für Sie. Sie werden Chico Guevara genannt, ein Held, ein Freiheitskämpfer. Sind Sie das?

Chico: Klar bin ich das. Hat mich auch 'n kleines bisschen gerührt. Ich sag mal so, bei Menschen gibt es solche und solche, und die, die ich als Halter abbekommen hab, waren Flaschen. Aber dass meine Story so groß wird, das dachte ich auch nicht. Ich hab gestern Abend auch erst mal Digital Detox gemacht, weil es einfach zu viel wurde, der ganze Trubel, auch nachm Tod. Aber man muss auch sagen, ich hatte noch Glück im Unglück. In Schottland hat ein Mann einem Mops beigebracht, den Hitlergruß zu zeigen. So was hätte ich mit mir nicht machen lassen.

Schreddi: Ich auch nicht.

Moderatorin: Sie wollen auch etwas dazu sagen?

Schreddi: Ja. Also, hauptsächlich will ich auch mal Aufmerksamkeit. Das ist einfach schwierig bei uns. Wir werden ja direkt nach dem Schlüpfen gesext, also sie gucken, welches Geschlecht wir haben, und dann werden die männlichen Küken alle sofort umgebracht, weil wir keine Eier legen können und auch nicht gemästet werden können.

Kanzlergans Doretta: Es ist so schrecklich!

Moderatorin: Was denken Sie, Herr Schredderküken, wie könnte man das beenden? Sie können sich ja kaum körperlich wehren.

Schreddi: Ich hab's versucht! Aber was willst du machen. Hab gehört, sie versuchen, uns Männchen gar nicht erst schlüpfen zu lassen. Gleich abtreiben sozusagen. Oder die Menschen müssten Eier von Zweinutzungshühnern kaufen, oder gar keine Eier mehr, aber sie sind zu bösartig dazu.

Braunbär Bruno JJ1: Auf Eier zu verzichten ist sehr schwer.

Moderatorin: Herr JJ1, wie war das bei Ihnen? Sie haben den großen Gegenangriff auf die Menschen nicht versucht.

Bruno: Nee. Die haben vier Wochen lang versucht, mich zu fangen, das hab ich schon mitgekriegt, aber ich dachte halt, die hören irgendwann auf. Mach ich ja auch so, wenn mir mal eine Ziege zu schnell ist. Da wusste ich noch nicht, dass sie schießen können. Da wusste ich nicht, wie man in Bayern mit denen umgeht, die ein bisschen anders drauf sind.

Schreddi: Ich wollte noch was sagen! Bei Ferkeln ist es so ähnlich wie bei uns Küken mit dem Sexismus. Wenn du da als Junge auf die Welt kommst, wirst du ohne Betäubung kastriert. Aber ich hab gehört, das soll sich bald ändern.

Chico: Inschallah!

Krake Paul: Ja, doch, das wird passieren. Kann ich euch sagen. Menschen sind nicht *nur* böse.

Moderatorin: Aber woher kommt das, dass manche Menschen so bösartig mit Tieren umgehen und andere für Sie Mahnwachen abhalten? Sie, Herr JJ1, haben ja auch Gedenktafeln bekommen, einen Bärengedenktag ...

Bruno: Ausgestopft haben sie mich! Wie einen Scheißteddy.

Moderatorin: Woher kommt das jedenfalls, dass Menschen da so unterschiedlich sind?

Chico: Dazu kann ich was sagen. Menschen haben ja auch Probleme mit sich, untereinander. Die haben auch ihre Kämpfe. Und manche haben das Gefühl, sie werden immer nur verarscht ...

Paul: Stimmt ja auch bei manchen.

Chico: Ja, stimmt auch bei manchen. Jedenfalls werden die dann ungemütlich. Und wenn sie dann sehen, dass jemand anders mit mir, einem Hund, ungerecht umgeht, und zwar einem Hund, der auch durch – ich sag mal – gewisse Umstände, ungemütlich geworden ist, dann ist das wie ein Spiegel. Die sehen ihre eigene unverschuldete Bösartigkeit in mir. Und dann werden sie laut.

Moderatorin: Das heißt, Sie sind der Spiegel der menschlichen Seele?

Chico: Würd ich so sagen, ja.

Doretta: Sorry, ich will jetzt nicht die SPD-Karte spielen ...

Schreddi: Was ist SPD?

Doretta: Schreddi, bitte, ich will nur sagen, waren das nicht auch Faschos, die da für Chico demonstriert haben? Weil die mal wieder gegen «die da oben» schnattern wollten? Von wegen menschliche Seele ... Menschen benutzen dich, wenn sie dich für ihre eigenen Zwecke brauchen können. Mich wollten sie erst essen, dann für ihr gutes Gewissen zur Beruhigung – der Schröder hat meinen Unterhalt bezahlt – und dann zur Bespaßung von alten Leuten. Dass Chico gerührt ist, wenn Nazis für ihn Wache halten, finde ich nicht so gut.

Schreddi: Mich wollten sie gar nicht.

Doretta: Jedenfalls glaube ich, man muss genau hingucken, dass man nicht instrumentalisiert wird. Diese vermeintliche Tierliebe ist vielleicht einfach nur Menschenhass.

Paul: Die Nazis ...

Moderatorin: Herr Krake? Sie haben ein Schlusswort?

Paul: Die Nazis werden nicht gewinnen.

Moderatorin: Das war's von uns, wir verabschieden uns bei «Talk im Tierhimmel», guten Abend.

KAPITEL ZEHN

FÜR DIE ZUKUNFT

WRUMM WRUMM WRRRUMMM

MÄRZ 2013

Der folgende Text ist eine Reportage für den Berlin-Teil der *taz* über einen eintägigen Motorsägen-Lehrgang. Es gibt unterschiedliche Kurse von verschiedenen Anbietern, in einigen lernt man nur das Sägen selbst und die Sicherheitsvorkehrungen, in anderen auch das Bäumefällen und andere Baumarbeiten. Der hier beschriebene Kurs war ein Sägekurs der «Gemeinnützigen Servicegesellschaft zur Förderung des Landschafts-, Natur- und Umweltschutzes m.b.H. (GSG)».

Mit Brennholz ist es wie mit Brot oder Wollsocken oder Sex. Man kann es entweder selber machen oder kaufen. Und auch beim Brennholz ist das Selbermachen oft viel billiger als das Kaufen. Das ist der Grund, warum ich morgens um halb neun durch einen Köpenicker Wald laufe. Es ist kalt, weiß und still. Nur dann und wann knackt irgendwo ein Ast.

Um halb sieben bin ich aufgestanden. Die Bushaltestelle heißt «Rübezahl», die nächste wäre «Müggelseeperle» gewesen. Es ist nicht so sehr mein Teil von Berlin. Ein Specht klopft. Ich suche ein Häuschen, das sich «Lehrkabinett Teufelssee» nennt und in dem ich heute lernen werde, wie man mit einer Motorsäge sägt.

Den Motorsägenschein, den ich am Abend dann hoffentlich haben werde, braucht man seit 2006, wenn man sich sein Brennholz in einem Berliner Wald selbst besorgen will. Dazu spricht man sich mit dem zuständigen Förster ab und bekommt ein Gebiet zugeteilt, in dem man ausgewählte Bäume fällen und zerlegen kann. «Selbstwerber» heißt man dann in der Förstersprache.

Bezahlt wird pro Raummeter und Baumart. Nadelbäume sind billig, Buche oder Eiche eher teuer.

Ich habe mich für den Kurs vor ein paar Wochen angemeldet. Seitdem schwanke ich zwischen Vorfreude und panischer Angst. Im Sekundentakt wechsle ich von «Das wird so geil» zu «Ich werde mir die Hände absägen oder den Kopf oder beides». Erzähle ich Freunden das Erste, sagen sie «Pass bloß auf!» und erinnern mich an die schlimmsten Szenen aus Splatterfilmen. Erzähle ich das Zweite, sagen sie: «Quatsch. Du besuchst doch den Kurs, um zu lernen, wie man es richtig macht.»

Dann sitze ich im Lehrkabinett. An den Wänden hängen Wildschweinfelle, ausgestopfte Tiere stehen herum und gucken mit Glasaugen. Kursleiter Jürgen Wedel beginnt den Lehrgang mit der Bemerkung, die Motorsäge sei «das gefährlichste Werkzeug Deutschlands». Er sagt etwas von 20 bis 30 Toten im Jahr. In Deutschland, Europa, der Welt? Egal. Die hässlichen Details kommen später.

Wedel trägt Schnittschutzhosen und ein dunkelgrünes Sweatshirt. Graue Haare, grauer Bart. Er kommt aus Thüringen, redet aber sehr fränkisch. Man schätzt ihn auf Ende fünfzig. «Was man nicht sieht», sagt Wedel, «ist, dass ich kurz vor meinem 59. Lebensjahr stehe. Das macht die Waldluft.» Ach, die gute Waldluft.

Der Andrang auf die Kurse sei sehr groß, sagt Wedel. Am Anfang dachte man, nach ein paar Mal werde die Sache vorbei sein. Doch dann kamen immer mehr Interessierte, inzwischen wurden über 200 Lehrgänge durchgeführt. Kein Wunder: Holz ist seit einigen Jahren als Heizmaterial wieder begehrt. So begehrt, dass einige Revierförstereien in Berlin und Brandenburg momentan keine Selbstwerber zulassen, weil es zu wenige Bäume gibt. Zu wenig «stehendes Holz», in Förstersprache.

Auch heute ist fast jeder Zweite von den 17 Teilnehmern hier, weil er zu Hause mit Holz heizt. Einige sind gekommen, weil sie einen Garten haben, die anderen aus beruflichen Gründen: weil ihr Arbeitgeber sie schickt, damit sie den Schein machen, oder weil sie beruflich ab und zu mit der Motorsäge arbeiten müssen und sicherer werden wollen. Fünf der Anwesenden sind hier, weil sie in ihrer Firma Holzpaletten mit Motorsägen zerkleinern. Wedel fragt: «Keine Künstler anwesend oder Bildhauer?» Jemand lacht. Es gebe immer mehr Leute, die mit der Motorsäge Skulpturen schnitzen, erklärt Wedel. «Waldbesitzer?» Ein Mann meldet sich, er hat Wald geerbt. Wie viele Hektar, möchte Wedel wissen. Keine Ahnung, sagt der Mann.

Dann erklärt unser Kursleiter, was wir heute machen werden. Zuerst mehrere Stunden Sicherheitsbelehrung. Leises Seufzen im Raum. Dann Sägeübungen. Allgemeines Nicken. Ich bin mit Abstand die einzige Frau unter den Teilnehmenden und wäre auch mit Abstand die Jüngste, gäbe es da nicht Max, den Lehrling, auf dem im Laufe des Tages noch ein bisschen rumgehackt wird. Ansonsten sind alle sehr freundlich.

Jürgen Wedel spricht über die Berliner Forsten und 30 000 Hektar «Erholungswald». Er erzählt von einer Försterin, die gerade nicht arbeite, wegen Schwangerschaft. «Ich war's nicht», sagt jemand hinten. Allgemeines «Höhö» unter den Teilnehmern. Dann erklärt Wedel, dass man dringend eine Unfallversicherung abschließen sollte, bevor man Bäume fällt oder sägt, und was alles passieren kann, wenn man etwas falsch macht. Er redet von Blut und herausgerissenen Fleischstücken, von Wunden voller Holzsplitter und Öl, von klaffenden Hauptschlagadern und Kollegen, die verbluteten, bevor der Rettungswagen kam.

Ich habe mir im Kopf eine Liste gemacht, mit welchen Dingen ich mich in meinem Leben schon verletzt habe. Wasserkocher, Espressokocher, Gasherd, Kachelofen, Bügeleisen, Messer: ja. Stichsäge, Bohrmaschine, Schleifgerät, Auto: nein. Dass eine Motorsäge einer Stichsäge näher verwandt ist als einem Espressokocher, beruhigt mich. Ein bisschen.

Wedel fragt, wer bisher ohne Waldarbeiter-Schutzkleidung gesägt habe. Fast alle Hände gehen hoch. «Seit 30 Jahren säg ick uff'm Bau, ick hatte nie Schutzkleidung», sagt einer. «Glück gehabt, dass alles noch dran ist», sagt Wedel. Der Mann nickt. Rund 200 Euro kostet die vollständige Ausrüstung: Schnittschutzhose, Schnittschutzstiefel, Helm mit Visier und Ohrenschützern, Handschuhe. Um am Kurs teilzunehmen, muss man alles dabeihaben oder vor Ort ausleihen. Die Säge selbst kostet, wenn sie gut sein soll, mindestens 400 Euro, eher mehr. Plus Werkzeug und Ersatzteile. Für einen kleinen Kamin, den man dreimal im Jahr heizt, lohnt sich die Anschaffung nicht. Für ein Gutshaus mit 30 Zimmern, wie das von unserer Landkommune, sehr. Ein Raummeter Birke, getrocknet und gespalten, kostet im Handel mit Glück 50 Euro. Macht man alles selbst, kommt man auf etwa 15 Euro.

Nach der Sicherheitsbelehrung geht es los. «Mit der Motorsäge arbeiten», ruft Wedel, «das ist richtige Männerarbeit! Das ist Action, das ist Risiko und das trimmt den Körper.» Den Spruch mit der «Männerarbeit» wird er noch zweimal machen. Der Raum ist ohnehin schon voller Testosteron. Meine Freundin Johanna sagt in solchen Momenten: «Nicht zu sehr einatmen, sonst wächst dir ein Penis.»

«Wer von Ihnen hat denn überhaupt noch nie mit einer Motorsäge zu tun gehabt?», fragt Wedel in die Runde. Schweigen. Niemand meldet sich. «Zu tun gehabt» ist ein weiter Begriff. Ich habe noch nie eine benutzt, traue mich aber nicht, mich als Einzige zu melden. «Sehr gut», sagt Wedel, «dann brauche ich nicht zu erklären, wie man die Säge einschaltet und wie man sie betankt.» In seinem fränkischen Dialekt klingt «betanken» wie «bedanken». Ich werde unruhig. Bei meiner ausgeliehenen Säge werde ich mich in der Tat bedanken, wenn sie im richtigen Moment anspringt.

Wir gehen raus. Inzwischen schneit es wieder. Dicke, langsame Flocken, die sich auf dem Sichtschutz sammeln. Als Erstes wird ein Stechschnitt geübt. Wir sollen in einen sehr dicken, liegenden Stamm hineinsägen. «Alle mal die Säge starten!», ruft Wedel.

Um mich herum fängt es an zu rattern. Fast alle starten ihre Sägen. Benzingeruch, wie in einer Autowerkstatt. Ich stehe da und fühle mich sehr, sehr dumm. Dass man an diesem Starterdings ziehen muss, weiß ich. Und Gas geben, irgendwie. Ich fummle an meinen Ohrenschützern herum. Wenn man so wenig hört, fühlt es sich dumpf an im Kopf.

Es ist wie früher beim Schwimmunterricht, wenn man mehrere Wochen geschwänzt hat und plötzlich rückenkraulen soll. Meine Vorbereitung auf heute bestand darin, den Wikipedia-Artikel über Kettensägen zu lesen. Ich habe gelernt, dass der vordere Teil der Säge «Schwert» heißt, und versucht, mir Begriffe wie «Kettenfangbolzen» und «Gashebelsperre» zu merken – was in diesem Augenblick so ziemlich genau gar nichts bringt. Immerhin stehen um mich ein paar andere herum, die offensichtlich auch keine Ahnung haben.

Ich frage den Kursleiter, ob er mir noch mal zeigen könne, was genau ich machen muss. «Klar», sagt er. Hier festhalten, da einschalten, hier ziehen. Wrumm – die Säge läuft. «Noch mal alleine», sagt er, ich schalte aus und mache es noch mal alleine. Geht. Toll. Und ich entdecke ein neues Gefühl: das Bedürfnis, beim Gasgeben «wrumm, wrumm, wrrrruuummm» zu machen statt nur einmal lange «wrummmm». Weil es geiler ist. Im selben Moment denke ich, ein Motorradführerschein könnte auch etwas für mich sein.

Ich säge hinein in den dicken Stamm. Es macht Spaß. Späne fliegen in den Schnee, es riecht nach frischem Holz. Mein erster Schnitt ist gerade und ein bisschen fransig. Und vor allem ist er schön. Ich will noch einen machen. Und noch einen.

Dann bekommen alle in Kleingruppen mehrere liegende Bäume zugeteilt. Wir sollen Stücke sägen, die einen Meter lang sind. Alles, was kürzer ist, werde spätestens über Nacht geklaut, erklärt Wedel. «Das kriegt Füße, so schnell können Sie gar nicht gucken.»

Ein anderer Teilnehmer und ich gehen zu einer Stelle, wo markierte Birken liegen, die wir zersägen dürfen. Er ist einer von denen, die ab und zu auf Arbeit sägen müssen. Er bekommt die rechte Hälfte, ich die linke. Und los. Die Birke geht durch wie Butter. Die Säge zieht sich ins Holz rein, ich muss fast nichts machen. Gas geben, ansetzen, das Schwert durch den Stamm ziehen. Zur nächsten Stelle gehen, das Gleiche noch mal.

Das Sägen kostet kaum Kraftaufwand. Schwer ist nur die Säge selbst, sie wiegt sechs Kilo. Die Schutzausrüstung, die ich trage, macht zusammen noch mal fünf Kilo. Ich mache weiter und alles ist geil. Benzingeruch mischt sich mit Holzgeruch, dazu das Öl, das die Kette schmiert. Stechend und süß, waldig, seifig. Sehr, sehr gut.

Die anderen haben sich im Wald verteilt. Sie sind so weit weg, dass wir sie nicht mehr sehen können. Aber hören können wir sie: Der Wald, der heute früh so leise und idyllisch war, brummt aus allen Richtungen. Überall rattert und dröhnt es, Männer rufen einander Dinge zu. Die Tiere, die jetzt noch Winterschlaf machen, müssen uns hassen.

Als auch der letzte Stamm zersägt ist und der Schnee voller heller Sägespäne und Gott sei Dank nicht voller Blutspritzer, gehen wir zurück zum Lehrkabinett. Jürgen Wedel verteilt die Urkunden und wünscht jedem Einzelnen ein sicheres Arbeiten.

Einer, der seinen Schein schon hat, lässt sich auf einen Stuhl fallen. «Uff», sagt er, «das war Arbeit. Nur der Helm hat genervt.» – «Bloß nicht die Schutzausrüstung weglassen!», mahnt Wedel. «Na jetzt ham wa dit Zeuch ja», beschwichtigt ein anderer, «dann könn' wa's ooch tragen. War teuer jenuch.»

Eine erfreuliche Mail zu diesem Text kam von Forstinspektor Carsten Storbeck, dem damaligen Leiter des Lehrkabinetts Teufelssee, wo der Kurs stattgefunden hatte: «Liebe Redaktion, liebe Margarete Stokowski! (...) Ich lache immer noch! Amüsant, ehrlich, gut recherchiert. Schade, dass ich nicht dabei war! Ich selbst habe in einer vergangenen

Tätigkeit auch diese Kurse angeboten und weiß über die Innenatmo-
sphäre dieser Veranstaltungen. Allerdings distanziere ich mich von
der Aussage des Kursleiters, das sei ‹echte Männerarbeit›. In unserem
Betrieb, den Berliner Forsten, sind einige Forstwirtinnen und auch
Forstwirtschaftsmeisterinnen mit der Kettensäge und anderem, noch
schwererem Gerät unterwegs. Ohne Abstriche professionell. Die Hälfte der Ausbildungsplätze zum / zur Forstwirt∗in geht an Frauen.»
Schön! Ich muss sagen, ich kenne inzwischen auch ähnlich viele Frau-
en, die mit Motorsägen sägen, wie Männer.

SIMONE, WO BIST DU?

DEZEMBER 2013

Zu Silvester 2013 machte die *taz* eine Ausgabe zum Thema Emanzipation. Ich hatte im Herbst zuvor meine Masterarbeit über den Begriff der Frau bei Simone de Beauvoir abgegeben und schrieb dann eine Seite in der *taz* über ihre Bedeutung im heutigen Feminismus.

Sie ist nicht da. Das ist das Erste, was auffällt, wenn man sich mit Simone de Beauvoir beschäftigt. Wer heute in Berlin Philosophie studiert, kann das 17 Semester lang tun, ohne einem einzigen Text von Simone de Beauvoir zu begegnen. Auch außerhalb der Uni kommt man, auch als Feministin, selten mit Beauvoir in Berührung. Simone de Beauvoir fehlt. Unentschuldigt.

Alles, was da ist, ist dieser eine Satz: «Man kommt nicht als Frau zur Welt ...» – und weiter? «... man wird es.»[76] Das berühmteste Zitat aus Simone de Beauvoirs Buch *Das andere Geschlecht* ist ein Satz, der komisch klingt. «Man wird es», was soll das heißen? Und weil der Satz so merkwürdig klingt, wird er gern anders beendet: «... man wird dazu gemacht.» Im französischen Original von 1949 schrieb Beauvoir: «On ne naît pas femme: on le devient.» Das Verb *devenir* wird in der falschen Übersetzung aus einem aktiven «werden» zu einem passiven «gemacht werden». Ein ziemlicher Unterschied.

Es ist nicht schön und wenig würdevoll, wenn der einzige Satz, mit dem eine Autorin immer wieder zitiert wird, auch noch falsch wiedergegeben wird. Es ist, als würde man Tucholsky zitieren mit den Worten: «Was darf Satire? Och ja, dies und das.»

Im April soll das Buch *Pink stinkt* erscheinen, von Stevie Meriel

Schmiedel, der Gründerin von Pinkstinks Germany. Vermutlich ein großartiges Buch. Es geht darin um neue Rollenbilder für Mädchen, auf der Titelseite steht: «Mädchen werden nicht rosa geboren. Sie werden rosa gemacht.» Das klingt gut und soll an Beauvoir erinnern, ist aber ausgerechnet an die falsche Übersetzung angelehnt: an diejenige, die suggeriert, all das Übel, das Mädchen und Frauen geschieht, komme von außen und alles wäre besser, wenn die armen Dinger sich nur irgendwie wehren könnten.

Aber so einfach ist es bei Beauvoir nicht (und so einfach ist es bei den allermeisten Feministinnen und sicher auch bei Stevie Schmiedel nicht). Dass *Das andere Geschlecht* bisweilen so gelesen wird, als wäre die Frau bloßes Opfer ihrer Situation, liegt wohl an Beauvoirs eindrücklicher Beschreibung ihrer Unterworfenheit. Doch nicht ohne Grund stellt Beauvoir dem zweiten Band ihres Buches ein Zitat von Sartre voran: «Halb Opfer, halb Mitschuldige, wie wir alle.» Beauvoir hält die Frau generell für mitverantwortlich für ihre Situation – eine Ambivalenz, die nicht nur eine Befreiung vom Unterdrücker erfordert, sondern auch eine Trennung von der eigenen, erlernten Passivität.

Ein Jahr lang habe ich Texte von und über Beauvoir gelesen und meine Masterarbeit über *Das andere Geschlecht* geschrieben. Ich hatte das Buch vorher schon mal gelesen, vor zehn Jahren, als ich ungefähr 17 war: kein großes Erleuchtungserlebnis. (Eigentlich las ich es nur, weil ich festgestellt hatte, dass Beauvoir genau an meinem Geburtstag gestorben ist.) Ich hatte damals Physik und Mathe als Leistungskurs und fand im Grunde die biologischen Beispiele am Anfang des Buches am interessantesten. Seepferdchenmänner, die Kinder austragen, und so. Am Ende merkte ich mir nur drei Dinge: Erstens: Der Satz «Man kommt nicht als Frau zur Welt ...» steht ziemlich genau in der Mitte. Zweitens: Taubeneltern füttern ihre Jungen mit einer Art Milch. Und drittens: Frauen haben im Mittelalter versucht zu verhüten, indem sie nach dem Sex niesten.

Jetzt, zehn Jahre später, habe ich alles noch mal gelesen, vorwärts, rückwärts, Deutsch, Französisch, weil ich wissen wollte: Was kann man vom *Anderen Geschlecht* heute noch lernen? Wie passt das mit heutigem Feminismus zusammen? Und vor allem: Was steht da eigentlich drin?

Beauvoir hat die grundlegenden Fragen gestellt, die Feminist*innen heute noch beschäftigen: Was ist eine Frau? Wie sehr muss man definieren, was Frauen sind, um für ihre Freiheit zu kämpfen? Was heißt Freiheit? Wo kommt das Patriarchat her – und wie geht es wieder weg? Warum fällt es Menschen, die als Kind zu «typisch weiblichen» Eigenschaften erzogen wurden, so schwer, sich davon später zu befreien? Welche Rolle spielt das Verhältnis zum eigenen Körper dabei? Warum und wie leiden auch Männer unter dem Patriarchat?

Beauvoirs Antworten auf diese Fragen wurden in alle möglichen Richtungen interpretiert. Mal wurde ihr Frauenhass vorgeworfen, mal Männerhass. Die einen fanden ihr Frauenbild zu biologisch geprägt und zu deterministisch. Andere, wie Judith Butler, fanden Beauvoirs Verknüpfung von Körper und Geschlechtsidentität zu willkürlich. Oft hieß es, Beauvoir habe die Sex / Gender-Unterscheidung eingeführt, also die zwischen körperlichem und sozialem Geschlecht. Seit den Neunzigern wird der Sinn dieser Trennung aber zunehmend bezweifelt, und seither heißt es auch, Beauvoirs Begriff der Frau sei eine Alternative zur Rede von «Sex» und «Gender».

Manchmal habe ich mir beim Lesen gewünscht, Beauvoir hätte einen schlechteren Schreibstil gehabt. Einen trockeneren, komplizierteren. Hätte sie den Satz «Man kommt nicht als Frau zur Welt ...» umständlicher ausgedrückt, wäre er vielleicht nicht so berühmt geworden und nicht so falsch verstanden worden. Hätte sie sich nicht so bildreich darüber aufgeregt, wie elendig schlecht es Mädchen geht, die ihre Tage bekommen und nicht verstehen, was mit ihrem Körper los ist, hätte man sie vielleicht nicht so schnell eine Frauenhasserin genannt. Die Frau, die die

Spezies Mensch als «feindliches Element» in sich trägt, und ein Körper, der sich «zerfrisst» aus Angst, Frau zu sein: keine schönen Bilder. Dazwischen verstörende Sätze wie diese: «Rosa Luxemburg war hässlich. Sie kam nie in Versuchung, der Verehrung ihres Bildes zu verfallen.»

Vielleicht war es auch Beauvoirs eigenartiger Humor, der ihr in der Rezeption zum Verhängnis wurde. Nach fast 900 Seiten Argumentation für Chancengleichheit und Gerechtigkeit schreibt sie: «Wir haben gesehen, dass trotz aller Legenden kein physiologisches Schicksal dem männlichen und dem weiblichen Geschlecht als solchen ewige Feindschaft auferlegt. Sogar die berüchtigte Gottesanbeterin verschlingt ihr Männchen nur, wenn sie keine andere Nahrung hat oder um der Arterhaltung willen.»

Das Neue an Beauvoirs Buch war ihre These, dass es keine biologische, sondern eine soziale Tatsache ist, eine Frau zu sein. Das war 1949 eine Provokation – und ist es im Grunde heute noch. Weibliche Körpermerkmale zu haben bedeutet für Beauvoir erst mal gar nichts. Der Körper ist für sie zwar «Zugriff auf die Welt», aber der Mensch kein vorbestimmtes Wesen, «sondern eines, das sich zu dem macht, was es ist». Das gilt für Frauen und Männer gleichermaßen: «Es ist ebenso absurd, von ‹der Frau im Allgemeinen› wie von ‹dem ewiggleichen Mann› zu sprechen.» Und: «Es existiert keine scharfe biologische Trennung zwischen den Geschlechtern.» Das sind Annahmen, die heute noch von vielen bezweifelt werden, obwohl es inzwischen noch mehr wissenschaftliche Belege für sie gibt als zu Beauvoirs Zeiten.

Es ist übrigens bemerkenswert, dass *Das andere Geschlecht* oft als erstes Werk der feministischen Philosophie bezeichnet wird, Beauvoir es ihrem Selbstbild nach aber weder als Feministin noch als Philosophin geschrieben hat, ja eigentlich noch nicht einmal als Frau. Im ganzen Buch spricht sie von «den Frauen» in der dritten Person Plural, benutzt als Beispiele stets andere Frauen und nie sich selbst. (Auf der ersten Seite schrieb sie: «In

der Debatte über den Feminismus ist genug Tinte geflossen.»)
Erst um 1970, rund 20 Jahre nach Erscheinen des Buchs, wechselte Beauvoir zum «Wir», wenn sie über Frauen sprach, bezeichnete sich selbst als Feministin und wurde in der zweiten Welle der Frauenbewegung aktiv. Ihre Thesen aus dem *Anderen Geschlecht* behielt sie bei. Als Philosophin betrachtete sie sich zeitlebens nicht, weil sie meinte, sie habe «kein großes System errichtet».[77]

Nein, ein System vielleicht nicht. Aber eine beeindruckende Untersuchung über viel mehr, als der eine Satz «Man kommt nicht als Frau zur Welt ...» vermuten lässt: Wie kommt Unterdrückung zustande und durch welche Mechanismen wirkt sie? Wie unterscheiden sich die Machtstrukturen, nach denen Menschen aufgrund ihres Geschlechts, ihrer Herkunft, ihrer Klasse oder ihres Alters diskriminiert werden? Was heißt es, wenn Menschen sich zum Objekt machen? Inwiefern gehört Objektsein zum Menschsein dazu, und wann ist es schlecht? Was bedeutet es für Menschen, einen Körper zu haben?

Natürlich ist die Situation der Frauen heute eine deutlich andere als 1949, als *Das andere Geschlecht* erschien. Die Ehe ist nicht mehr das «Schicksal, das die Gesellschaft für die Frau bereithält», uneheliche Kinder sind kein «entsetzlicher Makel» mehr, Verhütung und Abtreibung in vielen Ländern zugänglich und legal. Aber gerade die Tatsache, dass viele der Umstände, die Beauvoir beschreibt, sich geändert haben, scheint dafür zu sprechen, sie heute wieder zu lesen: Denn all diese Umstände sah Beauvoir in einem Zusammenhang von Machtstrukturen, die in vielerlei Hinsicht heute noch weiterwirken – deren Effekte aber, je schwächer die dahinter liegenden Strukturen werden, oft gar nicht mehr als sexistisch wahrgenommen werden (und dementsprechend auch nicht bekämpft werden).

Beauvoir heute zu lesen bedeutet, sich viel zu wundern. Einerseits war Beauvoir ihrer Zeit unglaublich weit voraus, als sie *Das andere Geschlecht* schrieb. Sie hat gezeigt, dass man «die

Frau» nicht auf ein bestimmtes Wesen festlegen muss, um ge-
schlechterspezifische Ungerechtigkeiten sehr genau zu analy-
sieren. Andererseits lesen sich bestimmte Stellen, wie Beauvoirs
Beschreibungen von Homosexualität, aus heutiger Sicht absurd.
Menschen, die aus dem Muster von Heterosexualität und Zwei-
geschlechtlichkeit herausfallen, bleiben für sie Sonderfälle.

Irgendwie auch beruhigend zu sehen, dass Beauvoir zwar viele
Themen und Standpunkte der heutigen feministischen Diskussion vorweggenommen hat – aber dann doch nicht alle.

GEIL, RESIGNATION!

JANUAR 2016

Alles ist pastellfarben und nichts tut weh. Ich versuche mich in eine fremde Lebensform einzufühlen und blättere dazu durch ein Magazin, das *Flow* heißt. So bunt, so sanft. Ich schwebe durch eine Welt aus bunten Schnörkeln und hübschen Zitaten. «Keine Angst vor Gefühlen», rät man mir, und: «Man sieht nur mit dem Herzen gut» – schon mal gehört. Ich finde ein aufklappbares Papierdings, auf dem ich Momente aufschreiben soll, die mich geprägt haben: «Durch Zurückschauen, Ausschneiden und Aufkleben entdeckst du, was dein Leben ausmacht.»

Was mein Leben im Moment ausmacht, ist unter anderem die Tatsache, dass wir in einer konfliktreichen Zeit leben, gelinde gesagt. Krieg, Flucht, Terror, alles rückt näher. Ab und zu wünscht man sich auszuwandern, aber es bleibt die Angst, am selben Ort zu landen wie Akif Pirinçci, weil der ja dasselbe überlegt. Es ist ein Dilemma.

Nun taucht also eine Lebensform auf, die sich immer weiter ausbreitet, irgendwo zwischen Achtsamkeitsübungen, Ausmalbüchern für Erwachsene und Detox. Detox ist eine Diät zur «Entschlackung» des Körpers, die alles Böse aus dem Körper spülen soll. Besagte Schlacken gibt es zwar nicht, aber um Fakten geht es auch nicht, sondern ums Wohlfühlen beziehungsweise ums Kaufen: Es gibt Detox-Tee, -Saft, -Pflaster, -Kosmetik, -Yoga, -Urlaub.

Zu Papier geronnenes Detox ist das oben erwähnte *Flow*-Magazin – der Paulo Coelho unter den Zeitschriften. Mittelgeniale Botschaft, höchst geniale Verkaufszahlen. Ein erfolgreiches Heft, das seit 2013 in Deutschland erscheint, zurzeit mit einer

Auflage von 107 000 Exemplaren, und das ist zwar nur ein gutes Achtel von der *Spiegel*-Auflage, aber dafür, dass quasi jedes Mal dasselbe drin steht – alle Achtung.*

Was drinsteht, ist ungefähr das: einatmen, ausatmen, schöne Dinge kaufen. Es geht um Freundschaften, Vorfreude und andere Fühlthemen, dazwischen ein bisschen Werbung für Saft. Als «Statement gegen den Plastiktütenwahn» wird ein Beutel für 50 Euro empfohlen, aus alten Surfsegeln. Und weil es bei Stress helfen soll, Wasser in kleinen Schlückchen zu trinken, kauft man gleich noch die bunten Becherchen aus Bambusfasern dazu. Ein kleines Dossier über die Kulturgeschichte des Bleistifts ist ganz angetan von der Einfachheit dieses Schreibwerkzeugs («Zedernholz mit Graphit, was könnte besser riechen?»), das sogar im Weltraum schreibt (aha), und empfiehlt einen Amerikaner, dem man seine Bleistifte schicken kann, um sie von Hand spitzen zu lassen. Unten dann der gedruckte Link zu einem Onlineshop: «Sofort Bleistifte kaufen? Hier gibt es schöne im Vintagelook ...»

Natürlich ist das keine böswillige Verarsche. Im Einzelnen ist das alles gar nicht schlimm. Wer eine Anleitung zum Wassertrinken und Bleistift-Benutzen braucht, der soll sie kriegen.

Auch die sanfte Geste an sich ist nicht schlimm. Das ganze Heft ist voll mit lächelnden Menschen, und im zusätzlich zu erwerbenden *Flow*-Ausmalbuch kann man eine ganze Seite bunt malen mit dem Spruch: «Ich habe heute nichts zu tun – außer lächeln.» Darüber ein Vögelchen, drum herum Blümchen.

Es ist ein Kindergarten für Menschen über 30, nur dass es im Kindergarten wenigstens noch die Möglichkeit gibt, dann und wann auf die Fresse zu kriegen, während man in der *Flow* höchstens eine Empfehlung für ayurvedische Gesichtsmassage in New York kriegt und dabei zwar genauso geduzt wird wie

---

* Die *Flow*-Auflage liegt zwei Jahre später, während ich dieses Buch schreibe, nur noch bei gut 95 000 Stück (Anfang 2018), der *Spiegel* liegt bei gut 708 000.

im Kindergarten, aber trotzdem irgendwie schon das Geld verdient haben sollte, um sich die Wanduhr aus Walnussbaumholz für 208 Euro ganz bewusst in die Küche zu hängen. (Das mit dem Lächeln macht aber auch beim Detoxen Sinn, habe ich auf *Freundin.de* gelernt: «... gehen Sie das Detoxen locker und entspannt an, denn positive Gedanken und selbst das Hochziehen der Mundwinkel entsäuern bereits.»)

Ich lege die *Flow* weg beim Artikel «Von der Kunst aufzuhören», der mir rät: «Manchmal ist es durchaus heldenhaft aufzugeben.» Das Vermeiden von Stress ist die Grundhaltung. Das ist okay. Jede Gesellschaft hat ihre tröstenden Kulturtechniken. In Polen gibt es zum Beispiel Wodka.

Achtsamkeit soll, ähnlich wie Alkohol, gegen Burn-out und Stress helfen und im Großen und Ganzen gegen Außenwelt. Das Böse bleibt draußen, das Komplizierte auch. Achtsamkeits-Apps wie «Zenify» erinnern alle paar Stunden daran, den Rücken gerade und die Atmung ruhig zu halten und immer wieder den eigenen Zeigefinger zu streicheln. «Das Einzige, was ich ändern kann, ist meine Haltung zu den Dingen», zitiert die *FAZ* eine Therapeutin, die Vorträge über Achtsamkeit hält. Geil, Resignation. In meinen dunklen Stunden hätte ich Bock drauf. Aber so ganz wohl ist mir bei der Vorstellung auch nicht.

Denn in Zeiten von Pegida, AfD und brennenden Flüchtlingsheimen scheinen Achtsamkeit, Detox und Ausmalbücher kein Trost zu sein, sondern eine neue Art von infantilem Eskapismus: eine Art Pastell-Biedermeier. Ich wäre ja froh über jeden, der, statt ein Flüchtlingsheim anzuzünden, ein Mandala ausmalt oder einen Smoothie trinkt. Aber so läuft es wohl nicht.

Während der Biedermeier-Zeit zog man sich zurück ins Private, richtete sich hübsch ein und machte Hausmusik. Heute flüchtet man noch weiter, rein in den Körper. Das Draußen wirkt so bedrohlich, dass die Flucht in den eigenen Dünndarm als einziger lebenswerter Ausweg erscheint. Da ist Detox genauso gut wie «Clean Eating», «Low Carb», «Paleo», «No sugar» oder andere Ernährungsumstellungen. Hauptsache, man ist beschäftigt.

Das ist jetzt aber unachtsam, werden Sie sagen. Das ist doch alles gar nicht das Gleiche – und Pastellfarben sind auch nicht an sich schlecht, Zartrosa und Eisblau sind immerhin die Farben des Jahres. Ja, da haben Sie recht. Aber ich habe alles in meinen 2500-Watt-Smoothiemixer getan, und dann stellte sich heraus, eigentlich passt das ganz gut zusammen. So ist das mit den Smoothies. Nein, es stimmt: Pastellfarben, Wassertrinken, Ausmalen sind okay. Ich schwöre, ich habe selbst einen Smoothiemixer, eine Yogamatte für 80 Euro und ein Rosa gestrichenes Badezimmer und ernähre mich auch nicht von Mörtel und Haarspray. Ich habe auch Gefühle. Zum Beispiel habe ich immer das Gefühl, dass sich meine Leber auflöst, wenn ich einen Energy-Drink getrunken habe, aber immerhin weiß ich, dass ich eine Leber hab, im Gegensatz zu den Detox-Vögeln. Aber auf die Leber kommt es ja auch gar nicht an. Denn das Wesentliche ist für die Leber unsichtbar, um auch mal was Versöhnliches zu sagen.

KÖRPERHASS WILL GELERNT SEIN

APRIL 2016

Es war ein eigenwilliges Spektakel bei einem österreichischen Lauf-
wettbewerb: Drei- bis vierjährige Kinder sollten eine Strecke von rund
40 Metern laufen – und wurden, zum Teil weinend, von ihren Eltern
ins Ziel gezerrt. Der übertriebene Ehrgeiz der Eltern wurde daraufhin
vielfach kritisiert. Von mir nicht!

Applaus, Applaus, für die Eltern, die am Wochenende beim
Linzer Marathon ihre heulenden Kinder ins Ziel gezerrt haben, Glückwunsch! Nicht zum sportlichen, nun ja, «Erfolg» ihrer Kleinen, sondern zu der Einsicht, dass richtig tiefsitzender
Körperhass nicht früh genug gelernt werden kann. Drei- und
Vierjährige, die wissen, dass sie selbst für ein Spaßevent am Wochenende nicht gut genug sind, haben noch die Chance, bereits
vor ihrer Einschulung vollends zu verinnerlichen, dass ihre Körper etwas sind, das sie lebenslänglich perfektionieren sollten. In
diesem Sinne – aufrichtige Gratulation an die Eltern! Sie haben
den Geist der Zeit erkannt.

Die Kinder vom Linzer Juniormarathon werden zumindest
nicht mehr überrascht sein, was das Leben noch so für sie bereithält. Sie werden aufwachsen als vollständig integrierter Teil
einer Gesellschaft, in der kaum jemand ein gesundes Verhältnis zum eigenen Körper hat – und zu denen der anderen auch
nicht.

Zunächst werden sie einfach weiterhin das lebendige Status-
symbol ihrer neurotischen Eltern sein, die zu eitel und zu blöd
sind, ihr Kind alleine laufen zu lassen, egal ob und wann es dabei

ins Ziel kommt. Wahrscheinlich haben die Eltern es eilig, weil sie ihr niedliches Projekt noch zum Frühballett bringen müssen oder weil bald die Anmeldefrist zum Hochbegabten-Sommercamp abläuft, und es wäre ja peinlich, wenn ausgerechnet *ihr* Kind in den Ferien nur Ponys reitet wie der letzte Trottel. Der Berliner Künstler Fil hat für diese Eltern die Hymne «Mein Kind ist geiler als dein Kind» geschrieben, aber die werden sie vielleicht gar nicht so lustig finden.

Wenn die Kinder dann in der Schule sind, müssen sie im Sportunterricht nur auf die richtigen Lehrer*innen treffen, um zu lernen, dass Wettbewerb auch heißt, dass nicht jeder Dödel mitmachen kann. Sie werden erfahren, was *das* Symbolbild für Außenseitertum schlechthin ist, nämlich als Letzte*r auf der Bank zu sitzen und gar nicht mehr in eine Mannschaft gewählt zu werden, sondern eben nur noch dahin zu trotten, wo zahlenmäßig eine Person fehlt – und sie werden dabei hoffentlich auf der richtigen Seite stehen: bei den Allerersten. In Mathe oder Englisch wär ein solches Auswahlverfahren pervers. Bei Sport heißt es: Komm, da musst du durch, da mussten wir alle durch.

Und es stimmt ja auch: Da müssen wir alle durch. Seit der Körper ein optimierbares Produkt ist, *muss* er auch optimiert werden – und da fällt man nur raus, wenn man Samson aus der Sesamstraße ist oder schon tot.

Natürlich gibt es auch die Sorte Helikopter-Eltern, die die Bundesjugendspiele abschaffen wollen, damit Kinder nicht mehr ganz so früh traumatisiert werden, aber das ändert nichts an einer Gesellschaft, in der die einen immer dicker werden und die anderen sich nur noch von Detox-Smoothies ernähren. Aber besonders zufrieden sind sie alle nicht damit, und warum sollten es ihre Kinder dann sein? So viel Gerechtigkeit muss sein.

«Körperhass ist mittlerweile ein heimlicher westlicher Exportschlager», schreibt die britische Psychoanalytikerin Susie Orbach.[78]

Die Mehrheit (78 Prozent) der elf- bis 17-Jährigen findet heute, dass es einen Zusammenhang zwischen Dünnsein und Beliebt-sein gibt, und jede vierte Zwölfjährige hat bereits eine Diät ge-macht.[79] So steht es in der «Dr.-Sommer-Studie 2016» der *Bravo*, einer Zeitschrift, die sich wiederum auch nicht zu dämlich ist, ein Heft zum Titel «Tricks dich sexy» zu machen, in dem eine YouTuberin Stylingtipps gibt für «Girls, die ihre Oberweite zu klein finden»: «Kuschelsocken im BH sind der Shit! Die gibt's im 1-Euro-Laden – und es hat einen unglaublichen Effekt. Man muss sie umdrehen und geschickt reinstecken!»

Einen unglaublichen Effekt hat auch das zehnjährige Super-model Kristina Pimenowa, das 1,4 Millionen Follower (heute 2,1 Millionen) auf Instagram hat. Über deren Eltern will man vielleicht gar nicht erst anfangen nachzudenken. «Remember beauty is inside», steht auf ihrem Instagram-Profil, aber okay, mit zehn ist man halt auch noch naiv wie ein halber Goldhams-ter, und fürs Denken wird sie auch nicht bezahlt.

Also, Linzer Marathonkids, die ihr bestimmt auch schon lesen könnt: Freut euch, solang eure Eltern euch noch mit sich zie-hen. Bald müsst ihr alleine laufen und das wird nicht leichter. Und selbst wenn ihr mal meint einen Job gefunden zu haben, bei dem es wirklich scheißegal ist, wie euer Körper ist, weil ihr nur schreiben müsst und das auch von zu Hause in Jogginghose tun könnt, schreibt jemand zu eurem Autorinnenfoto: Kämmen Sie sich mal die Haare.

RUHEN FÜR FRIEDEN
AUGUST / OKTOBER 2016

Im August 2016 gab ich mit viel Verspätung die letzten Korrekturen von meinem Buch *Untenrum frei* ab, das kurz darauf erschien. Ich hatte zu dem Zeitpunkt ein paar Monate lang immer nur vier Stunden pro Nacht geschlafen, und es ist kein großer Zufall, dass ich kurz darauf zwei *Spiegel-Online*-Kolumnen schrieb, die vom Liegen und Schlafen handelten. Für dieses Buch habe ich beide Texte zusammengelegt.

Wieder so eine Studie: die Untersuchung von der Krankenversicherung DKV – «Wie gesund lebt Deutschland?».[80] Ich kann naturgemäß nur für 0,00000124 Prozent der Deutschen sprechen und muss sagen: geht so. Bei der Telefonbefragung mit rund 2800 Leuten kam dasselbe raus: geht so. Nur jeder neunte Mensch in Deutschland lebt komplett gesund, die gesündesten Deutschen leben in Mecklenburg-Vorpommern: «Sie bewegen sich ausreichend, essen ausgewogen, rauchen nicht, trinken wenig Alkohol und haben kein Problem mit Stress.» Allerdings leben in Mecklenburg-Vorpommern außerordentlich wenige Menschen. Es ist das am dünnsten besiedelte Bundesland, folglich sieht man da auch sehr schlecht, wenn jemand vom Lügen rot wird (und am Telefon sowieso nicht).
Die allermeisten Deutschen könnten an ihrem Lebensstil noch etwas drehen. Besser essen, mehr bewegen, weniger rauchen, weniger saufen und: weniger sitzen. Die DKV-Umfrage wertet Sitzen als «eigenständigen [sic, LOL] Risikofaktor unserer Gesundheit», es gebe einen Zusammenhang zwischen langem Sitzen und erhöhter Sterblichkeit: Sitzen tötet.

Sitzen ist das Gluten-Zucker-Schnaps-Gemisch unter den Körperhaltungen, das kam in den letzten Jahren immer wieder raus. «So schädlich ist Sitzen», warnte die *Apotheken Umschau*, und die *Süddeutsche* fragte: «Ist Sitzen das neue Rauchen?» Man könnte einfach aufstehen, aber damit ist gar nicht so viel geholfen. «Stehen ist so gefährlich wie Sitzen», erklärte *Spiegel Online* im Oktober 2015. Es ist immer wieder dasselbe: Alle Umfragen, Studien und Experten empfehlen statt zu sitzen rumzulaufen, Sport zu machen, all das. Das ist nett gemeint, aber stets wird dabei eine wichtige Alternative vergessen: das Liegen.

Liegen ist eine vernachlässigte Körperhaltung, weil sie mit Faulsein assoziiert wird und Faulsein als etwas Schlechtes gilt. In Wirklichkeit ist Liegen das Beste, was man tun kann. Wer liegt, liegt richtig. Liegen ist schön und macht schön. Liegen und Lieben sind nicht zufällig ganz ähnliche Wörter. «Lay Lady Lay» war eines der ersten Lieder, die ich von Bob Dylan kannte, und ich ahnte schon damals: ein guter Mann.

Liegen ist auf faszinierende Art friedlich und zugleich rebellisch: Wer liegt, kann schlecht schimpfen und führt selten Krieg. Wer liegt oder sogar schläft, verweigert sich dem Kapitalismus. (Außer er oder sie hat währenddessen einen kostenpflichtigen Sleeptracker laufen. Die haben es nicht verstanden.)

Marcel Proust schrieb alles, was er schrieb, im Bett, und Joan Miró praktizierte nach dem Essen ein «mediterranes Yoga», also: Mittagsschlaf. Allerdings nur fünf Minuten, was sowohl für Yoga als auch für Schlafen ziemlich kurz ist. Powernap ist ein gutes Konzept, aber üblicherweise wird dabei von zwanzig Minuten geredet, obwohl vier Stunden viel angenehmer sind. «Nach dem Essen sollst du ruhn oder tausend Schritte tun», sagt man, aber den Teil nach dem «oder» kann man auch weglassen. («Nach dem Essen sollst du rauchen oder eine Frau gebrauchen», hat mein bayerischer Exfreund immer gesagt, aber komisch, wir sind irgendwie nicht mehr zusammen.)

Was das Essen betrifft, ist Liegen ohnehin sehr gesund, denn man kann schlecht zu fett werden davon. Im Liegen kann man zwar essen, aber es ist so umständlich, dass man sich nicht so leicht überfrisst.

So viel revolutionäres Potenzial, das verlorengeht, weil nicht genug gelegen wird! Ich wurde mal in einem Interview gefragt, was ich tun würde, wenn ich für einen Moment alle gesetzgebende und ausführende Macht in Deutschland hätte. Schwierige Frage, wenn man nicht einfach antworten will, dass man als einzige Amtshandlung das eigene Amt sofort wieder abschaffen würde, weil es so etwas nicht geben sollte. Ich habe drei Wochen nachgedacht, bis an einem Freitagnachmittag in der Regionalbahn ein Bauarbeiter neben mir einpennte und immer wieder so herzzerreißend an meine Schulter zu kippen drohte, dass ich unumstößlich zu einem Schluss kam: Als Allererstes würde ich einen gesetzlich verankerten Winterschlaf von Ende Oktober (nach der Buchmesse) bis Ende Februar (nach Valentinstag) einführen. Ich würde die ganz große Snooze-Taste drücken.

Eine verbindliche Phase von vier Monaten Winterschlaf würde mit einem Schlag so viele gesellschaftliche Probleme lösen wie kaum eine andere politische Maßnahme: Überarbeitung, Grippewellen, Winterdepressionen, Weihnachten, Silvesterplanung, Übergewicht, Überfischung, Heizkosten, Auffahrunfälle bei Glatteis – alles würde sich in einem sanften Schlummer auflösen. Im Fachbegriff Hibernation steckt ja schon das Wort «Nation», weil es nämlich etwas ist, was bundesweit für alle gut wäre.

Das Ganze wär ein bezahlter Urlaub, finanziert aus ... – ach, das lassen Sie mal meine Sorge sein. Wer arbeiten will, darf sich im ärztlichen oder Hebammennotdienst, in der Pflege, der Kinderbetreuung, beim Gärtnern, bei der Steuererklärung oder beim Kochen engagieren, irgendwas davon werden Sie schon können, Umschulung geht auf den Staat, und der Rest hat frei.

Ich hab mal etwas über eine Studie entweder gelesen oder geträumt, in der es hieß, dass Leute sich durch Schlafentzug so ähnlich benehmen wie besoffen, auch wenn sie gar nichts getrunken haben. Wenn man nun aber diese Studie kennt (hab gegoogelt, stand wohl in der *Apotheken Umschau*, stimmt also) und gleichzeitig weiß, dass ziemlich viele Menschen ziemlich oft viel zu wenig schlafen, versteht man viel mehr über die komplette Gesellschaft. Ich kenne vielleicht fünf Leute, die so viel schlafen, wie sie gern würden, und drei davon sind Babys.

Mit einem allgemeinen Winterschlaf könnte man eine sanfte Form der Apokalypse durchführen und all dem Elend Einhalt gebieten – und dann wieder neu anfangen. So praktisch. Ein paar Tätigkeiten außer Schlafen und Chillen bleiben geduldet: Essen, Trinken, Sex, Spaziergänge unter 7 km/h und alles, was man leise in Jogginghosen tun kann, außer Drohnen steuern. Es ist ein so perfekter politischer Plan, dass sich selbst Pommes im Freibad sinnvoll einfügen, denn «die Energie, die notwendig ist, um die Lebensfunktionen des Winterschläfers während der jahreszeitlichen Schlafphase aufrechtzuerhalten, kommt aus den während des Sommers angefressenen Fettdepots» (Wikipedia / mein Wahlprogramm). Wer will, darf an Weihnachten ein paar Tage aufbleiben, muss aber nicht. Alle Konservativen werden über den progressiven Charakter des Plans hinweggetröstet, indem sie erklärt kriegen, dass die Leute früher viel länger geschlafen haben und bla, Tradition, irgendwas.

Nur eine kleine Nachtwache von Politiker*innen bleibt bestehen, die nach Bedarf Gesetzentwürfe erarbeitet und beschließt. Sagen wir: Grundeinkommen, ausreichend Kita-Plätze, WLAN überall sowie das Verbot von Ugg-Boots, Immobilienmakler*innen und Döner in der S-Bahn, aber das fällt den Ausgeschlafenen kaum auf, und ohnehin hat der Winterschlaf bei einigen Arten offenbar negativen Einfluss auf die Gedächtnisleistung, sodass Anfang März alle frisch und erholt sind und sich vielleicht gelegentlich fragen: Ach, wie schön es hier ist, war es jemals anders? Nö, nö. Wir machen einfach weiter, als wär nichts gewesen, aber mit einer ungeahnten Leichtigkeit.

DNA-ESOTERIK ZUM SONDERPREIS
FEBRUAR 2018

Wir alle sind Geflüchtete», hieß es auf *Zeit Online,* und mit «alle» waren tatsächlich alle gemeint. Die deutsche Autorin und Kuratorin Emma Braslavsky hatte zwei Speicheltests gemacht und daraufhin eine Art literarische Vision durchlebt.[81] Sie war einem äußerst zweifelhaften Trend gefolgt, bei dem Leute eine DNA-Probe an ein Unternehmen schicken und dann vermeintlich über ihre Herkunft aufgeklärt werden: Zu wie viel Prozent bin ich mitteleuropäisch, wie viel nordafrikanisch, und so weiter.

Eine Art ausführlicher Glückskeks für die Kosmopoliten von heute, nur dass Glückskekssprüche meist von der Zukunft handeln und DNA-Analysen von der Vergangenheit – und dass Glückskekse üblicherweise harmlos sind, und billiger.

Zum Sonderpreis von 69 Euro kann man zum Beispiel beim Anbieter «MyHeritage» seine Spucke untersuchen lassen. Man erhält zwei Wattestäbchen, die man eingespeichelt ins Labor schickt. Nach ein paar Wochen gibt es online die Ergebnisse. «Die Wohnorte Ihrer Ahnen sind in Ihrer DNA verschlüsselt», heißt es mäßig seriös auf der Webseite. «Wir bieten 42 verschiedene Ethnizitäten an – die höhste (sic) Anzahl unter allen größeren DNA-Test Anbietern».

Spätestens mit dem YouTube-Video «The DNA Journey» wurde die Methode berühmt: ein Werbevideo einer Reisesuchmaschine von 2016, aufgezogen wie Videos von halbwegs ernsthaften Untersuchungen. Ein stolzer Engländer lernte, dass er «zu fünf Prozent Deutscher» ist, obwohl er Deutsche nicht mag. Eine Kurdin erfuhr von ihren kaukasischen Wurzeln und so weiter.

Viele Tränen, viel Rührung, und am Ende die Frage: Würdest du gern an all diese Orte fahren? Jaaa! Und erwähnte ich, dass das alles von einem Unternehmen bezahlt war, dessen Business eben Reisen sind?

Seitdem gibt es immer wieder Leute, die ganz ergriffen bunte Balkendiagramme auf Facebook oder Twitter posten, um ihre vermeintliche prozentuale Herkunfts-Zusammensetzung zu präsentieren, und da sind ausnahmsweise mal diejenigen sympathischer, die Updates zu ihrem Körperfettgehalt geben.

Aus wissenschaftlicher Hinsicht sind solche «Lern dich kennen»-DNA-Tests äußerst zweifelhaft. Weder die Abgrenzungen der Nationalstaaten noch die Prozentzahlen lassen seriöse Schlüsse von der DNA auf die Geschichte oder Identität der untersuchten Person zu. Im *Guardian* hieß es von einem Professor für Evolutionsgenetik, die meisten der Unternehmen, die solche Tests anbieten, betreiben eher eine Art «genetische Astrologie».[82]

Genetische Genealogie habe hingegen durchaus eine Berechtigung, erklärte ein DNA-Experte der Charité Berlin auf *Spiegel Online*, aber Ländergrenzen anzugeben sei komplett unseriös. Es werde eine «Romantik der Herkunft» bedient, aber ohne wissenschaftliche Beweise, und die Bedeutung der Prozentzahlen sei dubios.[83]

Der Verkauf von Herkunftsromantik ist aber vielleicht nicht die schlimmste Gefahr solcher Gen-Esoterik. Auf Twitter schrieb Ende Januar Thomas Gottschalk: «Hab meine DNA aufschlüsseln lassen. Afrika war ja klar. Aber über 50 Prozent Osteuropäer! Deswegen hab ich als Kind so geklaut.» Weil es verständlicherweise Kritik an seiner Tiefenpsychologie gab, entschuldigte sich Gottschalk später für den Tweet. War nicht so gemeint. Und noch mal ganz anders gemeint war es, als das «Zentrum für Politische Schönheit» erklärte, man habe die DNA von Björn Höcke auswerten lassen. Er sei gar nicht hundertprozentig deutsch, sondern «ausgewanderter Portugiese», folglich sei er ein unglaubwürdiger Rassist. Mit Rassenkunde gegen völkisches Denken, das kann nur Kunst.

Auch die bereits oben zitierte Autorin Emma Braslavsky machte Kunst aus ihren Ergebnissen. Sie stellte sich ihre Vorfahren vor: hier die «schmale, hochgewachsene Nymphe» in Westafrika, dort der schöne «Jüngling aus Frankreich». Sie erleben einen Sack voll Kitsch, und Generationen später sagt ihre Nachfahrin: «Mit dem Tag, als ich die Ergebnisse sah, änderte sich mein Bewusstsein über das, woraus ich gemacht bin. Ich kann wohl mit Fug und Recht behaupten, ausgewiesene, jahrhundertealte Expertise in Sachen Flucht zu haben.» Sie selbst war 1989 aus der DDR geflohen und empfiehlt nun, im Angesicht ihrer Speichelprobe, «ein Wiederbewusstwerden für die, die wir alle einmal waren und hier geworden sind, woher wir alle kamen und was wir alle durchgemacht haben».

Das ist eine häufige Begründung, warum diese DNA-Tests so gewinnbringend seien. Auch bei der *Huffington Post* hieß es mal, in einem gesponserten Post, bezahlt von oben erwähntem Reiseunternehmen: «Dieser Gentest beweist, dass Fremdenfeindlichkeit sinnlos ist.»

Nein. Wer für Menschenrechte und Empathie eine Speichelprobe braucht, bei dem läuft etwas grundlegend falsch. Wenn es nicht maximal fragwürdig erscheint, sich zu soundso viel Prozent auf wissenschaftlich wackelige Art irgendeine Zugehörigkeit zu verpassen und deswegen für die Leute dieser Gruppe jetzt ganz besonders viel Liebe und Verständnis zu haben – oder direkt «durchgemacht» zu haben, was sie erlebt haben –, was ist denn da los?

Deutschland ist ein Land, in dem vor nicht allzu langer Zeit Menschen unter anderem als «deutschblütig» oder «Vierteljuden» klassifiziert wurden. Es sind bestimmt nicht alle Leute Nazis, die diese eigenartige DNA-Esoterik betreiben; aber auch nicht ganz wenige – die «White Supremacy»-Bewegung hat ein verschärftes Interesse an dieser Art vermeintlicher Ahnenforschung.

Doch es ist zutiefst beunruhigend, wie wenig die Verknüpfung zwischen einer körperlichen Untersuchung und politischen Schlussfolgerungen hinterfragt wird. Müssen wir «alle Geflüchtete» sein, um Menschen, die Asyl suchen, Menschenrechte und Respekt zu gönnen?

Und was wäre der Umkehrschluss? Was wäre, wenn bei irgendwem rauskäme, dass die Vorfahren seit über zweitausend Jahren in einem verlassenen Dachsbau im Spreewald wohnen? Darf diese Person dann ihre Angst vor Überfremdung voll ausleben?

Die Idee von «Rassenreinheit» kann man aufgeben, indem man in ein nahezu beliebiges Geschichtsbuch guckt, anstatt für nicht wenig Geld in ein Röhrchen zu spucken, und seine Gen-Daten bei einer Firma in Amerika zu lassen. Es hat überhaupt keinen seriösen informativen Mehrwert, zu wissen, dass irgendwelche Vorfahren irgendwann von irgendwo herkamen. Man weiß dann immer noch nichts darüber, wie diese Leute drauf waren. Es kann sein, dass man von einer Dynastie von Apothekern oder Axtmörderinnen abstammt, aber was würde das bedeuten?

Ich habe mal gelesen, Menschen hätten zu 50 Prozent das gleiche Erbgut wie eine Banane. Kann man auch mal drüber nachdenken.

ANMERKUNGEN

1 Mary Beard: *Frauen und Macht*. Übers. v. Ursula Blank-Sangmeister, Frankfurt 2018, S. 56 f. (Anmerkung in eckigen Klammern von mir.)

2 Hedwig Dohm: «Gesichtspunkte für die Erziehung zur Ehe», in: *Sozialistische Monatshefte* 1909, S. 640.

3 «Hingehen, wo es brodelt und stinkt», Interview von Martin Spiewak mit Oliver Quiring und Tanjev Schultz, *Die Zeit* 5/2017.

4 Max Frisch / Thomas Strässle (Hg.): «Wie Sie mir auf den Leib rücken!» Interviews und Gespräche. Berlin 2017, S. 56.

5 Julia Rothhaas: «Das Kompliment stirbt aus», süddeutsche.de, 7. August 2015.

6 Fachschaftsinitiative Gender Studies an der HU Berlin: «Statement zum Ausschluss von R.», genderini.wordpress.com, 13. September 2015.

7 Barbara Höfler: «Achtung sensibel – bitte nicht schütteln!», NZZ am Sonntag, 13. September 2015.

8 Drew Harwell: «Workers endured long hours, low pay at Chinese factory used by Ivanka Trump's clothing-maker», washingtonpost.com, 25. April 2017.

9 Christoph Schäfer: «Gender-Gejammer», faz.net, 21. Juni 2017.

10 Theodor W. Adorno: «Reflexionen zur Klassenthese», in: *Soziologische Schriften* I, Frankfurt 2003, S. 390.

11 Leslie Jamison: «I Used to Insist I Didn't? Get Angry. Not Anymore. – On female rage.» nytimes.com, 17. Januar 2018.

12 Jana Gioia Baurmann: «No FEMINISTS», *Die Zeit* 15/2017.

13 Karl Marx & Friedrich Engels: *Werke. Band* 4. Berlin 1972, S. 465.

14 Emma Goldman: «Anarchismus – wofür er wirklich steht», in: *Anarchismus & andere Essays*. Übers. v. Katja Rameil, Münster 2013, S. 40.

15 Alain Ehrenberg: *Das erschöpfte Selbst. Depression und Gesellschaft in der Gegenwart*. Übers. v. Manuela Lenzen und Martin Klaus. Frankfurt 2004, S. 4.

16 Jean Améry: *Hand an sich legen. Diskurs über den Freitod*. Stuttgart 2015, S. 36.

17 Christian Sander: «Volkskrankheit Depression – So denkt Deutschland. Repräsentative Befragung über Ansichten und Einstellungen der Bevölkerung zur Depression.» Forschungszentrum Depression / Stiftung Deutsche Depressionshilfe 2017.

18 Jochen Gaugele, Philipp Neumann und Jörg Quoos: «Jens Spahn kritisiert die Debatte um die Essener Tafel», waz.de, 10. März 2018.

19 Christian Stöcker: «Die Methode Spitzer», *Spiegel Online*, 11. März 2018.

20 «Wenn Kinder nur wischen, haben sie einen Nachteil», Interview von Tobias Armbrüster mit Manfred Spitzer, Deutschlandfunk, 8. März 2018.

21 «The shame sticks to you like tar», Interview von Jon Ronson mit Monica Lewinsky, theguardian.com, 22. April 2016.

22 Rebecca Solnit: «The Longest War», TomDispatch.com, 24. Februar 2013.

23 G. W. F. Hegel: *Phänomenologie des Geistes*. Hamburg 1988, S. 233.

24 Simone de Beauvoir: *Das andere Geschlecht. Sitte und Sexus der Frau*. Übers. v. Uli Aumüller & Grete Osterwald. Reinbek 2005, S. 339.

25 Gerhard Staguhn: *Der Penis-Komplex. Eine Analyse: biologisch, geschichtlich, psychologisch, persönlich*. Springe 2017, S. 47 f. & 233.

26 Daily Cartoon vom 3. Januar 2018 von Kim Warp.

27 Jasper von Altenbockum: «Eine Partei, die ihr Gesicht verliert» und «Warum ich Andrea Nahles zum Mann gemacht habe», faz.net, 16./18. Januar 2018.

28 «Ich werde nicht bedroht, sondern angegriffen», Interview von Katja Weber und Holger Klein mit Jens Jessen, Radio Eins vom rbb, 6. April 2018.

29 Jens Jessen: «Die große Heuchelei», *Die Zeit* 35/2014.

30 Lara Fritzsche: «Unguter Hoffnung», *SZ Magazin* 5/2014.

31 Die Studie: Maya Götz, Caroline Mendel, Sarah Malewski: *«Dafür muss ich nur noch abnehmen». Die Rolle von Germany's Next Topmodel und anderen Fernsehsendungen bei psychosomatischen Essstörungen*. Internationales Zentralinstitut für Jugend- und Bildungsfernsehen (IZI), 28. Januar 2015. Für die Studie wurden 241 Menschen (vor allem Mädchen und junge Frauen) befragt, die wegen einer Essstörung in therapeutischer Behandlung waren, ob bzw. welche Fernsehsendungen Einfluss auf ihre Erkrankung hatten. GNTM wurde in der Studie als «besonders bedeutsam» bezeichnet und als das Format, das die Krankheit der Befragten am häufigsten «sehr stark» beeinflusst hat. 85 Prozent der Befragten sagten, die Sendung könne Essstörungen wie Bulimie und Magersucht verstärken.

32 Robert B. Lull & Brad J. Bushman: «Do Sex and Violence Sell? A Meta-Analytic Review of the Effects of Sexual and Violent Media and Ad Content on Memory, Attitudes, and Buying Intentions», in: *Psychological Bulletin*, Vol. 141 (2015), No. 5, S. 1022–1048.

33 Laurie Penny: *Fleischmarkt. Weibliche Körper im Kapitalismus*. Übers. v. Susanne von Somm. Hamburg 2012, S. 9.

34 G. W. F. Hegel: *Grundlinien der Philosophie des Rechts*. Suhrkamp 1970, S. 320 (Zusatz zu § 166).

35 Charles Fourier: *Die Freiheit in der Liebe*. Übers. v. Eva Moldenhauer. Hamburg 2017, S. 58.

36 Naomi Wolf: *Der Mythos Schönheit*. Übers. v. Cornelia Holfelder-von der Tann, Sabine Hübner, Ursula Locke-Groß, Reinbek 1991, S. 13.

37 Laurie Penny: *Unsagbare Dinge. Sex, Lügen und Revolution*. Übers. v. Anne Emmert, Hamburg 2015, S. 13 f.

38 Chimamanda Ngozi Adichie: *We Should All Be Feminists*. New York 2014, S. 9 f.

39 «In Amerika geht es brutal zu», Interview von Elisabeth Raether mit Rebecca Solnit, *Zeit Magazin* 32/2015.

40 Die Zeitschrift *Elle* hat Kinder befragt, ob sie fanden, dass eine Frau den Job des Weihnachtsmanns erledigen könnte. Die Antworten zeigten: eher nicht. Mattie Kahn: «Listen to Cute British Children Explain Why a Woman Couldn't Do Santa's Job», elle.com, 17. Dezember 2015. Die Staubsauger-Idee kam von *Welt Online*: «Was sich Frauen zum Weihnachtsfest wünschen», welt.de, 16. Dezember 2015.

41 Agentur der Europäischen Union für Grundrechte: «Gewalt gegen Frauen: sie passiert täglich und in allen Kontexten», Pressemitteilung vom 5. März 2014.

42 Birgit Kelle: «Warum der Aufschrei gegen die Täter nicht ausbleiben darf», *Focus Online*, 5. Januar 2016.

43 Bundesministerium für Familie, Senioren, Frauen u. Jugend: «Studie: Lebenssituation, Sicherheit und Gesundheit von Frauen in Deutschland», 6. Januar 2005.

44 Hannah Lühmann: «Warum wir dieses Mal keinen #aufschrei brauchen», *welt.de*, 5. Januar 2016.

45 Kathrin Spoerr: «Der Mann, der gegen alles kämpft, was links ist», *welt.de*, 15. Juni 2016.

46 Jia Tolentino: «Harvey Weinstein and the Impunity of Powerful Men», newyorker.com, 30. Oktober 2017.

47 Paula-Irene Villa: «Genervt kann nur sein, wer Sexismus verdrängt», Deutschlandfunk Kultur, 7. November 2017.

48 Christina Rietz: «Rettet den Flirt!», *Die Zeit* 47/2017.

49 «Das ist ein neuer Totalitarismus», Interview von Stephan Karkowsky mit Thea Dorn, Deutschlandfunk Kultur, 10. November 2017.

50 Sascha Lobo: «Sie jammern über ‹Hexenjagd› – und holen zum Gegenschlag aus», *Spiegel Online*, 29. November 2017.

51 Harald Martenstein: «Über öffentliche Toiletten für Männer, Frauen und andere», *Zeit Magazin* 12/2013.

52 Marie Curie wurde 1911 wegen einer Affäre mit einem Mann von der Boulevardpresse angegriffen. Albert Einstein schrieb ihr in einem Brief, dass er sie sehr schätze, und riet ihr: «If the rabble continues to occupy itself with you, then simply don't read that hogwash, but rather leave it to the reptile for whom it has been fabricated.» Maria Popova: «Don't Heed the Haters: Albert Einstein's Wonderful Letter of Support to Marie Curie in the Midst of Scandal», brainpickings.org, 19. April 2016. Das Zitat stammt aus: Walter Isaacson: *Einstein. His Life and Universe*. New York 2007, S. 171.

53 Becky Gardiner, Mahana Mansfield, Ian Anderson, Josh Holder, Daan Louter und Monica Ulmanu: «The dark side of Guardian comments», theguardian.com, 12. April 2016.

54 Unter anderem: Annika Reich und Christina Clemm: «Wann heißt Nein endlich Nein?», *Zeit Online*, 20. April 2016.

55 G. W. F. Hegel: *Grundlinien der Philosophie des Rechts.* Suhrkamp 1970, S. 320 (Zusatz zu § 166).

56 Jo Lovett & Liz Kelly: «Different systems, similar outcomes? Tracking attrition in reported rape cases across Europe», Child and Woman Abuse Studies Unit, London Metropolitan University 2009.

57 Thomas Fischer: «Frauenfilme zu Frauenwahrheiten und Frauenfragen», *Zeit Online*, 21. Juni 2016.

58 Sabine Rückert: «Das Schlafzimmer als gefährlicher Ort», *Die Zeit* 28/2016.

59 Bundesministerium für Familie, Senioren, Frauen und Jugend: «Lebenssituation, Sicherheit und Gesundheit von Frauen in Deutschland», 6. Januar 2005.

60 Jana Heinicke: «Am besten schauen Sie einfach weg», *Zeit Online*, 30. Juni 2016.

61 «Kolumnen-Duell: Thomas Fischer geht bei Spiegel Online auf Margarete Stokowski los», *meedia.de*, 8. Juli 2016.

62 Die Interviewgeschichte war speziell. Das Gespräch wurde von der *taz* geführt, aber nicht dort veröffentlicht, weil die Redakteurin und der Richter sich über die zu druckenden Formulierungen zerstritten. Fischer veröffentlichte das Gespräch dann – ausführlichst kommentiert – selbst bei *Meedia* («Fischer, Frauen und die taz: Thomas Fischer zur Geschichte eines gescheiterten Interviews», 21. März 2017).

63 «Wir haben ein Problem mit Chancengleichheit», Interview von Michael Bröcker und Birgit Marschall mit Wolfgang Schäuble, *rp-online.de*, 8. April 2017.

64 «Mehrheit der Deutschen für die Homoehe», *Spiegel Online*, 12. Januar 2017.

65 Peter Rasonyi: «Das Bundesverfassungsgericht schafft ein willkürliches drittes Geschlecht», *nzz.ch*, 8. November 2017.

66 Alfons Bora: «Zur Situation intersexueller Menschen. Bericht über die Online-Umfrage des Deutschen Ethikrates», ethikrat.org, 23. Februar 2012.

67 Sascha Lobo: «Deutschlands Qaida-Moment», *Spiegel Online*, 21. Oktober 2015.

68 Hannah Arendt: *Elemente und Ursprünge totaler Herrschaft.* München 2006, S. 247.

69 «Uns fehlt die Kultur des Glücks», Interview von Kerstin Holm mit Swetlana Alexijewitsch, *faz.net*, 20. Juni 2013.

70 Leslie Jamison: *Die Empathie-Tests. Über Einfühlung und das Leiden anderer.* Übers. v. Kirsten Riesselmann. Berlin 2015, S. 18.

71 Mariam Lau: «Nebenbei: knallrechts», *Die Zeit* im Osten 5/2018.

72 Thomas Nagel: «What Is It Like to Be a Bat?» In: *The Philosophical Review* Nr. 83/4 (1974), S. 435–450. Deutsch übersetzt in Peter Bieri (Hrsg.): *Analytische Philosophie des Geistes*. Königstein 1981, und Ulrich Diehl (Hrsg.): *Wie ist es, eine Fledermaus zu sein?* Stuttgart 2016.

73 Theodor W. Adorno: *Studien zum autoritären Charakter*. Frankfurt 1973, S. 181.

74 Max Weber: *Politik als Beruf*. Stuttgart 1992, S. 49 f.

75 Niccolò Machiavelli: *Der Fürst*. Übers. v. A. w. Rehberg. Frankfurt 2005, S. 99 ff.

76 Simone de Beauvoir: *Das andere Geschlecht. Sitte und Sexus der Frau*. Reinbek 2005, S. 334.

77 In einem Interview sagte sie: «A philosopher is somebody who truly builds a philosophical system. And that, I did not do. When I was young, I decided that it was not what I wanted to do.» (Jessica Benjamin & Margaret A. Simons: «Simone de Beauvoir: An Interview», in: Feminist Studies, Vol. 5, No. 2 [Summer 1979]).

78 Susie Orbach: *Bodies. Schlachtfelder der Schönheit*. Übers. v. Cornelia Holfelder-von der Tann. Zürich/Hamburg 2010, S. 21.

79 Bravo-Studie 2016, Bauer Media, 25. Januar 2016.

80 Ingo Froböse, Birgit Wallmann-Sperlich: Der DKV-Report «Wie gesund lebt Deutschland?», Zentrum für Gesundheit durch Sport und Bewegung der Deutschen Sporthochschule Köln 2015.

81 Emma Braslavsky: «Die Vorfahren aus Afrika, die Tochter semmelblond», *Zeit Online*, 11. Februar 2018.

82 Mark Thomas: «To claim someone has ‹Viking ancestors› is no better than astrology», theguardian.com, 25. Februar 2018.

83 Janita Hämäläinen & Leonie Voss: «Manipulation der menschlichen Gefühle», *Spiegel Online*, 19. Juni 2016.

QUELLEN

KAPITEL EINS FLIRTEN UND VÖGELN UND LIEBE

Dem Windhund so nah, in: taz, 27. Dezember 2011.

Die Liebe und der Sechs, in: taz, 27. November 2012.

Guckt mehr Lesbenpornos!, in: taz, 9. Januar 2014. Dieser Text erschien am 9. Januar 2014 in der taz und ein paar Wochen später leicht überarbeitet im Magazin L-Mag. Die hier abgedruckte Version ist eine Mischung aus beiden Veröffentlichungen.

Bei Zeus, warum nie Männer?, in: taz, 26. März 2014.

Sich schön in die Fleischtheke legen, in: taz, 13. August 2015.

Deine Mutter hält die Klappe, in: Spiegel Online, 24. März 2016.

Dieser Hut kann weg, in: Spiegel Online, 14. Februar 2017.

Das Aroma verfaulender Äpfel, in: Spiegel Online, 4. Juli 2017.

KAPITEL ZWEI FEMINISMUS

Niemand muss lecken müssen, in: Spiegel Online, 1. Oktober 2015.

Der Abgrenzungs-Fetisch, erschienen unter «Selbstentzündende Büstenhalter», in: Spiegel Online, 12. November 2015.

«Hamse jedient im Genderkrieg?», in: Spiegel Online, 7. Juni 2016.

Ein Blumenstrauß voller Einwände, in: Spiegel Online, 7. März 2017.

Der Bullshit-Feminismus, in: Spiegel Online, 2. Mai 2017.

Die Gender-Allergie, in: Spiegel Online, 27. Juni 2017.

Ist der Feminismus zu weit gegangen?, in: Spiegel Online, 6. März 2018.

KAPITEL DREI   BEKLOPPTE ZUSTÄNDE

Wie verrucht, wie aufregend!, in: taz, 17. Oktober 2012.

Ist das dieses «Wir schaffen es nicht»?, in: Spiegel Online, 26. November 2015.

Kein Ruhm für Stalker, in: Spiegel Online, 4. Oktober 2016.

Die Revolution – für nur 550 Euro, in: Spiegel Online, 25. April 2017.

Nicht alles, was brennt, ist Anarchie, in: Spiegel Online, 11. Juli 2017.

Sind Männer nicht auch hübsch?, in: Spiegel Online, 5. September 2017.

Keine Frage des Zusammenreißens, in: Spiegel Online, 25. Juli 2017.

Runter kommt man immer, in: Spiegel Online, 13. März 2018.

KAPITEL VIER   MÄNNER

Ich will ein alter, dicker Mann sein, in: taz, 12. Dezember 2013.

Schwimmt, Männer, schwimmt!, in: Spiegel Online, 12. Mai 2016.

Es ist ein Junge, in: Spiegel Online, 14. Juni 2016.

Mittelalter! Weißer! Mann!, in: Spiegel Online, 22. November 2016.

Untenrum breit, in: Spiegel Online, 13. Juni 2017.

Weg mit den Pimmelwitzen!, in: Spiegel Online, 9. Januar 2018.

Bitte die Hoden behalten, in: Spiegel Online, 13. Februar 2018.

Der Reichsbürger der #MeToo-Bewegung, in: Spiegel Online, 10. April 2018.

KAPITEL FÜNF **BAUCH, BEINE, PO**

Sofort aufs Maul, in: taz, 11. Dezember 2012.

Emanzen, die nackt tanzen, in: taz, 6. November 2014.

Mein Körper ist 'ne Demo, in: taz, 6. Februar 2014.

Kampfplatz mit Brüsten, in: taz, 4. Dezember 2014.

Ein Laster voller Mädchenkotze, in: taz, 21. Mai 2015.

Geil, Brüste, in: Spiegel Online, 14. April 2016.

Sie hat gepopelt!, in: Spiegel Online, 18. Mai 2016.

Mehr dicke Mädchen in Leggings!, in: Spiegel Online, 23. Mai 2017.

Fürchtet euch ruhig, in: Der Spiegel 30/2017.

KAPITEL SECHS **GEWALT**

Frauen sind gar keine Rudeltiere, in: Spiegel Online, 24. Dezember 2015.

Des Rudels Kern, in: Spiegel Online, 7. Januar 2016.

Wer lacht, gibt Macht, in: Spiegel Online, 11. Oktober 2016.

Eine Epidemie der Gewalt, in: Spiegel Online, 6. Dezember 2016.

Es könnte etwas lauter werden, in: Spiegel Online, 17. Oktober 2017.

Frauen können das auch, in: Spiegel Online, 7. November 2017.

Lieber nicht kopulieren als falsch, in: Spiegel Online, 21. November 2017.

Hexen, überall Hexen?, in: Spiegel Online, 23. Januar 2018.

KAPITEL SIEBEN   FÜR RECHTE

Es ist nicht die magische Mumu, in: taz, 3. April 2014.

Klos für alle, in: Spiegel Online, 21. April 2016.

Nimm die Hand aus der Hose, wenn ich mit dir rede, in: Spiegel Online, 5. Mai 2016.

Wäre die Vagina doch ein Auto, in: Spiegel Online, 28. April 2016.

Was heißt Nein?, in: Spiegel Online, 5. Juli 2016.

Ein bisschen homophob gibt es nicht, in: Spiegel Online, 11. April 2017.

Alle gewinnen, in: Spiegel Online, 14. November 2017.

Untenrum unfrei, in: Spiegel Online, 28. November 2017.

KAPITEL ACHT   GEGEN RECHTE

Die Trottel hören zu, in: Spiegel Online, 22. Oktober 2015.

Eine andere Art von Notwendigkeit, in: Spiegel Online, 5. November 2015.

Diese laschen Hobbymärtyrer, in: Spiegel Online, 21. Januar 2016.

Andere Sprache, derselbe Hass, in: Spiegel Online, 15. August 2017.

Antifaschismus muss Alltag werden, in: Spiegel Online, 26. September 2017.

Frauen, rechte, in: Spiegel Online, 6. Februar 2018.

KAPITEL NEUN   MEDIEN UND DISKURS

Wie man mit der Mistgabel argumentiert, in: Spiegel Online, 14. Januar 2016.

Wer nicht zuhören will, in: Spiegel Online, 30. August 2016.

Das gefühlte Zeitalter, in: Spiegel Online, 13. Dezember 2016.

Die Tollen sind selten laut, in: Spiegel Online, 22. August 2017.

Eine Frau ist kein Hulk, in: Spiegel Online, 27. März 2018.

Chico, Spiegel der menschlichen Seele, in: Spiegel Online, 24. April 2018.

KAPITEL ZEHN **FÜR DIE ZUKUNFT**

Wrumm wrumm wrrrummm, in: taz, 10. März 2013.

Simone, wo bist du?, in: taz, 31. Dezember 2013.

Geil, Resignation!, in: Spiegel Online, 28. Januar 2016.

Körperhass will gelernt sein, in: Spiegel Online, 7. April 2016.

Ruhen für Frieden. Dieser Text ist eine Kombination aus «Die ganz große Snooze-Taste», in: Spiegel Online, 18. Oktober 2016, und «Lob des Liegens», in: Spiegel Online, 16. August 2016.

DNA-Esoterik zum Sonderpreis, in: Spiegel Online, 20. Februar 2018.

MARGARETE STOKOWSKI, geboren 1986 in Polen, lebt seit 1988 in Berlin und studierte Philosophie und Sozialwissenschaften an der Humboldt-Universität zu Berlin. Sie schreibt als freie Autorin unter anderem für die *taz* und *Die Zeit*. Seit 2015 erscheint ihre wöchentliche Kolumne «Oben und unten» bei *Spiegel Online*. Ihr Debüt *Untenrum frei* avancierte zu einem Standardwerk des modernen Feminismus.